EXPANSION SET

DIABLO II

EXPANSION SET

Die Deutsche Bibliothek – CIP-Einheitsaufnahme

Ein Titeldatensatz für diese Publikation ist bei
Der Deutschen Bibliothek erhältlich.

Umwelthinweis:
Dieses Buch wurde auf chlorfrei gebleichtem Papier gedruckt.
Die Einschrumpffolie – zum Schutz vor Verschmutzung – ist aus
umweltverträglichem und recyclingfähigem PE-Material.

10 9 8 7 6 5 4 3 2 1

04 03 02 01

ISBN 3-8272-9108-9

© 2001 by X-Games, einem Imprint der
Pearson Education Deutschland GmbH
Martin-Kollar-Straße 10–12, D-81829 München/Germany
Alle Rechte vorbehalten
Titelgestaltung: WEBWO-Graphics, Marco Lindenbeck, München
Lektorat: Marcus Beck, mbeck@pearson.de
Herstellung: Martin Horngacher, mhorngacher@pearson.de
Satz: Satz- und Schreibservice Schneider, Erding/Pretzen
Druck und Verarbeitung: Schoder, Gersthofen
Printed in Germany

Inhaltsverzeichnis

Grundlagen

Das lange Warten hat ein Ende. Nach unzähligen Stunden im BattleNet und Tausenden von Kämpfen gegen Diablo, Mephisto und die anderen Diener des Bösen ist es endlich soweit: Die Erweiterung zum Kultspiel Diablo II ist da. Im Expansion Set *Herr der Zerstörung* folgen Sie den Spuren Baals, dem letzten der Drei Großen Übel, nach Norden in die Heimat der Barbaren. Baals Ziel ist, den dort ruhenden Weltenstein für seine dunklen Zwecke zu korrumpieren. Der Weltenstein ist der letzte Wächter, der zwischen der Ebene der Sterblichen und der Hölle liegt. Ihre Aufgabe ist es, Baal zu vernichten, bevor er sein Ziel erreicht und die Welt auf ewig verloren ist.

Viel! *Diablo II: Herr der Zerstörung* ist weit mehr als nur ein weiterer Akt, mehr als eine simple Zusatzmission. Tatsächlich wird das Hauptspiel an zahlreichen Stellen verbessert. Wenn Sie keinen Charakter haben, der Diablo bereits besiegt hat, müssen Sie das Spiel von vorne, d.h. von Akt 1 aus, beginnen und bis Akt IV durchspielen. Ansonsten starten Sie direkt im fünften Akt in der Festung des Wahnsinns. Auf jeden Fall ganz neu beginnen müssen Sie, wenn Sie eine der beiden neuen Charakterklassen spielen möchten, den Druiden oder die Assassine.

Aber die beiden Charakterklassen sind bei weitem noch nicht alles. Zahlreiche Neuerungen machen Diablo II noch interessanter und eröffnen nie da gewesene Möglichkeiten, die auch die alten Hasen begeistern werden. Die meisten Änderungen in *Herr der Zerstörung* können Sie in der Anleitung nachlesen, hier folgen nun einige, die Sie dort nicht finden werden.

Modifikationen am Spiel

- Die Kosten beim Glücksspiel basieren nun auf der Stufe Ihres Charakters.

- Beim Glücksspiel können keine Unique- oder Set-Gegenstände mehr gewonnen werden.

- Ab einer gewissen Charakterstufe besteht eine Chance, dass die erspielten Gegenstände außergewöhnlich oder gar vom Typ Elite sind.

- Ringe und Amulette tauchen im Spielbildschirm auf.

- Boss-Monster verursachen jetzt an Söldnern und Untergebenen 30% weniger Schaden als früher.

- Im Alptraum-Modus sind die Monster maximal Level 70, im Hölle-Modus maximal Level 90.

- Die Monster im Alptraum/Hölle-Modus haben nun höhere Resistenzen und Lebenspunkte als zuvor, dafür aber niedrigere Angriffswerte.

- Der von Monstern angerichtete Gift-Schaden ist stärker als früher.

- Im Alptraum/Hölle-Modus wurden die Mana- oder Leben-saugenden Effekte in ihrer Wirkung halbiert.

- Im Alptraum/Hölle-Modus erhält ein Charakter, der seine Leiche an der Stelle aufnimmt, an der er gestorben ist, die Hälfte seiner Erfahrungspunkte zurück.

- Das Inventar fasst mehr Gold.

- Die Stärke aller Edelsteine und Schädel wurde erhöht. Außerdem wurden Level-Beschränkungen eingeführt.

- Die Stärke aller Wurftränke wurde erhöht. Auch hier wurden Level-Beschränkungen eingeführt.

- Der Malus auf die eigenen Resistenzen wurde im Alptraum-Modus auf –40 erhöht, im Höllen-Modus auf –100!

- Das Ausrauben gefallener Mitspieler ist nun nur noch im Profi-Modus möglich.

- Im Multiplayer-Spiel kann man andere Spieler nur noch einmal pro Minute »anfeinden«.

- Im Multiplayer-Spiel gibt es nun einen Erfahrungsbonus für die beteiligten Spieler in einer Party.

- Die Haltbarkeit von Kristallschwertern wurde erhöht.

- Waffen der Szepter-Klasse richten mehr Schaden an.

- Ganz neu sind die ätherischen Gegenstände, die besonders starke Kräfte haben, aber nicht repariert werden können.

- Diablo ist im Normal-Modus schwerer zu besiegen als früher.
- Unique-Monster tauchen im Alptraum- und Höllen-Modus nun häufiger auf.
- Der Countdown am Ende von Akt 4 nach der Vernichtung von Diablo wurde entfernt.
- Normale Unique-Gegenstände unterliegen nun einer Level-Beschränkung.
- Sie können nun bis zu 250 Bolzen und 350 Pfeile tragen.
- Bis zu 12 Schlüssel finden in einem Stapel Platz.
- Knochen-Schilder und -Helme können nun Sockelfassungen haben.
- Die Chance, einen Angriff zu blocken, ist nun von der Geschicklichkeit, dem Charakter-Level und der Block-Chance eines Gegenstands abhängig.
- Je nach Monster- und Charakter-Level können auch im Normal-Modus außergewöhnliche Gegenstände fallen.
- Die Set-Gegenstände weisen nun schon Boni auf, selbst wenn nicht das komplette Set, sondern nur zwei oder drei Teile getragen werden.
- Ein getötetes Boss-Monster lässt nicht mehr immer einen magischen/Set-/seltenen Gegenstand fallen. Eine hohe Chance bleibt dennoch bestehen.
- Die Rate, mit der die Gegenstände von Monstern fallen gelassen werden, wurde im Solo- wie auch im Multiplayer-Modus erhöht.
- Gold, das in Multiplayer-Spielen durch den Verkauf von Gegenständen gewonnen wird, wird unter allen Party-Mitgliedern, die sich im selben Akt befinden, geteilt. Im ersten Patch für das Expansion Pack wird dieses »Feature« allerdings wieder entfernt werden.
- Monster können nun gegen bestimmte Attacken vollständig immun sein. Die Immunitäten werden unter dem Namen des Monsters angezeigt. Je höher der Schwierigkeitsgrad, desto mehr Resistenzen haben die einzelnen Monster und desto mehr Monster haben Resistenzen.
- Das Super-Unique-Monster *Flammenstoß der Kriecher* wurde vom Wegpunkt des Inneren Klosters entfernt.

Grundlagen

In diesem Abschnitt finden Sie einige grundlegende Tipps und Tricks zum Spiel sowie zu einigen Neuerungen in *Herr der Zerstörung*. Erfahrenen Spielern wird die eine oder andere Information bekannt sein, aber unerfahrene Diablo-II-Helden sollten sich die folgenden Zeilen auf jeden Fall zu Gemüte führen.

Söldner

Wie bereits erwähnt, kann man im Expansion Set einen einmal angeheuerten Söldner das ganze Spiel über behalten. Man kann ihn mit Waffen ausrüsten und seine Erfahrung steigt mit der des eigenen Charakters. Im Kampf kann man seinen Söldner ganz einfach heilen, indem man einen Heiltrank auf sein Bild zieht. Nicht wenige Diablo-II-Spieler werden bei ihrem einmal angeheuerten Begleiter bleiben und ihn genauso wie ihren eigenen Charakter ausbauen. Stirbt der Söldner doch einmal, kann man ihn bei den entsprechenden NPCs gegen einen gewissen Betrag wiederbeleben; auch wenn man sich nicht gerade in dem Akt befindet, in dem der Söldner sein Leben verloren hat.

Hier eine kurze Zusammenfassung der Söldner, die Sie in den einzelnen Akten anheuern können.

Akt I

Diebe können ausschließlich Bogen tragen. Alle Diebe sprechen *Innere Sicht*, manche können auch *Feuerpfeil* oder *Kältepfeil*.

Akt II

Die Wachmänner im zweiten Akt können mit Speeren und Wurfspießen ausgerüstet werden. Wenn sie die Bezeichnung *Kampf* tragen, greifen sie mit *Stoß* an; wenn sie die Bezeichnung *Defensiv* tragen, verwenden sie die *Trotz*-Aura; und wenn sie die Bezeichnung *Offensiv* tragen, verwenden sie die Aura *Gesegneter Zielsucher*. Defensive Wachmänner können zudem in höheren Stufen *Heiliger Frost* sprechen, offensive erlernen *Macht*.

Akt III

Die Eisernen Wölfe im dritten Akt können mit einem Schwert (nur einhändig) und einem Schild ausgestattet werden. Eiserne Wölfe mit der Bezeichnung *Blitz* zaubern *Geladener Schlag* und *Blitzschlag*, solche mit der Bezeichnung *Kälte* zaubern *Frostrüstung* und *Gletschernadel*. Und solche mit der Bezeichnung *Feuer* zaubern *Feuerball* und *Inferno*.

Akt IV

Im vierten Akt gibt es leider keine Söldner, aber das hindert Sie natürlich nicht daran, einen aus einem anderen Akt mitzubringen.

Akt V

Die Barbaren können mit ein- und zweihändigen Schwertern ausgerüstet werden. Sie nutzen die Fertigkeiten *Stoß* und *Lähmen*.

Rezepte für den Horadrischen Würfel

Im ursprünglichen Diablo II war der Horadrische Würfel Thema zahlreicher und langer Diskussionen. Im Expansion Set wurden die Möglichkeiten des Horadrischen Würfels noch einmal erweitert, jetzt ist es sogar möglich, durch Kombination bestimmter Gegenstände mit Rüstungen und Waffen eigene, magische Waffen und Rüstungen zu schmieden. Geschmiedete Gegenstände werden wie gewohnt im Horadrischen Würfel umgewandelt. Alle Rezepte finden Sie im Anhang bei den Listen.

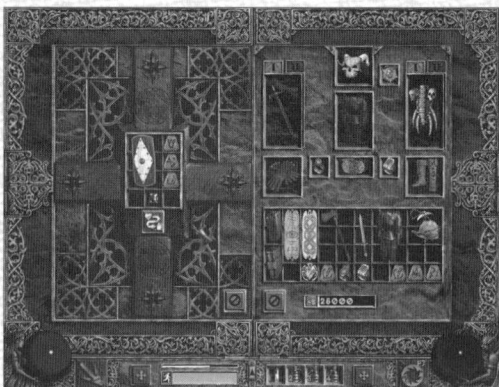

Im Horadrischen Würfel kann man interessante Dinge schmieden und umwandeln.

Runen

Die Runen sind eine der wichtigsten Neuerungen des Expansion Sets. Diese kleinen beschriebenen Steintafeln können wie Edelsteine in Gegenstände mit Sockeln eingesetzt werden und verfügen über besondere, magische Eigenschaften. Das Faszinierende an den Runen ist, dass sie zu Wörtern zusammengesetzt werden können. In der richtigen Kombination erhalten Gegenstände mit so einem Wort zusätzliche, ganz besondere Eigenschaften. Im Anhang finden Sie eine komplette Liste aller Runen und Runenwörter.

In der richtigen Reihenfolge eingesetzt zeigen die Runen ihre wahre Macht.

Zauber und Juwelen

Zauber sind einzigartige Gegenstände, die mit besonderen Kräften ausgestattet sind, die allerdings erst wirken, wenn sie identifiziert wurden. Sie müssen einen Zauber im Inventar tragen, damit er Wirkung zeigt. Es gibt drei verschiedene Größen, die auch unterschiedlich starke Wirkungen haben.

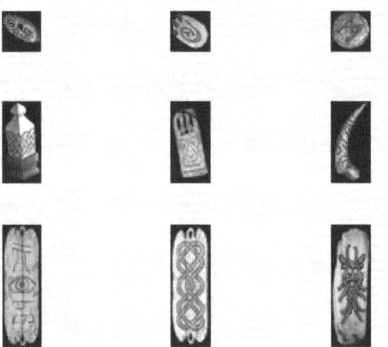

Zauber können mächtige Eigenschaften haben, verbrauchen aber eine Menge Platz im Inventar.

Eine weitere Neuheit in *Herr der Zerstörung* sind die Juwelen, die mit magischen Eigenschaften ausgestattet sind und in gesockelte Waffen eingesetzt werden können.

Wie die Edelsteine und Runen können die Juwelen in gesockelte Edelsteine eingesetzt werden. Sie verfügen über magische Kräfte, die sie an den gesockelten Gegenstand weitergeben.

Schreine

In allen Gebieten von Diablo II – *Herr der Zerstörung* stehen Brunnen und Schreine, die bestimmte positive Effekte auf ihren Charakter haben. Die Schreine werden per Zufall in den Landschaften verteilt. Wenn Sie also an einem Schrein des Feuer-Widerstands vorbeilaufen heißt das noch lange nicht, dass die nun folgenden Monster nur mit Feuerattacken angreifen.

 Schrein der Ausdauer (füllt auf): Verleiht für eine gewisse Zeit unbegrenzte Ausdauer.

 Schrein der Erfahrung (füllt nicht auf): Gibt einen 50%igen Erfahrungsbonus auf jeden Kill. Ein ganz besonderer Schrein. Wenn Sie einen finden, aktivieren Sie ihn und suchen Sie sich dann ein paar wirklich starke Gegner.

 Schrein der Fertigkeit (füllt auf): Ein sehr mächtiger Schrein, der auf alle bereits erlernten Fertigkeiten 2 Punkte Bonus gibt.

 Schrein der Mana-Auffüllung (füllt auf): Erhöht die Mana-Auffüllrate um 50%.

 Schrein der Verteidigung (füllt auf): Stärkt Ihre Rüstung um 100%.

 Schrein der Waffen (füllt auf): Erhöht die Treffer-Wahrscheinlichkeit sowie den max. Schaden um 200%.

 Schrein des Blitz-Widerstands (füllt auf): Erhöht den Blitz-Widerstand um 75%.

 Schrein des Feuer-Widerstands (füllt auf): Erhöht den Feuer-Widerstand um 75%.

 Schrein des Gift-Widerstands (füllt auf): Erhöht den Gift-Widerstand um 75%.

 Schrein des Kälte-Widerstands (füllt auf): Erhöht den Kälte-Widerstand um 75%.

Schrein der Explosion (füllt nicht auf): Funktioniert genauso wie der Gift-Schrein. Er wirft Explosions-Tränke aus, explodiert aber gleichzeitig und verletzt Sie.

- ⌘ **Schrein der Gesundheit** (füllt auf): Füllt nur Leben auf.

- ⌘ **Schrein der Monster** (füllt nicht auf): Bei Berührung dieses Schreins wird das am nächsten stehende Monster zu einem Unique-Monster!

- ⌘ **Schrein des Aufladens** (füllt auf): Füllt Mana vier Mal schneller auf als normal.

- ⌘ **Schrein des Edelsteins** (füllt nicht auf): Verbessert die Qualitätsstufe eines Edelsteins im Inventar Ihres Charakters und lässt ihn auf dem Boden fallen. Wenn Sie keinen Edelstein bei sich tragen, wirft der Schrein einen beliebigen lädierten Edelstein aus.

- ⌘ **Schrein des Feuers** (füllt nicht auf): Zahlreiche Monster schießen aus dem Schrein und treffen alle umstehenden Monster, aber auch Sie selbst und alle Party-Mitglieder.

- ⌘ **Schrein des Füllens** (füllt auf): Füllt Mana und Leben komplett auf.

- ⌘ **Schrein des Gifts** (füllt nicht auf): Dieser Schrein hat eine gute und eine schlechte Eigenschaft. Bei Berührung gibt er Ihnen zwar 5-10 Gas-Tränke, vergiftet Sie aber gleichzeitig.

- ⌘ **Schrein des Mana** (füllt auf): Füllt Mana komplett auf.

Der Profi-Modus

Wie bereits das Handbuch erwähnt, ist der Profi-Modus etwas für Spieler, die die Gefahr lieben. Im Profi-Modus hat Ihr Charakter nur ein einziges Leben und wenn er stirbt, ist er tot – für immer, er kann nicht mehr wiedererweckt werden. Es versteht sich von selbst, dass man als Profi-Spieler immer mehr als genug Mana- und Heiltränke bei sich trägt, besser noch Regenerationstränke, und dass man sich stets aus dem direkten Kampf heraushält. Als Vorsichtsmaßnahme beim Multiplayer-Spiel gilt, dass man Spiele mit großen Zeitverzögerungen bzw. Leuten, denen man nicht trauen kann, generell meidet! Schon für die Ehre, einen Profi-Charakter zu erstellen, muss man einiges leisten, denn der Modus wird erst zugänglich, wenn man Diablo in Diablo II oder in *Herr der Zerstörung* im Normal-Modus vernichtet hat.

Ein besonderes Gimmick sind die Ehrenbezeichnungen, die Ihr Profi-Charakter erhält, nachdem er die fünf Akte des Spiels durchgespielt und überlebt hat. Für die erfolgreiche Beendigung der ersten fünf Akte wird er mit dem Titel *Conqueror* ausgezeichnet; für zehn Akte steigt er auf zum *Destroyer* und für 15 Akte schließlich wird man zum *Guardian* ernannt. Wenn man sich vorstellt, was man als Profi alles durchmachen muss, bis man Diablo im Höllen-Modus besiegt hat, dann ist ein Titel wie der *Guardian* wirklich verdient!

⚔ TIP

Obwohl der Tod im Profi-Modus etwas Endgültiges ist, können Sie immer noch anderen – hoffentlich befreundeten – Charakteren erlauben, den toten Körper Ihres Helden zu plündern. Der Trick an der Sache ist, dass sich dieser Charakter im Spiel befinden muss, wenn Sie sterben. Zudem müssen Sie die Plünderung Ihrer Leiche erlauben, bevor Sie sterben! Sie sollten sich aber darüber im Klaren sein, dass so eine Erlaubnis auch ein großer Anreiz sein kann, Ihren Helden zu töten.

Der Schwierigkeitsgrad

Über dem Normal-Modus gibt es zwei weitere Schwierigkeitsgrade in Diablo II: Alptraum und Hölle. Wie Sie sich vielleicht denken können, gibt es so einige Tricks, mit denen das Überleben in diesen schwierigeren Spielstufen ein ganzes Stückchen leichter wird. Die folgenden Tipps stammen direkt aus den Büros von Blizzard.

- ⌘ Bevor Sie sich auf den Weg in den fünften Akt machen, sollten Sie noch ein wenig im vierten bleiben und dort zusätzliche Erfahrung sammeln.

- ⌘ Die meisten Erfahrungspunkte erhalten Sie von Monstern, die nicht mehr als fünf Stufen schlechter sind als Ihr eigener Charakter.

- ⌘ Besonders im Nahkampf zeigt sich, ob der eigene Charakter schon für eine höhere Schwierigkeitsstufe geeignet ist. Wenn die Monster mehr als fünf Stufen stärker sind als man selbst, wird es sehr schwierig, sie zu treffen. Alptraum sollten Sie nicht spielen, bevor Ihr Charakter nicht Level 30 hat und Hölle sollten Sie nicht vor Level 50 anfangen.

❈ Die Monster im fünften Akt (normaler Schwierigkeitsgrad) haben bis zu Level 42. Idealerweise beenden Sie den fünften Akt im Normal-Modus also zwischen Level 30 und 40.

❈ Die Monster im fünften Akt (Alptraum-Modus) haben bis zu Level 70, weshalb Sie am Ende des fünften Aktes zwischen Level 50 und 70 haben sollten.

❈ Sie können natürlich auch früher den nächsten Akt beginnen, aber da der Erfahrungsverlust im Falle des Todes in jeder Schwierigkeitsstufe weiter wächst, sollten Sie lieber warten, bis Ihr Charakter stark genug ist, um gegen die besseren Gegner zu bestehen. Die Zeit sollten Sie sich nehmen.

> Aufgrund des begrenzten Umfangs des Buches haben wir nicht alle Tabellen der Charakterfertigkeiten bzw. Listen mit Eigenschaften einfügen können. Sie können diese aber aus dem Internet von der Webseite *www.knowledgepool.de* heruntgerladen.

Die Charaktere in Diablo II

In der Erweiterung von Diablo II – *Herr der Zerstörung* – kommen mit dem Druiden und der Assassine nicht nur zwei vollkommen neue Charaktere hinzu, vielmehr wurden die schon existierenden Charakterklassen, der Totenbeschwörer, die Amazone, der Paladin, die Zauberin und der Barbar stark überarbeitet. Basierend auf der Erfahrung Tausender von Diablo-II-Spielern nahm Blizzard an allen genannten Charakterklassen feine Änderungen vor, um sie besser in den Spielablauf einzupassen. Im Folgenden finden Sie nun eine Beschreibung aller einzelnen Änderungen.

Der Totenbeschwörer

Die geheimnisvollen Totenbeschwörer beschäftigen sich mit der dunklen Magie. Ihre Kräfte machen sie zu Herrschern über Leben und Tod. Sie können Tote zum Leben erwecken, giftige Wolken ausstoßen und ihre Gegner verfluchen. Die drei Fertigkeiten-Bäume des Totenbeschwörers sind:

- **Gift- und Knochen-Zauber:** Hier sind zahlreiche magische Fertigkeiten untergebracht, mit denen der Totenbeschwörer giftige Wolken, Rüstungen aus Knochen und gefährliche Knochen-Zauber sprechen kann.

- **Flüche:** Indem er seine Feinde verflucht, schwächt er sie oder verleitet sie sogar, sich selbst zu schaden.

- **Herbeirufung:** Der Totenbeschwörer kann totem Material Leben einhauchen. Das befähigt ihn, die Leichen seiner getöteten Feinde zum Leben zu erwecken, damit sie an seiner Seite weiterkämpfen. Neben Skeletten und Skelettmagiern kann der Totenbeschwörer auch Golems erschaffen.

Folgende Fertigkeiten des Totenbeschwörers wurden in *Herr der Zerstörung* überarbeitet, und werden im Anschluss erklärt:

- Altern
- Blut-Golem
- Gift-Dolch
- Gift-Explosion
- Gift-Nova
- Kadaver-Explosion
- Knochengeist

Gift-Dolch

Level: 6

Voraussetzung: Keine

Damit Gift-Dolch wirkt, müssen Sie mit einem Dolch in der Hand kämpfen. Bei jedem Treffer wird der Dolch nicht nur seinen normalen Schaden nehmen, sondern auch 2 Sekunden lang Gift-Schaden erleiden. Gegenüber Diablo II wurde der Spruch stark abgeschwächt. Stieg früher noch die Dauer der Giftwirkung mit jedem weiteren Fertigkeitspunkt an (was gleichbedeutend war mit einer Dauerschädigung des Feindes), so wurde in Herr der Zerstörung die Giftwirkung auf 2 Sekunden begrenzt. Hinzu kommt noch, dass die Schadenwirkung zurückgenommen wurde.

TIP..

Gift-Dolch funktioniert nicht mit Wurfmessern!

Dauer: 2 Sekunden

Mana-Kosten

Level 1	Level 2	Level 3	Level 4	Level 5	Level 6	Level 7	Level 8	Level 9	Level 10
3,0	3,2	3,5	3,7	4,0	4,2	4,5	4,7	5,0	5,2

Level 11	Level 12	Level 13	Level 14	Level 15	Level 16	Level 17	Level 18	Level 19	Level 20
5,5	5,7	6,0	6,2	6,5	6,7	7,0	7,2	7,5	7,7

Gift-Schaden

Level 1	Level 2	Level 3	Level 4	Level 5	Level 6	Level 7	Level 8	Level 9	Level 10
7-15	10-19	14-23	18-27	22-31	26-35	30-39	34-42	40-48	46-54

Level 11	Level 12	Level 13	Level 14	Level 15	Level 16	Level 17	Level 18	Level 19	Level 20
51-60	57-66	63-72	69-78	75-83	81-89	89-97	96-105	104-113	112-121

Angriff in %

Level 1	Level 2	Level 3	Level 4	Level 5	Level 6	Level 7	Level 8	Level 9	Level 10
+15	+25	+35	+45	+55	+65	+75	+85	+95	+105

Level 11	Level 12	Level 13	Level 14	Level 15	Level 16	Level 17	Level 18	Level 19	Level 20
+115	+125	+135	+145	+155	+165	+175	+185	+195	+205

Kadaver-Explosion

Level: 6

Voraussetzung: Zähne

Kadaver-Explosion ist neben Knochenspeer einer der besten Sprüche überhaupt. Mit *Kadaver-Explosion* kann der Totenbeschwörer die Leichen gefallener Feinde explodieren lassen. In einem gewissen Radius nehmen alle umstehenden Monster Schaden. Stirbt eines, so liegt schon die nächste Bombe bereit. Mit diesem Spruch können Sie ganze Monsterarmeen mit einem Fingerzeig auslöschen! Der Spruch war Blizzard wohl zu mächtig, daher wurde der Radius des Effekts stark nach unten korrigiert. Trotzdem ist *Kadaver-Explosion* immer noch stark genug und sollte bei keinem Totenbeschwörer fehlen!

Schaden: 60-80% der Leichenlebenspunkte

Mana-Kosten

Level 1	Level 2	Level 3	Level 4	Level 5	Level 6	Level 7	Level 8	Level 9	Level 10
15	16	17	18	19	20	21	22	23	24

Level 11	Level 12	Level 13	Level 14	Level 15	Level 16	Level 17	Level 18	Level 19	Level 20
25	26	27	28	29	30	31	32	33	34

Radius in Metern

Level 1	Level 2	Level 3	Level 4	Level 5	Level 6	Level 7	Level 8	Level 9	Level 10
2,6	3,0	3,3	3,6	4,0	4,3	4,6	5,0	5,3	5,6

Level 11	Level 12	Level 13	Level 14	Level 15	Level 16	Level 17	Level 18	Level 19	Level 20
6,0	6,3	6,6	7,0	7,3	7,6	8,0	8,3	8,6	9,0

Gift-Explosion

Level: 18

Voraussetzung: Gift-Dolch, Kadaver-Explosion

Die *Gift-Explosion* ist im Prinzip eine Kadaver-Explosion, die zusätzlich Gift-Schaden verursacht. Eine mächtige Waffe, weswegen sie in *Herr der Zerstörung* wie die Kadaver-Explosion abgeschwächt wurde. Die Dauer des Gift-Schadens wurde auf 2 Sekunden festgesetzt, die Geschwindigkeit, mit welcher der Feind Schaden nimmt, wurde im Gegenzug heraufgesetzt. Der Gift-Schaden wurde reduziert und zusätzlich kann die Gift-Explosion nicht mehr schnell hintereinander gesprochen werden. Trotzdem ein "Must Have" für den Totenbeschwörer.

Mana-Kosten: 8

Dauer in Sekunden: 2

Gift-Schaden

Level 1	Level 2	Level 3	Level 4	Level 5	Level 6	Level 7	Level 8	Level 9	Level 10
25-50	31-56	37-62	43-68	50-75	56-81	62-87	68-93	81-106	93-118

Level 11	Level 12	Level 13	Level 14	Level 15	Level 16	Level 17	Level 18	Level 19	Level 20
106-131	118-143	131-156	143-168	156-181	168-193	187-212	206-231	225-250	243-268

Gift-Nova

Level: 30

Voraussetzung: Gift-Explosion

Der Totenbeschwörer sendet ringförmig eine starke Giftwolke aus, die alle in der Nähe befindlichen Feinde für 2 Sekunden vergiftet. In Herr der Zerstörung wurde die Dauer der Giftwirkung auf 2 Sekunden begrenzt und der Schaden wurde reduziert. Außerdem kann die Fertigkeit nicht schnell hintereinander benutzt werden. Im Gegenzug wirkt das Gift schneller und die recht hohen Mana-Kosten wurden gesenkt. *Gift-Nova* ist die ideale Alternative zur *Gift-Explosion*, wenn mal keine Leiche in der Nähe liegt.

Mana-Kosten: 20

Dauer: 2 Sekunden

Gift-Schaden

Level 1	Level 2	Level 3	Level 4	Level 5	Level 6	Level 7	Level 8	Level 9	Level 10
43-78	56-90	68-103	81-115	93-128	106-140	118-153	131-165	146-181	162-196

Level 11	Level 12	Level 13	Level 14	Level 15	Level 16	Level 17	Level 18	Level 19	Level 20
178-212	193-228	209-243	225-259	240-275	256-290	281-315	306-340	331-365	356-390

Knochengeist

Level: 30

Voraussetzung: Knochenspeer

Der Knochengeist ist eine geballte Ladung Energie, die sich selbstständig ihr Ziel sucht und dabei auch schon einmal rückwärts fliegt. Ab Level 9 wurde der Schaden angehoben. Der Spruch ist im Kampf gegen Gruppen nicht sonderlich effektiv, aber gegen einen einzelnen starken Gegner, vor dem man auch mal flüchten muss (wie Diablo oder Baal), eine ideale Waffe.

Mana-Kosten

Level 1	Level 2	Level 3	Level 4	Level 5	Level 6	Level 7	Level 8	Level 9	Level 10
12	12	13	13	14	14	15	15	16	16

Level 11	Level 12	Level 13	Level 14	Level 15	Level 16	Level 17	Level 18	Level 19	Level 20
17	17	18	18	19	19	20	20	21	21

Magie-Schaden

Level 1	Level 2	Level 3	Level 4	Level 5	Level 6	Level 7	Level 8	Level 9	Level 10
20-30	36-46	52-62	68-78	84-94	100-110	116-126	132-142	149-159	166-176

Level 11	Level 12	Level 13	Level 14	Level 15	Level 16	Level 17	Level 18	Level 19	Level 20
183-193	200-210	217-227	234-244	251-261	268-278	186-296	304-314	322-332	340-350

Altern

Level: 24

Voraussetzung: Terror

Neben den Kälte-Zaubern anderer Charaktere ist Altern die einzige Fertigkeit, welche die Bewegungsgeschwindigkeit von Monstern herabsetzt. Der Fluch erfuhr in der Erweiterung von Diablo II eine Anpassung. Der Radius wurde auf 4 Meter begrenzt, die Dauer wurde dafür erhöht.

Mana-Kosten: 11

Radius: 4 Meter

Dauer in Sekunden

Level 1	Level 2	Level 3	Level 4	Level 5	Level 6	Level 7	Level 8	Level 9	Level 10
4,0	4,6	5,2	5,8	6,4	7,0	7,6	8,2	8,8	9,4

Level 11	Level 12	Level 13	Level 14	Level 15	Level 16	Level 17	Level 18	Level 19	Level 20
10,0	10,6	11,2	11,8	12,4	13,0	13,6	14,2	14,8	15,4

Die Amazone

Die unabhängigen und selbstsicheren Kriegerinnen stammen von der Insel Philos in der Südlichen See. Amazonen sind es gewohnt, sich gegen stärkere Feinde durchzusetzen, und haben dazu im Laufe der Zeit einige einzigartige Fertigkeiten entwickelt. Sie sind Meisterinnen aller Fernkampfwaffen und verfügen über geheimnisvolle magische Kräfte, die sie noch gefährlicher, schneller und tödlicher machen. Die drei Fertigkeiten-Bäume der Amazonen sind:

- **Bogen- und Armbrust:** Hier sind zahlreiche magische Fertigkeiten untergebracht, mit denen die Amazone die Pfeile und Bolzen ihrer Fernkampfwaffen verzaubern und verstärken kann.

- **Passiv:** Die passiven magischen Fertigkeiten sind es, welche die Amazone bei vielen Spielern so begehrt macht. Anders als zum Beispiel die Zaubersprüche der Zauberin, die gesprochen werden müssen, verbraucht die passive Magie der Amazone keinerlei Mana. Sobald Sie einen Punkt in so eine Fertigkeit investiert haben, ist sie aktiv und bleibt es auch.

- **Wurfspieß- und Speerfertigkeiten:** Amazonen können hervorragend mit Speeren und Wurfspießen umgehen. In höheren Leveln, wenn sie mehr Fertigkeiten in diesem Bereich erlernt hat, kann die Amazone einen harmlosen Wurfspieß in einen alles verbrennenden Kettenblitz verwandeln.

Folgende Fertigkeiten der Amazone wurden in *Herr der Zerstörung* überarbeitet und werden in Folgenden nochmal erläutert:

- Aufspießen
- Blitzendes Unheil
- Energieschlag
- Geladener Schlag
- Kettenblitzschlag
- Mehrfachschuss
- Pest-Wurfspieß
- Stoß
- Streuen
- Widersetzen

Mehrfachschuss

Level: 6

Voraussetzung: Zauberpfeil

Die Fertigkeit *Mehrfachschuss* spaltet einen abgeschossenen Pfeil in mehrere Pfeile auf. Die Pfeile werden in einem 120-Grad-Bogen von der Amazone aus verschossen; wie Sie sich denken können, die ideale Fertigkeit, um gegen große Monsterhorden vorzugehen. In Kombination mit *Kritischer Schlag*, einer hohen Geschicklichkeit und einem magischen Bogen, werden Sie wahrscheinlich keine andere Fertigkeit mehr verwenden.

Mana-Kosten

Level 1	Level 2	Level 3	Level 4	Level 5	Level 6	Level 7	Level 8	Level 9	Level 10
4	5	6	7	8	9	10	11	12	13

Level 11	Level 12	Level 13	Level 14	Level 15	Level 16	Level 17	Level 18	Level 19	Level 20
14	15	16	17	18	19	20	21	22	23

Anzahl Pfeile

Level 1	Level 2	Level 3	Level 4	Level 5	Level 6	Level 7	Level 8	Level 9	Level 10
2	3	4	5	6	7	8	9	10	11

Level 11	Level 12	Level 13	Level 14	Level 15	Level 16	Level 17	Level 18	Level 19	Level 20
12	13	14	15	16	17	18	19	20	21

TIP

Der Mehrfachschuss wurde in der Erweiterung dahingehend verändert, dass die abgespalteten Pfeile nun nicht mehr die vollen 100% Schaden anrichten, sondern nur noch 75%. Außerdem können die Pfeile nur einmal treffen. Wenn Sie also auf 5 Gegner schießen, werden möglicherweise alle getroffen, aber jeder nur einmal.

Streuen

Level: 24

Voraussetzung: Gelenkter Pfeil

Streuen teilt einen abgeschossenen Pfeil, Bolzen in mehrere auf und lenkt sie getrennt auf unterschiedliche Ziele. Gegenüber Diablo II wurde Streuen erheblich abgeändert. Startete man früher auf Level 1 mit +10% Schaden, sind es nun noch +5%.

Mana-Kosten: 11

Anzahl Ziele

Level 1	Level 2	Level 3	Level 4	Level 5	Level 6	Level 7	Level 8	Level 9	Level 10
5	6	7	8	9	10	10	10	10	10

Level 11	Level 12	Level 13	Level 14	Level 15	Level 16	Level 17	Level 18	Level 19	Level 20
10	10	10	10	10	10	10	10	10	10

Schadensbonus in %

Level 1	Level 2	Level 3	Level 4	Level 5	Level 6	Level 7	Level 8	Level 9	Level 10
+5	+10	+15	+20	+25	+30	+35	+40	+45	+50

Level 11	Level 12	Level 13	Level 14	Level 15	Level 16	Level 17	Level 18	Level 19	Level 20
+55	+60	+65	+70	+75	+80	+85	+90	+95	+100

Stoß

Level: 1

Voraussetzung: Keine

Die Amazone kann mit einem Speer dreimal mit erhöhter Geschwindigkeit zustechen. Zu Anfang verursacht jeder einzelne Stoß zwar weniger Schaden als ein einzelner, aber je mehr Punkte investiert werden (ab Level 6), desto geringer wird der Schadensverslust, bis er sich sogar ins Positive wendet.

Mana-Kosten

Level 1	Level 2	Level 3	Level 4	Level 5	Level 6	Level 7	Level 8	Level 9	Level 10
2,0	2,2	2,5	2,7	3,0	3,2	3,5	3,7	4,0	4,2

Level 11	Level 12	Level 13	Level 14	Level 15	Level 16	Level 17	Level 18	Level 19	Level 20
4,5	4,7	5	5,2	5,5	5,7	6	6,2	6,5	6,7

TIP

In der Erweiterung wurden nicht nur die Werte angepasst, sondern auch die Angriffsgeschwindigkeit. Die ist nämlich nun von der Wahl der Waffe abhängig und nicht mehr für alle Waffen gleich schnell. Nehmen Sie also Waffen mit einer hohen Angriffsgeschwindigkeit.

Angriff pro Ziel in %

Level 1	Level 2	Level 3	Level 4	Level 5	Level 6	Level 7	Level 8	Level 9	Level 10
+10	+15	+20	+25	+30	+35	+40	+45	+50	+55

Level 11	Level 12	Level 13	Level 14	Level 15	Level 16	Level 17	Level 18	Level 19	Level 20
+60	+65	+70	+75	+80	+85	+90	+95	+100	+105

Schaden pro Ziel in %

Level 1	Level 2	Level 3	Level 4	Level 5	Level 6	Level 7	Level 8	Level 9	Level 10
-15	-12	-9	-6	-3	±0	+3	+6	+9	+12

Level 11	Level 12	Level 13	Level 14	Level 15	Level 16	Level 17	Level 18	Level 19	Level 20
+15	+18	+21	+24	+27	+30	+33	+36	+39	+42

Energieschlag

Level: 6

Voraussetzung: Stoß

Fügt jedem Schlag Blitz-Schaden hinzu. Diese Fertigkeit eignet sich zu Anfang des Spiels, um gegen schwächere Gegner vorzugehen, im späteren Verlauf sollte man aber eher auf *Blitzschlag* oder gleich *Kettenblitzschlag* zurückgreifen.

Mana-Kosten

Level 1	Level 2	Level 3	Level 4	Level 5	Level 6	Level 7	Level 8	Level 9	Level 10
2,0	2,2	2,5	2,7	3,0	3,2	3,5	3,7	4,0	4,2

Level 11	Level 12	Level 13	Level 14	Level 15	Level 16	Level 17	Level 18	Level 19	Level 20
4,5	4,7	5,0	5,2	5,5	5,7	6,0	6,2	6,5	6,7

Angriff pro Ziel in %

Level 1	Level 2	Level 3	Level 4	Level 5	Level 6	Level 7	Level 8	Level 9	Level 10
+10	+15	+20	+25	+30	+35	+40	+45	+50	+55

Level 11	Level 12	Level 13	Level 14	Level 15	Level 16	Level 17	Level 18	Level 19	Level 20
+60	+65	+70	+75	+80	+85	+90	+95	+100	+105

Blitz-Schaden pro Ziel in %

Level 1	Level 2	Level 3	Level 4	Level 5	Level 6	Level 7	Level 8	Level 9	Level 10
1-16	7-22	13-28	19-34	25-40	31-46	37-52	43-58	51-66	59-74

Level 11	Level 12	Level 13	Level 14	Level 15	Level 16	Level 17	Level 18	Level 19	Level 20
67-82	75-90	83-98	91-106	99-114	107-122	117-132	127-142	137-152	147-162

Aufspießen

Level 12

Voraussetzung: Stoß

Aufspießen lässt die Amazone eine viel stärkere Attacke durchführen als *Stoß*. Schon in Level 1 beträgt der Schadensbonus satte 300% und er steigt auf bis zu 395% an. Auch der Angriffswert wird erhöht. Der Nachteil ist, dass eine gewisse Chance besteht, dass die Haltbarkeit der Waffe bei jedem Treffer nachlässt. Wie beim Stoß wird die tatsächliche Angriffsgeschwindigkeit in der Erweiterung von Diablo II von der Waffe bestimmt, mit der die Amazone zuschlägt. Die Chance auf Verringerung der Haltbarkeit wurde übrigens gegenüber Diablo II genau umgedreht, nimmt also mit Erreichen eines höheren Levels ab anstatt zu.

Mana-Kosten: 3

Schadensbonus in %

Level 1	Level 2	Level 3	Level 4	Level 5	Level 6	Level 7	Level 8	Level 9	Level 10
300	305	310	315	320	325	330	335	340	345

Level 11	Level 12	Level 13	Level 14	Level 15	Level 16	Level 17	Level 18	Level 19	Level 20
350	355	360	365	370	375	380	385	390	395

Angriff in %

Level 1	Level 2	Level 3	Level 4	Level 5	Level 6	Level 7	Level 8	Level 9	Level 10
+25	+32	+39	+46	+53	+60	+67	+74	+81	+88

Level 11	Level 12	Level 13	Level 14	Level 15	Level 16	Level 17	Level 18	Level 19	Level 20
+95	+102	+109	+116	+123	+130	+137	+144	+151	+158

Chance auf Verringerung der Haltbarkeit in %

Level 1	Level 2	Level 3	Level 4	Level 5	Level 6	Level 7	Level 8	Level 9	Level 10
46	42	40	37	35	34	33	32	31	30

Level 11	Level 12	Level 13	Level 14	Level 15	Level 16	Level 17	Level 18	Level 19	Level 20
29	29	28	27	27	26	26	26	26	25

Geladener Schlag

Level 18

Voraussetzung: Energieschlag, Blitzschlag

Da die drei ausgesendeten Combo-Blitze nicht gelenkt werden können, eignet sich diese Fertigkeit nur für den Nahkampf. Der Blitz-Schaden wurde gegenüber Diablo II verdoppelt.

Verschießt 3 Combo-Blitze

Mana-Kosten

Level 1	Level 2	Level 3	Level 4	Level 5	Level 6	Level 7	Level 8	Level 9	Level 10
4,0	4,2	4,5	4,7	5,0	5,2	5,5	5,7	6,0	6,2

Level 11	Level 12	Level 13	Level 14	Level 15	Level 16	Level 17	Level 18	Level 19	Level 20
6,5	6,7	7,0	7,2	7,5	7,7	8,0	8,2	8,5	8,7

Blitz-Schaden

Level 1	Level 2	Level 3	Level 4	Level 5	Level 6	Level 7	Level 8	Level 9	Level 10
1-30	11-40	21-50	31-60	41-70	51-80	61-90	71-100	83-112	95-124

Level 11	Level 12	Level 13	Level 14	Level 15	Level 16	Level 17	Level 18	Level 19	Level 20
107-136	119-148	131-160	143-172	155-184	167-196	181-210	195-224	209-238	223-252

Pest-Wurfspieß

Level 18

Voraussetzung: Blitzschlag

Während der Gift-Wurfspieß dem Opfer zusätzlich zum Schaden des Speers Giftschaden zufügt, verursacht diese Fertigkeit eine Explosion, die das Ziel in eine Giftwolke einhüllt. Alles, was von der Giftwolke erfasst wird, erleidet über 3 Sekunden starken Gift-Schaden. Der Gift-Schaden des Pest-Wurfspießes wurde gegenüber Diablo II erhöht.

Dauer: 3 Sekunden

Mana-Kosten

Level 1	Level 2	Level 3	Level 4	Level 5	Level 6	Level 7	Level 8	Level 9	Level 10
7	8	9	10	11	12	13	14	15	16

Level 11	Level 12	Level 13	Level 14	Level 15	Level 16	Level 17	Level 18	Level 19	Level 20
17	18	19	20	21	22	23	24	25	26

Gift-Schaden

Level 1	Level 2	Level 3	Level 4	Level 5	Level 6	Level 7	Level 8	Level 9	Level 10
32-37	30-44	37-51	44-58	51-65	58-72	65-79	72-86	84-98	96-110

Level 11	Level 12	Level 13	Level 14	Level 15	Level 16	Level 17	Level 18	Level 19	Level 20
107-121	119-133	131-145	142-157	154-168	166-180	185-199	203-217	222-236	241-255

Widersetzen

Level 24

Voraussetzung: Aufspießen

Die Amazone kann mit einem Schlag alle in der Nähe befindlichen Gegner in schneller Abfolge treffen. Gleichzeitig werden der Schaden und die Angriffsrate des normalen Angriffs erhöht. Gegenüber Diablo II hat sich bei *Widersetzen* sehr viel getan. Die Mana-Kosten wurden von 3 auf 5 geändert, der Angriffsbonus wurde vervierfacht und der Schaden verdoppelt!

Mana-Kosten: 5

Schaden in %

Level 1	Level 2	Level 3	Level 4	Level 5	Level 6	Level 7	Level 8	Level 9	Level 10
+70	+80	+90	+100	+110	+120	+130	+140	+150	+160

Level 11	Level 12	Level 13	Level 14	Level 15	Level 16	Level 17	Level 18	Level 19	Level 20
+170	+180	+190	+200	+210	+220	+230	+240	+250	+260

Angriff in %

Level 1	Level 2	Level 3	Level 4	Level 5	Level 6	Level 7	Level 8	Level 9	Level 10
+40	+50	+60	+70	+80	+90	+100	+110	+120	+130

Level 11	Level 12	Level 13	Level 14	Level 15	Level 16	Level 17	Level 18	Level 19	Level 20
+140	+150	+160	+170	+180	+190	+200	+210	+220	+230

Kettenblitzschlag

Level 30

Voraussetzung: Geladener Schlag

Diese Fertigkeit verwandelt den Speer der Amazone in einen sich verzweigenden Blitz, der das anvisierte Monster durchschlägt und dahinter stehende Feinde bis zu einer bestimmten Entfernung zum ursprünglichen Ziel trifft. Der Kettenblitzschlag ist die stärkere Variante des *Geladenen Schlag*. In der Erweiterung *Herr der Zerstörung* wurden die Mana-Kosten auf 9 festgesetzt. Sie steigen nicht mehr an, wenn man die Fertigkeit erhöht.

Mana-Kosten: 9

Anzahl Treffer

Level 1	Level 2	Level 3	Level 4	Level 5	Level 6	Level 7	Level 8	Level 9	Level 10
2	3	4	5	6	7	8	9	10	11

Level 11	Level 12	Level 13	Level 14	Level 15	Level 16	Level 17	Level 18	Level 19	Level 20
12	13	14	15	16	17	18	19	20	21

Blitz-Schaden

Level 1	Level 2	Level 3	Level 4	Level 5	Level 6	Level 7	Level 8	Level 9	Level 10
5-25	15-35	25-45	35-55	45-65	55-75	65-85	75-95	85-105	95-115

Level 11	Level 12	Level 13	Level 14	Level 15	Level 16	Level 17	Level 18	Level 19	Level 20
105-125	115-135	125-145	135-155	145-165	155-175	165-185	175-195	185-205	195-215

Blitzendes Unheil

Level 30

Voraussetzung: Pest-Wurfspieß

Weit besser als der *Kettenblitzschlag*, verursacht das *Blitzende Unheil* einen gewaltigen Donnerschlag, der enormen Schaden beim getroffenen Monster anrichtet. Nach dem Treffer verzweigt sich der Blitz auf alle umstehenden Monster und frisst sich zuckend durch ihre Leiber. In der Erweiterung von Diablo II wurde der Schaden des *Blitzenden Unheils* ab Level 9 leicht angehoben.

Mana-Kosten

Level 1	Level 2	Level 3	Level 4	Level 5	Level 6	Level 7	Level 8	Level 9	Level 10
10	10,5	11	11,5	12	12,5	13	13	14	14

Level 11	Level 12	Level 13	Level 14	Level 15	Level 16	Level 17	Level 18	Level 19	Level 20
15	15	16	16	17	17	18	18	19	19

Anzahl Blitzbolzen

Level 1	Level 2	Level 3	Level 4	Level 5	Level 6	Level 7	Level 8	Level 9	Level 10
2	3	4	5	6	7	8	9	10	11

Level 11	Level 12	Level 13	Level 14	Level 15	Level 16	Level 17	Level 18	Level 19	Level 20
12	13	14	15	16	17	18	19	20	21

Blitz-Schaden

Level 1	Level 2	Level 3	Level 4	Level 5	Level 6	Level 7	Level 8	Level 9	Level 10
1-40	11-50	21-60	31-70	41-80	51-90	61-100	71-110	84-123	97-136

Level 11	Level 12	Level 13	Level 14	Level 15	Level 16	Level 17	Level 18	Level 19	Level 20
110-149	123-162	136-175	149-188	162-201	175-214	191-230	207-246	223-262	239-278

Der Barbar

Die stolzen Barbaren ziehen in langen Trecks durch die Steppen des hohen Nordens. Nur vereinzelt trifft der Reisende auf befestigte Siedlungen, die sich meist direkt an den Grenzen zu Nachbarländern befinden. Die Kinder Bul Kathos' sind mit unwahrscheinlichen Körperkräften ausgestattet, schon in jungen Jahren werden sie im Nahkampf unterwiesen und spezialisieren sich auf eine bevorzugte Nahkampfwaffe. Im Kampf verbreiten ihre wilden Kampfschreie Angst und Schrecken unter ihren Feinden und einem Amok laufenden Barbaren sollte man lieber nicht begegnen. Die drei Fertigkeiten-Bäume des Barbaren sind:

- **Kriegsschreie:** Mit markerschütterndem Geschrei versetzt der Barbar seine Feinde in Angst und Schrecken, so dass sie fliehen, im Kampf unvorsichtig oder schwächer werden. In diesem Ast sind zudem Fertigkeiten untergebracht, die die Chance verbessern, dass der Barbar Heiltränke oder magische Gegenstände findet.
- **Kampf-Beherrschung:** Der Barbar ist eine Kampfmaschine, er muss sich mit Waffen auskennen. Die nötigen Fertigkeiten finden sich in diesem Ast. Der Barbar kann sich auf den Kampf mit Schwertern, Äxten oder Knüppeln spezialisieren. Daneben befinden sich in diesem Ast Fertigkeiten, welche die Geschwindigkeit des Barbaren erhöhen oder seine Widerstandskraft stärken.
- **Kampffertigkeiten:** Die Fertigkeiten in diesem Ast erlauben dem Barbaren die Durchführung von Spezialangriffen wie Sprung- oder Wurfattacken. Außerdem ermöglichen sie es ihm, sich auf einen Feind zu konzentrieren oder wenn es ihm zu bunt wird Amok zu laufen.

TIP

In höheren Spielstufen findet man hauptsächlich Schwerter. Wenn Sie also planen, einen Super-Barbaren heranzuzüchten, dann liegen Sie mit einem Schwertmeister nicht falsch.

Folgende Fertigkeiten des Barbaren wurden in *Herr der Zerstörung* überarbeitet, und werden anschliessend erläutert:

- Amok
- Doppelschwung
- Gegenstand suchen
- Kampfbefehle
- Konzentrieren
- Kriegsschrei
- Raserei
- Wirbelwind

Gegenstand suchen

Level 12

Voraussetzung: Elixier suchen

Gegenstand finden funktioniert wie *Elixier finden*. Bei dem gefundenen Gegenstand kann es sich um Gold, eine Waffe oder alles andere handeln, was es in Diablo II so zu finden gibt.

Mana-Kosten: 7

Chance, Gegenstand zu finden in %

Level 1	Level 2	Level 3	Level 4	Level 5	Level 6	Level 7	Level 8	Level 9	Level 10
13	19	24	29	32	35	37	39	41	42

Level 11	Level 12	Level 13	Level 14	Level 15	Level 16	Level 17	Level 18	Level 19	Level 20
44	45	46	47	47	49	49	50	50	51

Kampfbefehle

Level 24

Voraussetzung: Schrei

Eine besonders mächtige Fertigkeit, die besonders im Multiplayer-Spiel das eine oder andere Leben retten wird. *Kampfbefehle* erhöht die Ausdauer, das Leben und die Manapunkte sowohl des Barbaren wie auch aller Party-Mitglieder. Der Nachteil ist, dass jeder *Kampfbefehl* ein Drittel der aktuellen Lebenspunkte des Barbaren kostet! Die Fertigkeit ist also eher für Notfälle gedacht und Sie sollten immer genügend Heiltränke bei sich haben, um den Schaden gleich wieder zu kompensieren. In der Erweiterung wurden die Mana-Kosten erhöht, der Bonus auf Leben, Mana und Ausdauer wurde gleichzeitig reduziert.

Mana-Kosten: 7

Dauer in Sekunden

Level 1	Level 2	Level 3	Level 4	Level 5	Level 6	Level 7	Level 8	Level 9	Level 10
30	36	42	48	54	60	66	72	78	84

Level 11	Level 12	Level 13	Level 14	Level 15	Level 16	Level 17	Level 18	Level 19	Level 20
90	96	102	108	114	120	126	132	138	144

Ausdauer-, Lebens-, Manabonus in %

Level 1	Level 2	Level 3	Level 4	Level 5	Level 6	Level 7	Level 8	Level 9	Level 10
+35	+38	+41	+44	+47	+50	+53	+56	+59	+62

Level 11	Level 12	Level 13	Level 14	Level 15	Level 16	Level 17	Level 18	Level 19	Level 20
+65	+68	+71	+74	+77	+80	+83	+86	+89	+92

Kriegsschrei

Level 30

Voraussetzung: Schlachtruf, Kampfbefehle

Der Barbar kann mit diesem Schrei in der Nähe befindliche Feinde lähmen und gleichzeitig starken Schaden zufügen. Die Mana-Kosten sind zwar recht hoch, aber dafür macht der Kriegsschrei die Feinde des Barbaren zu hilflosen Opfern seiner wild wirbelnden Äxte. In der Erweiterung wurde der Schaden, den die Fertigkeit anrichtet, stark angehoben. Außerdem kann der Schrei nicht mehr in schneller Abfolge gesprochen werden, er braucht eine gewisse Zeit zur Abkühlung.

Mana-Kosten

Level 1	Level 2	Level 3	Level 4	Level 5	Level 6	Level 7	Level 8	Level 9	Level 10
10	11	12	13	14	15	16	17	18	19

Level 11	Level 12	Level 13	Level 14	Level 15	Level 16	Level 17	Level 18	Level 19	Level 20
20	21	22	23	24	25	26	27	28	29

Schaden

Level 1	Level 2	Level 3	Level 4	Level 5	Level 6	Level 7	Level 8	Level 9	Level 10
20-30	26-36	32-42	38-48	44-54	50-60	56-66	62-72	69-79	76-86

Level 11	Level 12	Level 13	Level 14	Level 15	Level 16	Level 17	Level 18	Level 19	Level 20
83-93	90-100	97-107	104-114	111-121	118-128	126-136	134-144	142-152	150-160

Lähmungsdauer in Sekunden

Level 1	Level 2	Level 3	Level 4	Level 5	Level 6	Level 7	Level 8	Level 9	Level 10
1,0	1,2	1,4	1,6	1,8	2,0	2,2	2,4	2,6	2,8

Level 11	Level 12	Level 13	Level 14	Level 15	Level 16	Level 17	Level 18	Level 19	Level 20
3,0	3,2	3,4	3,6	3,8	4,0	4,2	4,4	4,6	4,8

Doppelschwung

Level 6

Voraussetzung: Hieb

Der *Doppelschwung* erlaubt es dem Barbaren, zweihändig zu kämpfen, zum Beispiel mit einer Axt in der einen und mit einem Schwert in der anderen Hand. Dadurch verursacht der Barbar nicht nur zweifachen Schaden, die Fertigkeit erhöht zudem den Angriffswert um einen gewissen Prozentsatz. Viele Spieler legen den *Doppelschwung* als Standardangriff auf die linke Maustaste. Wer genügend Mana zur Verfügung hat, wird damit sicherlich seine Freude haben. Die Fertigkeit wurde in der Erweiterung dahingehend verändert, dass sich die Angriffsgeschwindigkeit der getragenen Waffen nun auch auf die Schwunggeschwindigkeit auswirkt.

Mana-Kosten: 2

Angriff in %

Level 1	Level 2	Level 3	Level 4	Level 5	Level 6	Level 7	Level 8	Level 9	Level 10
15	20	25	30	35	40	45	50	55	60

Level 11	Level 12	Level 13	Level 14	Level 15	Level 16	Level 17	Level 18	Level 19	Level 20
65	70	75	80	85	90	95	100	105	110

Konzentrieren

Level 18

Voraussetzung: Lähmen

Der Barbar konzentriert sich im Kampf vollkommen auf einen Feind, was seine Attacken viel wirksamer werden lässt. Während der Konzentration kann der Angriff des Barbaren nur sehr schwer unterbrochen werden. In der Erweiterung wurden die Verteidigungs- und Angriffsboni stark erhöht.

Mana-Kosten: 2

Verteidigung in %

Level 1	Level 2	Level 3	Level 4	Level 5	Level 6	Level 7	Level 8	Level 9	Level 10
+100	+110	+120	+130	+140	+150	+160	+170	+180	+190

Level 11	Level 12	Level 13	Level 14	Level 15	Level 16	Level 17	Level 18	Level 19	Level 20
+200	+210	+220	+230	+240	+250	+260	+270	+280	+290

Angriff in %

Level 1	Level 2	Level 3	Level 4	Level 5	Level 6	Level 7	Level 8	Level 9	Level 10
+60	+70	+80	+90	+100	+110	+120	+130	+140	+150

Level 11	Level 12	Level 13	Level 14	Level 15	Level 16	Level 17	Level 18	Level 19	Level 20
+160	+170	+180	+190	+200	+210	+220	+230	+240	+250

Schaden in %

Level 1	Level 2	Level 3	Level 4	Level 5	Level 6	Level 7	Level 8	Level 9	Level 10
+70	+75	+80	+85	+90	+95	+100	+105	+110	+115

Level 11	Level 12	Level 13	Level 14	Level 15	Level 16	Level 17	Level 18	Level 19	Level 20
+120	+125	+130	+135	+140	+145	+150	+155	+160	+165

Raserei

Level 24

Voraussetzung: Doppelwurf

Diese Fertigkeit erhöht bei jedem erfolgreichen Treffer den Schaden, den Angriffswert und die Angriffsgeschwindigkeit des Barbaren. Ein paar Punkte braucht es schon, bis die Fertigkeit Wirkung zeigt, aber dann ist jeder Schlag, den Ihr Barbar landet, umso vernichtender und er läuft wie ein Wirbelwind. In der Erweiterung wurde die Dauer des Effekts auf 6 Sekunden begrenzt. Außerdem wurden die Boni stark erhöht und die Fertigkeit spricht nun auf die Geschwindigkeit der Waffen an, die der Barbar trägt. Je langsamer die Waffen, desto langsamer der Effekt.

Mana-Kosten: 3

Dauer: 6 Sekunden

Schaden in %

Level 1	Level 2	Level 3	Level 4	Level 5	Level 6	Level 7	Level 8	Level 9	Level 10
+90	+95	+100	+105	+110	+115	+120	+125	+130	+135

Level 11	Level 12	Level 13	Level 14	Level 15	Level 16	Level 17	Level 18	Level 19	Level 20
+140	+145	+150	+155	+160	+165	+170	+175	+180	+185

Angriff in %

Level 1	Level 2	Level 3	Level 4	Level 5	Level 6	Level 7	Level 8	Level 9	Level 10
+100	+107	+114	+121	+128	+135	+142	+149	+156	+163

Level 11	Level 12	Level 13	Level 14	Level 15	Level 16	Level 17	Level 18	Level 19	Level 20
+170	+177	+184	+191	+198	+205	+212	+219	+226	+233

Angriffsgeschwindigkeit in %

Level 1	Level 2	Level 3	Level 4	Level 5	Level 6	Level 7	Level 8	Level 9	Level 10
+7	+7-13	+7-18	+7-22	+7-25	+7-27	+7-29	+7-31	+7-33	+7-34

Level 11	Level 12	Level 13	Level 14	Level 15	Level 16	Level 17	Level 18	Level 19	Level 20
+7-35	+7-36	+7-37	+7-38	+7-39	+7-40	+7-40	+7-41	+7-41	+7-42

Geschwindigkeit beim Gehen/Rennen in %

Level 1	Level 2	Level 3	Level 4	Level 5	Level 6	Level 7	Level 8	Level 9	Level 10
+47	+47-68	+47-84	+47-99	+47-110	+47-119	+47-126	+47-131	+47-138	+47-142

Level 11	Level 12	Level 13	Level 14	Level 15	Level 16	Level 17	Level 18	Level 19	Level 20
+47-147	+47-151	+47-155	+47-158	+47-160	+47-164	+47-165	+47-167	+47-169	+47-171

Wirbelwind

Level 30

Voraussetzung: Sprungangriff, Konzentrieren

Der Wirbelwind verwandelt den Barbaren in eine alles vernichtende Axt- und Schwertmühle, die sich durch die Körper seiner Gegner gräbt. Der Barbar dreht sich im Kreis und trifft dabei alles, was ihm im Weg steht. Obwohl die Mana-Kosten in der Erweiterung gesenkt wurden, ist diese Fertigkeit immer noch sehr teuer, was durch die anfänglichen Mali auf den Schaden und den Angriff des Barbaren noch verschlimmert wird. Erst ab Level 8 richtet der Wirbelwind-Angriff ungefähr denselben Schaden an wie der normale. Wie bei den anderen Kampffertigkeiten wirkt sich beim *Wirbelwind* die Geschwindigkeit der getragenen Angriffswaffe auf den Effekt aus.

Mana-Kosten

Level 1	Level 2	Level 3	Level 4	Level 5	Level 6	Level 7	Level 8	Level 9	Level 10
25	26	26	27	27	28	28	28	29	29

Level 11	Level 12	Level 13	Level 14	Level 15	Level 16	Level 17	Level 18	Level 19	Level 20
30	30	31	31	32	32	33	33	34	34

Schaden in %

Level 1	Level 2	Level 3	Level 4	Level 5	Level 6	Level 7	Level 8	Level 9	Level 10
-50	-42	-34	-26	-18	-10	-2	+6	+14	+22

Level 11	Level 12	Level 13	Level 14	Level 15	Level 16	Level 17	Level 18	Level 19	Level 20
+30	+38	+46	+54	+62	+70	+78	+86	+94	+102

Angriff in %

Level 1	Level 2	Level 3	Level 4	Level 5	Level 6	Level 7	Level 8	Level 9	Level 10
-	+5	+10	+15	+20	+25	+30	+35	+40	+45

Level 11	Level 12	Level 13	Level 14	Level 15	Level 16	Level 17	Level 18	Level 19	Level 20
+50	+55	+60	+65	+70	+75	+80	+85	+90	+95

Amok

Level 30

Voraussetzung: Konzentrieren

Der Barbar läuft Amok. Das erhöht für eine gewisse Zeit seinen Angriffswert und den angerichteten Schaden. Neu in der Erweiterung ist, dass Amok nun auch Magie-Schaden anrichtet. Die Mana-Kosten wurden leicht gesenkt, die Schadens- und Angriffsboni stark erhöht.

Mana-Kosten: 4

Angriff in %

Level 1	Level 2	Level 3	Level 4	Level 5	Level 6	Level 7	Level 8	Level 9	Level 10
+100	+115	+130	+145	+160	+175	+190	+205	+220	+235

Level 11	Level 12	Level 13	Level 14	Level 15	Level 16	Level 17	Level 18	Level 19	Level 20
+250	+265	+280	+295	+310	+325	+340	+355	+370	+385

Magie-Schaden in %

Level 1	Level 2	Level 3	Level 4	Level 5	Level 6	Level 7	Level 8	Level 9	Level 10
+150	+165	+180	+195	+210	+225	+240	+255	+270	+285

Level 11	Level 12	Level 13	Level 14	Level 15	Level 16	Level 17	Level 18	Level 19	Level 20
+300	+315	+330	+345	+360	+375	+390	+405	+420	+435

Dauer in Sekunden

Level 1	Level 2	Level 3	Level 4	Level 5	Level 6	Level 7	Level 8	Level 9	Level 10
2,7	2,4	2,2	2,0	1,9	1,9	1,8	1,7	1,6	1,6

Level 11	Level 12	Level 13	Level 14	Level 15	Level 16	Level 17	Level 18	Level 19	Level 20
1,6	1,6	1,5	1,4	1,4	1,4	1,4	1,3	1,3	1,3

Der Paladin

Diese umherwandernden Priester-Krieger kämpfen für die Gerechtigkeit. Ihr starker Glaube an das Licht macht es ihnen zur Pflicht, anderen zu helfen. Sie tun Gutes, wo sie nur können, und treten furchtlos dem Bösen entgegen, wann immer es sein muss. Manche halten die Paladine für verschrobene Fanatiker, andere erkennen in ihnen die wahre Kraft des Lichts. Paladine wandeln die Energie des Lichts in starke Auras um, die ihnen besondere Kräfte verleihen und zum Beispiel verwundete Mitstreiter heilen. Die drei Fertigkeiten-Bäume des Paladins sind:

Defensiv-Auras: Die Auras in diesem Fertigkeitenbaum verleihen dem Paladin besondere Widerstandskraft gegen elementare Magie. Andere heilen Leben oder Mana und zwar nicht nur für den Paladin, sondern für die ganze Party. Die dritte Sorte verschafft einen Verteidigungsbonus oder beschleunigt den Paladin und die Mitglieder seiner Party.

Offensiv-Auras: Wie der Name schon erahnen lässt, verbessern offensive Auras die Kampffertigkeiten des Paladins oder sie richten von sich aus Schaden an Feinden an, die sich in der Nähe des Paladins befinden.

Kampffertigkeiten: Diese Fertigkeiten wirken nicht als Auras, sondern haben einen bestimmten Effekt, der entweder die Angriffe des Paladins mit magischem Schaden versieht oder ihm magischen Schutz tu teil werden lässt.

Folgende Fertigkeiten des Barbaren wurden in *Herr der Zerstörung* überarbeitet und werden anschliessend erläutert:

- ✠ Errettung
- ✠ Fanatismus
- ✠ Heiliger Schock
- ✠ Heiliges Feuer
- ✠ Meditation
- ✠ Überzeugung
- ✠ Widerstand gegen Blitz
- ✠ Widerstand gegen Feuer
- ✠ Widerstand gegen Kälte
- ✠ Zuflucht

Widerstand gegen Feuer

Level 1

Voraussetzung: Keine

Diese Aura verstärkt die Feuer-Widerstandskraft des Paladins und aller Party-Mitglieder in ihrem Wirkungsbereich. Der Bonus der Aura steigt im Expansion Pack schneller an als in Diablo II.

Radius in Metern

Level 1	Level 2	Level 3	Level 4	Level 5	Level 6	Level 7	Level 8	Level 9	Level 10
7,3	8,6	10,0	11,3	12,6	14,0	15,3	16,6	18,0	19,3

Level 11	Level 12	Level 13	Level 14	Level 15	Level 16	Level 17	Level 18	Level 19	Level 20
20,6	22,0	23,3	24,6	26,0	27,3	28,6	30,0	31,3	32,6

Widerstand gegen Feuer in %

Level 1	Level 2	Level 3	Level 4	Level 5	Level 6	Level 7	Level 8	Level 9	Level 10
+52	+66	+76	+85	+92	+98	+102	+106	+110	+113

Level 11	Level 12	Level 13	Level 14	Level 15	Level 16	Level 17	Level 18	Level 19	Level 20
+116	+118	+121	+123	+124	+127	+128	+129	+130	+131

Widerstand gegen Kälte

Level 6

Voraussetzung: Keine

Diese Fertigkeit erhöht die Kälte-Widerstandskraft des Paladins und aller Party-Mitglieder im Wirkungsradius der Aura. Verwenden Sie diese Fertigkeit, wenn Sie hauptsächlich gegen Monster kämpfen, die Kälteangriffe starten (zum Beispiel in den Eishöhlen von Akt 5). In der Erweiterung wurde der Bonus auf die Widerstandskraft stark erhöht.

Radius in Metern

Level 1	Level 2	Level 3	Level 4	Level 5	Level 6	Level 7	Level 8	Level 9	Level 10
7,3	8,6	10,0	11,3	12,6	14,0	15,3	16,6	18,0	19,3

Level 11	Level 12	Level 13	Level 14	Level 15	Level 16	Level 17	Level 18	Level 19	Level 20
20,6	22,0	23,3	24,6	26,0	27,3	28,6	30,0	31,3	32,6

Widerstand gegen Kälte in %

Level 1	Level 2	Level 3	Level 4	Level 5	Level 6	Level 7	Level 8	Level 9	Level 10
+52	+66	+76	+85	+92	+98	+102	+106	+110	+113

Level 11	Level 12	Level 13	Level 14	Level 15	Level 16	Level 17	Level 18	Level 19	Level 20
+116	+118	+121	+123	+124	+127	+128	+129	+130	+131

Widerstand gegen Blitz

Level 12

Voraussetzung: Keine

Diese Fertigkeit erhöht die Blitz-Widerstandskraft des Paladins und aller Party-Mitglieder im Wirkungsradius der Aura. Verwenden Sie diese Fertigkeit, wenn Sie hauptsächlich gegen Monster kämpfen, die Blitzangriffe starten. In der Erweiterung wurde der Bonus auf die Widerstandskraft erhöht.

Radius in Metern

Level 1	Level 2	Level 3	Level 4	Level 5	Level 6	Level 7	Level 8	Level 9	Level 10
7,3	8,6	10,0	11,3	12,6	14,0	15,3	16,6	18,0	19,3

Level 11	Level 12	Level 13	Level 14	Level 15	Level 16	Level 17	Level 18	Level 19	Level 20
20,6	22,0	23,3	24,6	26,0	27,3	28,6	30,0	31,3	32,6

Widerstand gegen Blitz in %

Level 1	Level 2	Level 3	Level 4	Level 5	Level 6	Level 7	Level 8	Level 9	Level 10
+52	+66	+76	+85	+92	+98	+102	+106	+110	+113

Level 11	Level 12	Level 13	Level 14	Level 15	Level 16	Level 17	Level 18	Level 19	Level 20
+116	+118	+121	+123	+124	+127	+128	+129	+130	+131

Meditation

Level 24

Voraussetzung: Reinigung

Diese Aura steigert die Regenerationsrate für das Mana Ihres Paladins und das der Party. Besonders wenn Ihre Party hauptsächlich aus Zauberinnen, Druiden und Totenbeschwörern besteht, ist diese Fertigkeit ein Muss! In der Erweiterung wurde die Erholungsrate sehr stark angehoben.

Radius in Metern

Level 1	Level 2	Level 3	Level 4	Level 5	Level 6	Level 7	Level 8	Level 9	Level 10
7,3	8,6	10,0	11,3	12,6	14,0	15,3	16,6	18,0	19,3

Level 11	Level 12	Level 13	Level 14	Level 15	Level 16	Level 17	Level 18	Level 19	Level 20
20,6	22,0	23,3	24,6	26,0	27,3	28,6	30,0	31,3	32,6

Mana-Erholungsrate in %

Level 1	Level 2	Level 3	Level 4	Level 5	Level 6	Level 7	Level 8	Level 9	Level 10
+300	+325	+350	+375	+400	+425	+450	+475	+500	+525

Level 11	Level 12	Level 13	Level 14	Level 15	Level 16	Level 17	Level 18	Level 19	Level 20
+550	+575	+600	+625	+650	+675	+700	+725	+750	+775

Errettung

Level 30

Voraussetzung: Keine

Diese Aura beschützt Sie und Ihre Party-Mitglieder vor allen Elementar-Schäden, also Schäden durch Feuer, Kälte und elektrische Energie. Besonders im Multiplayer-Spiel lohnt sich diese Fertigkeit, denn aufgrund des großen Wirkungsradius können die Party-Mitglieder weit auseinander laufen. Für Herr der Zerstörung wurde die Aura verstärkt.

Radius in Metern

Level 1	Level 2	Level 3	Level 4	Level 5	Level 6	Level 7	Level 8	Level 9	Level 10
7,3	8,6	10,0	11,3	12,6	14,0	15,3	16,6	18,0	19,3

Level 11	Level 12	Level 13	Level 14	Level 15	Level 16	Level 17	Level 18	Level 19	Level 20
20,6	22,0	23,3	24,6	26,0	27,3	28,6	30,0	31,3	32,6

Bonus Widerstand gegen alles in %

Level 1	Level 2	Level 3	Level 4	Level 5	Level 6	Level 7	Level 8	Level 9	Level 10
+60	+68	+75	+80	+85	+88	+91	+93	+96	+97

Level 11	Level 12	Level 13	Level 14	Level 15	Level 16	Level 17	Level 18	Level 19	Level 20
+99	+101	+102	+103	+104	+106	+106	+107	+108	+108

Heiliges Feuer

Level 6
Voraussetzung: Macht

Die Aura *Heiliges Feuer* verschießt in regelmäßigen Abständen Feuerblitze auf umstehende Feinde. Der Wirkungsradius und der Schaden steigen mit jedem investierten Fertigkeitspunkt. Eine beliebte Taktik ist es, einen Ausdauer-Trank zu trinken und dann durch die Gegner hindurchzulaufen, ohne anzugreifen. Einfach abwarten, bis die Aura die schmutzige Arbeit erledigt hat. In der Erweiterung wurde der Feuer-Schaden ab Level 10 verstärkt.

Radius in Metern

Level 1	Level 2	Level 3	Level 4	Level 5	Level 6	Level 7	Level 8	Level 9	Level 10
4	4,6	5,3	6	6,6	7,3	8	8,6	9,3	10

Level 11	Level 12	Level 13	Level 14	Level 15	Level 16	Level 17	Level 18	Level 19	Level 20
10,6	11,3	12	12,6	13,3	14	14,6	15,3	16	16,6

Feuer-Schaden

Level 1	Level 2	Level 3	Level 4	Level 5	Level 6	Level 7	Level 8	Level 9	Level 10
1-3	1,5-3,5	2,5-4,5	3-5	4-6	4,5-6,5	5,5-7,5	6-8	7-9	8-10

Level 11	Level 12	Level 13	Level 14	Level 15	Level 16	Level 17	Level 18	Level 19	Level 20
9-11	10-12	11-13	12-14	13-15	14-16	15,5-17,5	16,5-18,5	18-20	19-21

 TIP..

Der Feuer-Schaden von Heiliges Feuer ist relativ gering, so dass diese Aura ab dem dritten Akt kaum mehr Wirkung an den stärker gewordenen Feinden zeigt. Daran sollten Sie bei der Punkteverteilung denken.

Heiliger Schock

Level 24
Voraussetzung: Heiliger Frost

Diese Aura verschießt alle paar Sekunden einige elektrisch geladene Blitze auf umstehende Feinde. Auch hier hat sich die Taktik bewährt, einen Ausdauertrank zu trinken und dann so lange herumzulaufen, bis das letzte Monster auf dem Boden liegt. In der Erweiterung wurde der Wirkungsradius festgesetzt und der Schaden wurde erhöht. Außerdem wird für die Blitzangriffe der normale Angriffswert je nach Stufe erhöht.

Radius: 7,3 Meter

Blitz-Angriffsbonus

Level 1	Level 2	Level 3	Level 4	Level 5	Level 6	Level 7	Level 8	Level 9	Level 10
1-20	1-27	1-34	1-41	1-48	1-55	1-62	1-69	1-76	1-83

Level 11	Level 12	Level 13	Level 14	Level 15	Level 16	Level 17	Level 18	Level 19	Level 20
1-90	1-97	1-104	1-111	1-118	1-125	1-132	1-139	1-146	1-153

Blitz-Schaden

Level 1	Level 2	Level 3	Level 4	Level 5	Level 6	Level 7	Level 8	Level 9	Level 10
1-10	4-13	7-16	10-19	13-22	16-25	19-28	22-31	26-35	30-39

Level 11	Level 12	Level 13	Level 14	Level 15	Level 16	Level 17	Level 18	Level 19	Level 20
34-43	38-47	42-51	46-55	50-59	54-63	59-68	64-73	69-78	74-83

Zuflucht

 Level 24

Voraussetzung: Heiliger Frost, Dornen

Diese Aura stößt Untote vom Paladin zurück. Der Radius gibt hierbei die Zone an, die kein Untoter betreten kann. Besonders in den Tempeln und Katakomben des zweiten Aktes kann diese Aura helfen, da aber in späteren Akten nicht mehr so viele Untote anzutreffen sind, sollte man nicht alle seine Fertigkeitspunkte hier investieren. In der Erweiterung kommt ein Schadensbonus für Nahkampfattacken hinzu.

Radius in Metern

Level 1	Level 2	Level 3	Level 4	Level 5	Level 6	Level 7	Level 8	Level 9	Level 10
3,3	4,0	4,6	5,3	6,0	6,6	7,3	8,0	8,6	9,3

Level 11	Level 12	Level 13	Level 14	Level 15	Level 16	Level 17	Level 18	Level 19	Level 20
10,0	10,6	11,3	12,0	12,6	13,3	14,0	14,6	15,3	16,0

Schadensbonus bei Nahkampf-Attacken in %

Level 1	Level 2	Level 3	Level 4	Level 5	Level 6	Level 7	Level 8	Level 9	Level 10
+150	+180	+210	+240	+270	+300	+330	+360	+390	+420

Level 11	Level 12	Level 13	Level 14	Level 15	Level 16	Level 17	Level 18	Level 19	Level 20
+450	+480	+510	+540	+570	+600	+630	+660	+690	+720

Magie-Schaden

Level 1	Level 2	Level 3	Level 4	Level 5	Level 6	Level 7	Level 8	Level 9	Level 10
8-16	12-20	16-24	20-28	24-32	28-36	32-40	36-44	40-48	44-52

Level 11	Level 12	Level 13	Level 14	Level 15	Level 16	Level 17	Level 18	Level 19	Level 20
48-56	52-60	56-64	60-68	64-72	68-76	72-80	76-84	80-88	84-92

Fanatismus

Level 30

Voraussetzung: Konzentration

Diese Aura erhöht die Angriffsgeschwindigkeit und den Angriffswert des Paladins innerhalb eines Radius von 7,3 Metern. Früher wurde diese Fertigkeit eher weniger genutzt, denn der Bonus ist nicht so stark, als dass er wirklich Spiel entscheidende Vorteile bringen könnte. Im Expansion Pack kommt jedoch ein starker Schadensbonus hinzu, der den einen oder anderen Punkt doch wieder wert sein sollte, allein schon wenn man den Vorteil im Multiplayer-Spiel bedenkt.

Radius: 7,3 Meter

Schadensbonus in %

Level 1	Level 2	Level 3	Level 4	Level 5	Level 6	Level 7	Level 8	Level 9	Level 10
+50	+67	+84	+101	+118	+135	+152	+169	+186	+203

Level 11	Level 12	Level 13	Level 14	Level 15	Level 16	Level 17	Level 18	Level 19	Level 20
+220	+237	+254	+271	+288	+305	+322	+339	+356	+373

Angriffsgeschwindigkeit in %

Level 1	Level 2	Level 3	Level 4	Level 5	Level 6	Level 7	Level 8	Level 9	Level 10
+14	+18	+20	+23	+25	+26	+27	+28	+29	+30

Level 11	Level 12	Level 13	Level 14	Level 15	Level 16	Level 17	Level 18	Level 19	Level 20
+31	+31	+32	+33	+33	+34	+34	+34	+34	+35

Angriff in %

Level 1	Level 2	Level 3	Level 4	Level 5	Level 6	Level 7	Level 8	Level 9	Level 10
+40	+45	+50	+55	+60	+65	+70	+75	+80	+85

Level 11	Level 12	Level 13	Level 14	Level 15	Level 16	Level 17	Level 18	Level 19	Level 20
+90	+95	+100	+105	+110	+115	+120	+125	+130	+135

Überzeugung

Level 30

Voraussetzung: Zuflucht

Überzeugung schwächt die Verteidigung des Angreifers sowie seine Widerstandskraft gegen elementare Magie. Im Expansion Pack wurde der Radius der Aura auf 13,3 Meter festgelegt, was definitiv einen Vorteil darstellt, denn das entsprach immerhin der Fertigkeitsstufe 12 in Diablo II. Der Widerstand der Gegner sinkt dafür schneller und wie schon in Diablo II kann der Widerstand sogar unter 0 sinken!

Radius: 13,3 Meter

Reduziert Verteidigung der Feinde um %

Level 1	Level 2	Level 3	Level 4	Level 5	Level 6	Level 7	Level 8	Level 9	Level 10
-49	-56	-61	-66	-70	-73	-75	-77	-79	-80

Level 11	Level 12	Level 13	Level 14	Level 15	Level 16	Level 17	Level 18	Level 19	Level 20
-82	-83	-85	-86	-86	-88	-88	-89	-89	-90

Senkt Widerstand der Feinde um %

Level 1	Level 2	Level 3	Level 4	Level 5	Level 6	Level 7	Level 8	Level 9	Level 10
-30	-35	-40	-45	-50	-55	-60	-65	-70	-75

Level 11	Level 12	Level 13	Level 14	Level 15	Level 16	Level 17	Level 18	Level 19	Level 20
-80	-85	-90	-95	-100	-105	-110	-115	-120	-125

Eifer

Level 12

Voraussetzung: Opfer

Diese Fertigkeit wird besonders nützlich, wenn Sie von vielen Monstern umgeben sind, denn *Eifer* befähigt den Paladin, mit einem Angriff mehrere Gegner gleichzeitig anzugreifen. Aber nicht nur gegen mehrere Gegner, auch gegen einen einzelnen Feind ist *Eifer* sehr hilfreich. Wenn Sie die Fertigkeit auf Level 3 gelernt haben, können Sie mit einem einzigen Angriff vier ununterbrochene Attacken schnell hintereinander durchführen. Im Expansion Pack steigt der Angriffsbonus schneller an, aber die maximale Anzahl gleichzeitiger Treffer wurde auf 5 begrenzt.

Mana-Kosten: 2

Angriff in %

Level 1	Level 2	Level 3	Level 4	Level 5	Level 6	Level 7	Level 8	Level 9	Level 10
+10	+20	+30	+40	+50	+60	+70	+80	+90	+100

Level 11	Level 12	Level 13	Level 14	Level 15	Level 16	Level 17	Level 18	Level 19	Level 20
+110	+120	+130	+140	+150	+160	+170	+180	+190	+200

Anzahl Treffer

Level 1	Level 2	Level 3	Level 4	Level 5	Level 6	Level 7	Level 8	Level 9	Level 10
2	3	4	5	5	5	5	5	5	5

Level 11	Level 12	Level 13	Level 14	Level 15	Level 16	Level 17	Level 18	Level 19	Level 20
5	5	5	5	5	5	5	5	5	5

Rache

Level 18

Voraussetzung: Eifer

Diese einzigartige Fertigkeit verstärkt den Angriff des Paladins mit Elementarschäden aller drei Arten. Also selbst wenn ein Monster vollkommen resistent gegen Feuerangriffe ist, kann es immer noch Blitz- oder Kälte-Schaden nehmen. In der Erweiterung wurde der Elementarschaden stark erhöht und die Mana-Kosten wurden reduziert. Ein weiterer Vorteil dieser Fertigkeit ist, dass die Gegner für eine gewisse Zeit verlangsamt werden.

Mana-Kosten

Level 1	Level 2	Level 3	Level 4	Level 5	Level 6	Level 7	Level 8	Level 9	Level 10
4,0	4,2	4,5	4,7	5,0	5,2	5,5	5,7	6,0	6,2

Level 11	Level 12	Level 13	Level 14	Level 15	Level 16	Level 17	Level 18	Level 19	Level 20
6,5	6,7	7,0	7,2	7,5	7,7	8,0	8,2	8,5	8,7

Angriff in %

Level 1	Level 2	Level 3	Level 4	Level 5	Level 6	Level 7	Level 8	Level 9	Level 10
+20	+30	+40	+50	+60	+70	+80	+90	+100	+110

Level 11	Level 12	Level 13	Level 14	Level 15	Level 16	Level 17	Level 18	Level 19	Level 20
+120	+130	+140	+150	+160	+170	+180	+190	+200	+210

Kälte-Dauer in Sek.

Level 1	Level 2	Level 3	Level 4	Level 5	Level 6	Level 7	Level 8	Level 9	Level 10
1,2	1,8	2,4	3,0	3,6	4,2	4,8	5,4	6,0	6,6

Level 11	Level 12	Level 13	Level 14	Level 15	Level 16	Level 17	Level 18	Level 19	Level 20
7,2	7,8	8,4	9,0	9,6	10,2	10,8	11,4	12,0	12,6

Elementarschäden in %

Level 1	Level 2	Level 3	Level 4	Level 5	Level 6	Level 7	Level 8	Level 9	Level 10
+70	+75	+82	+88	+94	+100	+106	+112	+118	+124

Level 11	Level 12	Level 13	Level 14	Level 15	Level 16	Level 17	Level 18	Level 19	Level 20
+130	+136	+142	+148	+154	+160	+166	+172	+178	+184

Bekehrung

Level 24

Voraussetzung: Rache

Bei jedem Angriff, den der Paladin mit dieser Fertigkeit durchführt, besteht eine gewisse Chance, dass der getroffene Gegner bekehrt wird und an der Seite des Paladins kämpft. In der Erweiterung wurde die Dauer des Effekts auf 16 Sekunden festgesetzt. Allein die Chance auf Umkehrung steigt mit den investierten Fertigkeitspunkten an. Es ist übrigens möglich, mehrere Gegner hintereinander zu bekehren.

Mana-Kosten: 4

Dauer: 16 Sekunden

Chance zu bekehren in %

Level 1	Level 2	Level 3	Level 4	Level 5	Level 6	Level 7	Level 8	Level 9	Level 10
7	13	18	22	25	27	29	31	33	34

Level 11	Level 12	Level 13	Level 14	Level 15	Level 16	Level 17	Level 18	Level 19	Level 20
35	36	37	38	39	40	40	41	41	42

Heiliger Schild

Level 24

Voraussetzung: Gesegneter Hammer, Ansturm

Die Fertigkeit *Heiliger Schild* verbessert die Eigenschaften des Schilds auf magische Weise und erhöht dabei den Verteidigungswert wie auch die Chance zum Blocken. Neu hinzugekommen im Expansion Pack ist der Schlag-Schadensbonus, der sich auch auf die Fertigkeit *Niederstrecken* auswirkt.

Mana-Kosten: 35

Schlag-Schadensbonus

Level 1	Level 2	Level 3	Level 4	Level 5	Level 6	Level 7	Level 8	Level 9	Level 10
+3-6	+5-8	+7-10	+9-12	+11-14	+13-16	+15-18	+17-20	+20-23	+23-26

Level 11	Level 12	Level 13	Level 14	Level 15	Level 16	Level 17	Level 18	Level 19	Level 20
+26-29	+29-32	+32-35	+35-38	+38-41	+41-44	+45-48	+49-52	+53-56	57-60

Dauer in Sek.

Level 1	Level 2	Level 3	Level 4	Level 5	Level 6	Level 7	Level 8	Level 9	Level 10
30	40	50	60	70	80	90	100	110	120

Level 11	Level 12	Level 13	Level 14	Level 15	Level 16	Level 17	Level 18	Level 19	Level 20
130	140	150	160	170	180	190	200	210	220

Verteidigung in %

Level 1	Level 2	Level 3	Level 4	Level 5	Level 6	Level 7	Level 8	Level 9	Level 10
+25	+40	+55	+70	+80	+100	+115	+130	+145	+160

Level 11	Level 12	Level 13	Level 14	Level 15	Level 16	Level 17	Level 18	Level 19	Level 20
+175	+190	+205	+220	+235	+250	+235	+280	+295	+310

Erfolg beim Blocken in %

Level 1	Level 2	Level 3	Level 4	Level 5	Level 6	Level 7	Level 8	Level 9	Level 10
+8	+10	+12	+13	+15	+16	+16	+17	+18	+18

Level 11	Level 12	Level 13	Level 14	Level 15	Level 16	Level 17	Level 18	Level 19	Level 20
+19	+19	+20	+20	+20	+21	+21	+21	+21	+21

Himmelsfaust

Level 30

Voraussetzung: Bekehren, Gesegneter Hammer

Diese Fertigkeit entlässt nicht nur einen heftigen Blitz, der auf einer bestimmten Fläche starken Schaden anrichtet, sondern verschießt nach dem ersten Treffer auch weitere kleine *Heilige Blitze*, die alle umstehenden Untoten schädigen oder, wenn kein Untoter in der Nähe steht, die eigenen Party-Mitglieder heilen. Die Mana-Kosten wurden in der Erweiterung auf 25 festgesetzt und der Schaden wurde sehr stark angehoben. Zusätzlich braucht die Fertigkeit nun eine gewisse "Abkühlzeit", bis sie wieder verwendet werden kann. *Himmelsfaust* ist ein Muss für jeden Paladin, der den Kampf gegen die untoten Horden des Bösen ernst nimmt!

Mana-Kosten: 25

Heiliger Blitz-Schaden

Level 1	Level 2	Level 3	Level 4	Level 5	Level 6	Level 7	Level 8	Level 9	Level 10
40-50	46-56	52-62	58-68	64-74	70-80	76-86	82-92	92-102	102-112

Level 11	Level 12	Level 13	Level 14	Level 15	Level 16	Level 17	Level 18	Level 19	Level 20
112-122	122-132	132-142	142-152	152-162	162-172	178-188	194-204	210-220	226-236

Blitz-Schaden

Level 1	Level 2	Level 3	Level 4	Level 5	Level 6	Level 7	Level 8	Level 9	Level 10
150-200	160-210	170-220	180-230	190-240	200-250	210-270	220-270	232-282	244-294

Level 11	Level 12	Level 13	Level 14	Level 15	Level 16	Level 17	Level 18	Level 19	Level 20
256-306	268-318	280-330	292-342	304-354	316-366	330-380	344-394	358-408	372-422

Die Zauberin

Die Zauberinnen der Zann Esu haben sich der Elementar-Magie verschrieben. Sie beeinflussen mit ihren Kräften Feuer, Kälte und Energie. Wenn Sie auf der Suche nach einem Haudrauf-Charakter sind, dann sind die zierlichen, aber überaus gefährlichen Zauberinnen keine gute Wahl. Wenn Sie aber auf beeindruckende und alles vernichtende Zaubersprüche stehen, dann sind Sie hier richtig. Die drei Fertigkeiten-Bäume der Zauberin sind:

- **Kälte-Zauber:** Hier befinden sich alle Zaubersprüche und Fertigkeiten der Kälte-Magie.
- **Blitzschlag-Zauber:** In diesem Baum sind alle Fertigkeiten und Zaubersprüche der Blitz-Magie untergebracht.
- **Feuer-Zauber:** Hier befinden sich alle Fertigkeiten und Zaubersprüche, die mit dem Feuer-Element zu tun haben.

Folgende Fertigkeiten der Zauberin wurden in *Herr der Zerstörung* überarbeitet und werden anschliessend erläutert:

- Blitzbeherrschung
- Blizzard (Abkühlzeit hinzugefügt)
- Eisblitz
- Feuerbeherrschung
- Feuerblitz
- Feuersbrunst
- Feuerwand (Abkühlzeit hinzugefügt)
- Frost-Nova (Abkühlzeit hinzugefügt)
- Frost-Rüstung
- Frost-Sphäre (Abkühlzeit hinzugefügt)
- Hydra
- Inferno
- Kettenblitz
- Meteor (Abkühlzeit hinzugefügt)
- Verzaubern
- Zitter-Rüstung

Wie Sie sehen, wurde bei vielen Fertigkeiten eine Abkühlzeit hinzugefügt, die verhindern soll, dass die Zauberin die betreffenden Fertigkeiten in schneller Folge sprechen kann. Im Gegenzug wurde dafür aber meist die Kraft der Fertigkeiten angehoben, was mehr als einen Ausgleich darstellen sollte.

Eisblitz

Level 1

Voraussetzung: Keine

Dieser Blitz ist insbesondere in den frühen Akten des Spiels von Bedeutung, um stärkere Monster einzufrieren und ihnen gleichzeitig Kälte-Schaden zuzufügen. Später, wenn die Monster an Kraft zunehmen, schafft es der kleine *Eisblitz* nicht mehr, ausreichend Schaden zuzufügen, um wirklich eine effektive Waffe zu sein, auch wenn der Schaden in der Erweiterung gegenüber Diablo II stark angehoben wurde.

Mana-Kosten: 3

Kälte-Schaden

Level 1	Level 2	Level 3	Level 4	Level 5	Level 6	Level 7	Level 8	Level 9	Level 10
3-5	4-6	5-7	6-8	7-9	8-10	9-11	10-12	12-14	14-16

Level 11	Level 12	Level 13	Level 14	Level 15	Level 16	Level 17	Level 18	Level 19	Level 20
16-18	18-20	20-22	22-24	24-26	26-28	29-31	32-34	35-37	38-40

Dauer der Kälte in Sek.

Level 1	Level 2	Level 3	Level 4	Level 5	Level 6	Level 7	Level 8	Level 9	Level 10
6,0	7,4	8,8	10,2	11,6	13,0	14,4	15,8	17,2	18,6

Level 11	Level 12	Level 13	Level 14	Level 15	Level 16	Level 17	Level 18	Level 19	Level 20
20,0	21,4	22,8	24,2	25,6	27,0	28,4	29,8	31,2	32,6

Frost-Nova

Level 6

Voraussetzung: Keine

Frost-Nova sendet eine ringförmige Eiswelle vom Standort der Zauberin in alle Richtungen aus. Alle Gegner, die von diesem Kreis getroffen werden, nehmen Schaden und werden für eine gewisse Zeit eingefroren. Diese Fertigkeit ist besonders im Kampf gegen zahlreiche Gegner hilfreich. Für die ersten drei Akte sollten Sie mindestens drei Punkte in diese Fertigkeit investieren. Im Expansion Pack wurden die Mana-Kosten gesenkt und der Schaden wurde erhöht. Dafür wurde Frost-Nova mit einer Abkühlzeit versehen.

Mana-Kosten

Level 1	Level 2	Level 3	Level 4	Level 5	Level 6	Level 7	Level 8	Level 9	Level 10
9	10	11	12	13	14	15	16	17	189

Level 11	Level 12	Level 13	Level 14	Level 15	Level 16	Level 17	Level 18	Level 19	Level 20
19	20	21	22	23	24	25	26	27	28

Kälte-Schaden

Level 1	Level 2	Level 3	Level 4	Level 5	Level 6	Level 7	Level 8	Level 9	Level 10
2-4	4-6	6-8	8-10	10-12	12-14	14-16	16-18	19-21	22-24

Level 11	Level 12	Level 13	Level 14	Level 15	Level 16	Level 17	Level 18	Level 19	Level 20
25-27	28-30	31-33	34-36	37-39	40-42	44-46	48-50	52-54	56-58

Dauer der Kälte in Sek.

Level 1	Level 2	Level 3	Level 4	Level 5	Level 6	Level 7	Level 8	Level 9	Level 10
8	9	10	11	12	13	14	15	16	17

Level 11	Level 12	Level 13	Level 14	Level 15	Level 16	Level 17	Level 18	Level 19	Level 20
18	19	20	21	22	23	24	25	26	27

Zitter-Rüstung

 Level 12

Voraussetzung: Eis-Stoß, Eis-Rüstung

Insgesamt drei Boni sind in dieser Rüstung untergebracht. Zum einen erhöht sie den Verteidigungswert der Zauberin signifikant, zum anderen nehmen Feinde, die einen Treffer landen, selbst Kälte-Schaden und werden möglicherweise sogar eingefroren. In der Erweiterung wurde der Kälte-Schaden, den die Rüstung anrichtet, erhöht.

Mana-Kosten: 11

Dauer der Erstarrung: 4 Sekunden

Verteidigung in %

Level 1	Level 2	Level 3	Level 4	Level 5	Level 6	Level 7	Level 8	Level 9	Level 10
+45	+51	+57	+63	+69	+75	+81	+87	+93	+99

Level 11	Level 12	Level 13	Level 14	Level 15	Level 16	Level 17	Level 18	Level 19	Level 20
+105	+111	+117	+123	+129	+135	+141	+147	+153	+159

Kälte-Schaden

Level 1	Level 2	Level 3	Level 4	Level 5	Level 6	Level 7	Level 8	Level 9	Level 10
6-8	8-10	10-12	12-14	14-16	16-18	18-20	20-22	23-25	26-28

Level 11	Level 12	Level 13	Level 14	Level 15	Level 16	Level 17	Level 18	Level 19	Level 20
29-31	32-34	35-37	38-40	41-43	44-46	48-50	52-54	56-58	60-62

Haltbarkeit in Sek.

Level 1	Level 2	Level 3	Level 4	Level 5	Level 6	Level 7	Level 8	Level 9	Level 10
120	132	144	156	168	180	192	204	216	228

Level 11	Level 12	Level 13	Level 14	Level 15	Level 16	Level 17	Level 18	Level 19	Level 20
240	252	264	276	288	300	312	324	336	348

Blizzard

Level 24

Voraussetzung: Frost-Nova, Gletschernadel

Diese Fertigkeit ruft einen mächtigen Eissturm herbei, der sehr viel Schaden unter den Feinden anrichtet. Der Schaden wirkt dabei nicht einfach auf ein bestimmtes Gebiet, sondern wird von jedem einzelnen Eisstrahl angerichtet, der erst einmal treffen muss. Im Expansion Pack wurde die Dauer des Sturms auf 3 Sekunden festgesetzt, der Schaden wurde erhöht und eine Abkühlzeit wurde eingeführt, damit der Zauber nicht schnell hintereinander gesprochen werden kann.

Mana-Kosten

Level 1	Level 2	Level 3	Level 4	Level 5	Level 6	Level 7	Level 8	Level 9	Level 10
23	24	25	26	27	28	29	30	31	32

Level 11	Level 12	Level 13	Level 14	Level 15	Level 16	Level 17	Level 18	Level 19	Level 20
33	34	35	36	37	38	39	40	41	42

Kälte-Schaden

Level 1	Level 2	Level 3	Level 4	Level 5	Level 6	Level 7	Level 8	Level 9	Level 10
30-50	42-62	54-74	66-86	78-98	90-110	102-122	114-134	139-159	164-184

Level 11	Level 12	Level 13	Level 14	Level 15	Level 16	Level 17	Level 18	Level 19	Level 20
189-209	214-234	239-259	264-284	289-309	314-334	354-374	394-414	434-454	474-494

Frost-Rüstung

Level 24

Voraussetzung: Zitter-Rüstung

Die *Frost-Rüstung* wirkt nur gegen Fernangriffe mit Geschossen oder Feuer-, Blitz- und Kälteblitzen. Bei jedem Treffer mit so einem Geschoss schießt sie mit Eisblitzen zurück. Besonders praktisch ist die Frostrüstung gegen die Pfeile verschießenden Fetische aus dem dritten Akt. Sie wirkt allerdings nicht gegen Nahkampfangriffe und friert Gegner auch nicht ein, verlangsamt sie bloß, weswegen sie die *Zitter-Rüstung* nicht ersetzt. In der Erweiterung wurde der Kälte-Schaden der Rüstung angehoben.

Mana-Kosten: 17

Verteidigung in %

Level 1	Level 2	Level 3	Level 4	Level 5	Level 6	Level 7	Level 8	Level 9	Level 10
+45	+50	+55	+60	+65	+70	+75	+80	+85	+90

Level 11	Level 12	Level 13	Level 14	Level 15	Level 16	Level 17	Level 18	Level 19	Level 20
+95	+100	+105	+110	+115	+120	+125	+130	+135	+140

Kälte-Schaden

Level 1	Level 2	Level 3	Level 4	Level 5	Level 6	Level 7	Level 8	Level 9	Level 10
4-6	5-7	6-8	7-9	8-10	9-11	10-12	11-13	13-15	15-17

Level 11	Level 12	Level 13	Level 14	Level 15	Level 16	Level 17	Level 18	Level 19	Level 20
17-19	19-21	21-23	23-25	25-27	27-29	30-32	33-35	36-38	39-41

Haltbarkeit in Sek.

Level 1	Level 2	Level 3	Level 4	Level 5	Level 6	Level 7	Level 8	Level 9	Level 10
144	150	156	162	168	174	180	186	192	198

Level 11	Level 12	Level 13	Level 14	Level 15	Level 16	Level 17	Level 18	Level 19	Level 20
204	210	216	222	228	234	240	246	252	258

Frost-Sphäre

Level 30

Voraussetzung: Blizzard

Die Frost-Sphäre ist eine Eiskugel, die auf einer Linie von der Zauberin wegfliegt und dabei in alle Richtungen Eisblitze verschießt. In der Erweiterung wurden der Kälte-Schaden erhöht und die Mana-Kosten gesenkt. Im Gegenzug braucht die Frost-Sphäre nun eine gewisse Abkühlzeit, bis sie wieder gesprochen werden kann.

Mana-Kosten

Level 1	Level 2	Level 3	Level 4	Level 5	Level 6	Level 7	Level 8	Level 9	Level 10
25	25	26	26	27	27	28	28	29	29

Level 11	Level 12	Level 13	Level 14	Level 15	Level 16	Level 17	Level 18	Level 19	Level 20
30	30	31	31	32	32	33	33	34	34

Kälte-Schaden

Level 1	Level 2	Level 3	Level 4	Level 5	Level 6	Level 7	Level 8	Level 9	Level 10
35-40	41-46	47-52	53-58	59-64	65-70	71-76	77-82	87-92	97-102

Level 11	Level 12	Level 13	Level 14	Level 15	Level 16	Level 17	Level 18	Level 19	Level 20
107-112	117-122	127-132	137-142	147-152	157-162	171-176	185-190	199-204	213-218

Dauer der Kälte in Sek.

Level 1	Level 2	Level 3	Level 4	Level 5	Level 6	Level 7	Level 8	Level 9	Level 10
8	9	10	11	12	13	14	15	16	17

Level 11	Level 12	Level 13	Level 14	Level 15	Level 16	Level 17	Level 18	Level 19	Level 20
18	19	20	21	22	23	24	25	26	27

Kettenblitz

Level 18

Voraussetzung: Combo-Blitz, Blitzschlag

Der Kettenblitz springt von Gegner zu Gegner und richtet dabei heftigen Blitz-Schaden an, der im Expansion Pack zudem erhöht wurde. Das Tolle an diesem Zauber ist, dass der Kettenblitz auch von Wänden wieder zurückspringt, also besonders in engen Hallen an Effizienz gewinnt.

Maximal 5 Treffer

Mana-Kosten

Level 1	Level 2	Level 3	Level 4	Level 5	Level 6	Level 7	Level 8	Level 9	Level 10
9	10	11	12	13	14	15	16	17	18

Level 11	Level 12	Level 13	Level 14	Level 15	Level 16	Level 17	Level 18	Level 19	Level 20
19	20	21	22	23	24	25	26	27	28

Blitz-Schaden

Level 1	Level 2	Level 3	Level 4	Level 5	Level 6	Level 7	Level 8	Level 9	Level 10
1-40	1-51	1-62	1-73	1-84	1-95	1-106	1-117	1-130	1-143

Level 11	Level 12	Level 13	Level 14	Level 15	Level 16	Level 17	Level 18	Level 19	Level 20
1-156	1-169	1-182	1-195	1-208	1-221	1-236	1-251	1-266	1-281

Blitzbeherrschung

Level 30

Voraussetzung: Keine

Diese Fertigkeit erhöht den Schaden, den Blitz-Angriffe anrichten, um einen gewissen Prozentsatz, der mit der Anzahl investierter Fertigkeitspunkte ansteigt. Schon auf Stufe 1 beträgt der Bonus satte 50%! In Diablo II reduzierte diese Fertigkeit noch die Mana-Kosten, die für Blitz-Zauber aufzuwenden waren.

Schadensbonus für Blitzangriffe in %

Level 1	Level 2	Level 3	Level 4	Level 5	Level 6	Level 7	Level 8	Level 9	Level 10
+50	+62	+74	+86	+98	+110	+122	+134	+146	+158

Level 11	Level 12	Level 13	Level 14	Level 15	Level 16	Level 17	Level 18	Level 19	Level 20
+170	+182	+194	+206	+218	+230	+242	+254	+266	+278

Feuerblitz

Level 1

Voraussetzung: Keine

Das ist der Standardspruch der Zauberin. Am Anfang des Spiels trägt sie einen Zauberstab, der ihr diese Fertigkeit verleiht. Der Schaden, den der Spruch anrichtet, ist zwar anfangs recht gering, aber es lohnt sich, hier mehr Punkte zu investieren, denn für 2,5 Mana werden Sie keinen besseren Kampfzauber finden. Im Expansion Pack wurde der Schaden angehoben.

Mana-Kosten: 2,5

Feuer-Schaden

Level 1	Level 2	Level 3	Level 4	Level 5	Level 6	Level 7	Level 8	Level 9	Level 10
3-6	4-7	6-9	7-10	9-12	10-13	12-15	13-16	16-19	18-21

Level 11	Level 12	Level 13	Level 14	Level 15	Level 16	Level 17	Level 18	Level 19	Level 20
21-24	23-26	26-29	28-31	31-34	33-36	37-40	40-43	44-47	47-50

Inferno

Level 6

Voraussetzung: Keine

Wollten Sie schon immer einmal Monster mit einem Flammenwerfer rösten? Dann vergessen Sie nicht, den einen oder anderen Fertigkeitspunkt in *Inferno* zu investieren. Das Brutale an *Inferno* ist, dass es den in der Tabelle aufgelisteten Schaden pro Sekunde (!) anrichtet. Gegenüber Diablo II wurde der Schaden im Expansion Pack leicht erhöht.

Mindestmenge Mana für Zauber: 6

Mana-Kosten pro Sek.

Level 1	Level 2	Level 3	Level 4	Level 5	Level 6	Level 7	Level 8	Level 9	Level 10
7	7	8	9	10	10	11	12	13	14

Level 11	Level 12	Level 13	Level 14	Level 15	Level 16	Level 17	Level 18	Level 19	Level 20
14	15	16	17	17	18	19	20	21	21

Feuer-Schaden pro Sek.

Level 1	Level 2	Level 3	Level 4	Level 5	Level 6	Level 7	Level 8	Level 9	Level 10
12-25	21-34	31-43	40-53	50-62	59-71	68-81	78-90	88-100	98-110

Level 11	Level 12	Level 13	Level 14	Level 15	Level 16	Level 17	Level 18	Level 19	Level 20
108-121	118-131	128-141	139-151	149-161	159-171	170-182	181-193	192-204	203-215

Reichweite in Metern

Level 1	Level 2	Level 3	Level 4	Level 5	Level 6	Level 7	Level 8	Level 9	Level 10
3,3	3,3	4,0	4,6	5,3	5,3	6,0	6,6	7,3	7,3

Level 11	Level 12	Level 13	Level 14	Level 15	Level 16	Level 17	Level 18	Level 19	Level 20
8,0	8,6	9,3	9,3	10,0	10,6	11,3	11,3	12,0	12,6

Feuersbrunst

 Level 12

Voraussetzung: Inferno

Mit *Feuersbrunst* zieht die Zauberin eine Flammenspur hinter sich her, während sie sich bewegt. Der wahrscheinlich coolste Spruch im ganzen Spiel erlaubt es der Zauberin, Feinde einzukreisen, so dass sie durch die entstehende Flammenwand hindurch müssen, um anzugreifen. Im Expansion Pack wurde der Schaden von *Feuersbrunst* leicht angehoben.

Mana-Kosten

Level 1	Level 2	Level 3	Level 4	Level 5	Level 6	Level 7	Level 8	Level 9	Level 10
11	11,5	12	12	13	13	14	14	15	15

Level 11	Level 12	Level 13	Level 14	Level 15	Level 16	Level 17	Level 18	Level 19	Level 20
16	16	17	17	18	18	19	19	20	20

Dauer des Feuer-Schadens

Level 1	Level 2	Level 3	Level 4	Level 5	Level 6	Level 7	Level 8	Level 9	Level 10
4,6	5,6	6,6	7,6	8,6	9,6	10,6	11,6	12,6	13,6

Level 11	Level 12	Level 13	Level 14	Level 15	Level 16	Level 17	Level 18	Level 19	Level 20
14,6	15,6	16,6	17,6	18,6	19,6	20,6	21,6	22,6	23,6

Durchschnittl. Feuer-Schaden

Level 1	Level 2	Level 3	Level 4	Level 5	Level 6	Level 7	Level 8	Level 9	Level 10
18-37	28-46	37-56	46-65	56-76	65-84	75-93	84-103	98-117	112-131

Level 11	Level 12	Level 13	Level 14	Level 15	Level 16	Level 17	Level 18	Level 19	Level 20
126-145	140-159	154-173	168-187	182-201	196-215	215-234	234-253	253-271	271-290

Feuerwand

 Level 18

Voraussetzung: Inferno, Feuersbrunst

Der klassische Spruch, den wahrscheinlich noch jeder aus dem ersten Diablo-Teil kennt. Die Zauberin lässt an der Stelle, die Sie mit der Maus anklicken, eine magische Wand aus Feuer entstehen. Feinde müssen durch diese Wand hindurch, um zu Ihnen zu gelangen, und nehmen dabei heftigen Schaden. Der Spruch ist auch ideal geeignet, um Gegner, die selbst nicht entkommen können, in der Flammenwand zu rösten. In der Erweiterung wurde der Feuer-Schaden erhöht, die Dauer des Effekts wurde festgesetzt und die Mana-Kosten wurden gesenkt. Außerdem wurde die Fertigkeit mit einer Abkühlzeit versehen.

Dauer des Feuers: 3,6 Sekunden

Mana-Kosten

Level 1	Level 2	Level 3	Level 4	Level 5	Level 6	Level 7	Level 8	Level 9	Level 10
22	23	24	25	26	27	28	29	30	31

Level 11	Level 12	Level 13	Level 14	Level 15	Level 16	Level 17	Level 18	Level 19	Level 20
32	33	34	35	36	37	38	39	40	41

Durchschnittl. Feuer-Schaden pro Sek.

Level 1	Level 2	Level 3	Level 4	Level 5	Level 6	Level 7	Level 8	Level 9	Level 10
65-93	93-121	121-150	150-178	178-206	206-234	234-262	262-290	295-323	328-356

Level 11	Level 12	Level 13	Level 14	Level 15	Level 16	Level 17	Level 18	Level 19	Level 20
360-389	393-421	426-454	459-487	492-520	525-553	567-595	609-637	651-679	693-721

Länge der Flammenwand in Metern

Level 1	Level 2	Level 3	Level 4	Level 5	Level 6	Level 7	Level 8	Level 9	Level 10
4	6	7	8	10	11	12	14	15	16

Level 11	Level 12	Level 13	Level 14	Level 15	Level 16	Level 17	Level 18	Level 19	Level 20
18	19	20	22	23	24	26	27	28	30

Verzaubern

 Level 18

Voraussetzung: Wärme, Feuerball

Diese Fertigkeit ist für Zauberinnen gedacht, die sich mehr im Nahkampf als im Fernkampf wohl fühlen. *Verzaubern* stattet eine Handwaffe mit Feuer-Schaden aus. In der Erweiterung wurden die Mana-Kosten der Fertigkeit gesenkt und der Schaden wurde angehoben.

Mana-Kosten

Level 1	Level 2	Level 3	Level 4	Level 5	Level 6	Level 7	Level 8	Level 9	Level 10
25	27	29	31	33	35	37	39	41	43

Level 11	Level 12	Level 13	Level 14	Level 15	Level 16	Level 17	Level 18	Level 19	Level 20
45	47	49	51	53	55	57	59	61	63

Dauer in Sek.

Level 1	Level 2	Level 3	Level 4	Level 5	Level 6	Level 7	Level 8	Level 9	Level 10
144	168	192	216	240	264	288	312	336	360

Level 11	Level 12	Level 13	Level 14	Level 15	Level 16	Level 17	Level 18	Level 19	Level 20
384	408	432	456	480	504	528	552	576	600

Feuer-Schaden

Level 1	Level 2	Level 3	Level 4	Level 5	Level 6	Level 7	Level 8	Level 9	Level 10
8-10	10-12	12-14	14-16	16-18	18-20	20-22	22-24	26-28	30-32

Level 11	Level 12	Level 13	Level 14	Level 15	Level 16	Level 17	Level 18	Level 19	Level 20
34-36	38-40	42-44	46-48	50-52	54-56	60-62	66-68	72-74	78-80

Meteor

Level 24

Voraussetzung: Feuerball, Feuerwand

Diese Fertigkeit lässt wie *Armageddon* des Druiden einen Meteorschauer auf die Feinde der Zauberin niederregnen. Der Schaden wurde in der Erweiterung so stark angehoben, dass selbst kräftige Monster leicht ausradiert werden können. Gleichzeitig wurden die Mana-Kosten gesenkt, allerdings, wie bei vielen anderen Sprüchen, wurde eine Abkühlzeit eingebaut, so dass der Zauber nicht mehr schnell hintereinander gesprochen werden kann.

Radius: 4 Meter

Mana-Kosten

Level 1	Level 2	Level 3	Level 4	Level 5	Level 6	Level 7	Level 8	Level 9	Level 10
17	17	18	18	19	19	20	20	21	21

Level 11	Level 12	Level 13	Level 14	Level 15	Level 16	Level 17	Level 18	Level 19	Level 20
22	22	23	23	24	24	25	25	26	26

Feuer-Schaden

Level 1	Level 2	Level 3	Level 4	Level 5	Level 6	Level 7	Level 8	Level 9	Level 10
80-100	104-124	128-148	152-172	176-196	200-220	224-244	248-268	288-308	328-348

Level 11	Level 12	Level 13	Level 14	Level 15	Level 16	Level 17	Level 18	Level 19	Level 20
368-388	408-428	448-468	488-508	528-548	568-588	648-668	728-748	808-828	888-908

Durchschnittl. Feuer-Schaden pro Sek.

Level 1	Level 2	Level 3	Level 4	Level 5	Level 6	Level 7	Level 8	Level 9	Level 10
35-58	44-67	53-77	63-86	72-96	82-105	91-114	100-124	112-135	124-147

Level 11	Level 12	Level 13	Level 14	Level 15	Level 16	Level 17	Level 18	Level 19	Level 20
135-159	147-171	159-182	171-194	182-206	194-217	208-232	222-246	236-260	250-274

Hydra

Level 30

Voraussetzung: Verzaubern

Diese Fertigkeit lässt an der Stelle, die Sie anklicken, einen mehrköpfigen feurigen Hydrakopf entstehen, der auf herannahende Feinde kräftige Feuerbälle verschießt. Die Hydras können entweder aktiv im Kampf oder als Wächter in Gängen aufgestellt werden. In der Erweiterung wurde die Dauer des Effekts auf 10 Sekunden festgesetzt und die Mana-Kosten wurden genauso wie der Schaden erhöht.

Dauer: 10 Sekunden

Mana-Kosten

Level 1	Level 2	Level 3	Level 4	Level 5	Level 6	Level 7	Level 8	Level 9	Level 10
20	20	21	21	22	22	23	23	24	24

Level 11	Level 12	Level 13	Level 14	Level 15	Level 16	Level 17	Level 18	Level 19	Level 20
25	25	26	26	27	27	28	28	29	29

Hydrafeuer-Schaden

Level 1	Level 2	Level 3	Level 4	Level 5	Level 6	Level 7	Level 8	Level 9	Level 10
12-17	17-22	22-27	27-32	32-37	37-42	42-47	47-52	54-59	61-66

Level 11	Level 12	Level 13	Level 14	Level 15	Level 16	Level 17	Level 18	Level 19	Level 20
68-73	75-80	82-87	89-94	96-101	103-108	112-117	121-126	130-135	139-144

Feuerbeherrschung – Passiv

Level 30

Voraussetzung: Keine

Diese Fertigkeit erhöht den Schaden magischer Feuer-Attacken um einen gewissen Prozentsatz. In der Erweiterung wurde die Fertigkeit verstärkt.

Schadensbonus für Feuerangriffe in %

Level 1	Level 2	Level 3	Level 4	Level 5	Level 6	Level 7	Level 8	Level 9	Level 10
+30	+37	+44	+51	+58	+65	+72	+79	+86	+93

Level 11	Level 12	Level 13	Level 14	Level 15	Level 16	Level 17	Level 18	Level 19	Level 20
+100	+107	+117	+121	+128	+135	+142	+149	+156	+163

Die Assassine

Assassinen sind eigentlich nicht mehr als ein Gerücht. Sie sind ein Flüstern in der Nacht, ein leises Geräusch im Wald, ohne dass man sie sieht. Sie töten leise und mit höchster Präzision, nutzen dabei zwar nicht direkt Magie, aber ihre verzauberten Gegenstände sind geladen mit elementaren Kräften. »Um eine potentielle Korruption durch die Kräfte der Finsternis zu verhindern, konzentrieren sich Assassinen darauf, die natürlichen Kampffertigkeiten ihrer Körper zu stählen, die körperlichen wie die geistigen«, so die Leute bei Blizzard. Die Fertigkeiten der Amazone teilen sich in *Kampfkünste, Schatten-Disziplinen* und *Fallen*. Es ist ausgesprochen wichtig, sich mit all diesen Fertigkeiten zu beschäftigen, um mit der Assassine erfolgreich zu sein. Die richtige Kombination dieser Fertigkeiten macht die Assassine zu einer unbezwingbaren Macht im Kampf gegen das ewig Böse.

Die Fertigkeiten der Assassine

Die drei Fertigkeitenbäume der Assassinen (*Kampfkünste, Fallen* und *Schatten-Disziplinen*) ergänzen sich ebenso gut wie diejenigen der anderen Charaktere. Das Schlüsselelement ihrer Fertigkeiten ist die Kombination der Auflade-Fertigkeiten und Finishing Moves im Kampfkünste-Bereich und die zerstörerische Kraft der Fallen, die viele Möglichkeiten bieten, Ihre Gegner in ein frühes Grab zu locken. Die Schatten-Disziplinen schließlich machen aus der Assassine einen ehrfurchtgebietenden Charakter. Von der Klauen-Beherrschung bis hin zum Erschaffen seines Schattenmeisters, der Seite an Seite mit der Assassine kämpft, bieten die Schatten-Disziplinen eine gute Anlage für Fertigkeitspunkte!

Kampfkünste

Die Kampfkünste lassen sich in zwei Kategorien unterteilen: *Auflade-Fertigkeiten* und *Finishing Moves*. Diese sind einzigartig in der Erweiterung und können in Kombination verwendet werden, um dem Gegner unglaublichen Schaden zuzufügen. Während die Assassine eine Auflade-Fertigkeit verwendet, sammelt sie mit jedem Schlag magische Ladungen, die um ihren Körper kreisen. Sie kann diese Ladungen sammeln, um dann mit einem abschließenden Finishing Move die gesamte Kraft auf die Feinde niederprasseln zu lassen.

Nummer	Fertigkeit
1	Tiger-Schlag
2	Drachenkralle
3	Feuerfäuste
4	Drachen-Klaue
5	Kobra-Schlag
6	Donner-Klauen
7	Drachenschwanz
8	Eisklingen
9	Drachenflug
10	Phönix-Schlag

 TIP..

Jede Auflade-Fertigkeit der Assassine kann dreimal aufgeladen werden. Wenn Sie Ihren Feind dann entweder mit einem normalen oder einem Finishing Move treffen, wird die geladene Energie auf den Feind losgelassen!

Am besten, Sie belegen die linke Maustaste mit einer Auflade-Fertigkeit und die rechte mit einem Finishing Move. Das gibt Ihnen die Möglichkeit, mit der linken Maustaste so lange Ladungen zu sammeln, bis Sie sechs oder gar noch mehr unterschiedliche Ladungen haben, um den Feind mit einem finalen Finishing Move zurück in die Hölle zu schicken!

Tiger-Schlag – Auflade-Fertigkeit

Level: 1

Voraussetzung: Keine

Der *Tiger-Schlag* wird am besten zur Vernichtung wirklich harter Monster oder Gruppen von Feinden eingesetzt. Gegen die durchschnittliche Höllenbrut eignet er sich nicht so gut. Tatsächlich ist er so effektiv, dass das Monster vor Ihnen im Staub liegt, lange bevor Sie in den Genuss des Drei-Ladungen-Limits gelangen, wo ein Finishing Move ins Spiel kommen könnte. Der Tiger-Schlag kann beim Kampf gegen so mächtige Gegner wie Andariel oder Duriel beträchtlich helfen.

Auf Level 1 erhalten Sie einen Bonus von 40% auf die Angriffsgeschwindigkeit und 100% Extra-Schaden für jede Ladung (also bis zu 300%!). Mit jedem weiteren Level erhöht sich die Angriffsgeschwindigkeit nochmals um 10%; der Extra-Schaden erhöht sich um 20% für die erste, 40% für die zweite und 60% für die dritte Ladung. Wie Sie sehen, wird diese Fertigkeit mit nur wenigen Fertigkeitspunkten sehr schnell sehr mächtig!

Mana-Kosten: 1

Drachen Finishing Move notwendig

Bonus Ladung 1/2/3 in % Schaden

Level 1	Level 2	Level 3	Level 4	Level 5
+100/200/300	+120/240/360	+140/280/420	+160/320/480	+180/360/540

Level 6	Level 7	Level 8	Level 9	Level 10
+200/400/600	+220/440/660	+240/480/720	+260/520/780	+280/560/840

Level 11	Level 12	Level 13	Level 14	Level 15
+300/600/900	+320/640/960	+340/680/1020	+360/720/1080	+380/760/1140

Level 16	Level 17	Level 18	Level 19	Level 20
+400/800/1200	+420/840/1260	+440/880/1320	+460/920/1380	+480/960/1440

Angriff in %

Level 1	Level 2	Level 3	Level 4	Level 5	Level 6	Level 7	Level 8	Level 9	Level 10
+40	+50	+60	+70	+80	+90	+100	+110	+120	+130

Level 11	Level 12	Level 13	Level 14	Level 15	Level 16	Level 17	Level 18	Level 19	Level 20
+140	+150	+160	+170	+180	+190	+200	+210	+220	+230

Drachenkralle – Finishing Move

Level: 1

Voraussetzung: Keine

Drachenkralle ist ein Finishing Move, der den Gegner zurückstößt, während er zusätzlich die angesammelten Ladungen entfacht. Er startet mit einem Kick (in Level 1) und später (in Level 12) werden Sie drei aufeinander folgende Kicks damit ausführen können. Es muss noch erwähnt werden, dass Ihre angesammelten Ladungen nur beim ersten Kick ausgelöst werden, nicht bei den folgenden.

Die Wegstoß-Fähigkeit der Drachenkralle eignet sich sehr gut, um sich allzu aufdringliche Monster vom Leib zu halten. Außerdem addiert dieser Move 40% auf Ihre Angriffsgeschwindigkeit. Jeder zusätzliche Fertigkeitspunkt ermöglicht Ihnen 7% mehr Schaden und eine um 12% höhere Angriffsgeschwindigkeit.

Mana-Kosten: 6

Anzahl Kicks

Level 1	Level 2	Level 3	Level 4	Level 5	Level 6	Level 7	Level 8	Level 9	Level 10
1	1	1	1	1	2	2	2	2	2

Level 11	Level 12	Level 13	Level 14	Level 15	Level 16	Level 17	Level 18	Level 19	Level 20
2	3	3	3	3	3	3	3	3	3

Trittschaden in %

Level 1	Level 2	Level 3	Level 4	Level 5	Level 6	Level 7	Level 8	Level 9	Level 10
-	+7	+14	+21	+28	+36	+42	+49	+56	+63

Level 11	Level 12	Level 13	Level 14	Level 15	Level 16	Level 17	Level 18	Level 19	Level 20
+70	+77	+84	+91	+98	+105	+112	+119	+126	+133

Angriff in %

Level 1	Level 2	Level 3	Level 4	Level 5	Level 6	Level 7	Level 8	Level 9	Level 10
+40	+52	+64	+76	+88	+100	+112	+124	+136	+148

Level 11	Level 12	Level 13	Level 14	Level 15	Level 16	Level 17	Level 18	Level 19	Level 20
+160	+172	+184	+196	+208	+220	+232	+244	+256	+268

Feuerfäuste – Auflade-Fertigkeit

Level: 6

Voraussetzung: Keine

Feuerfäuste ist eine Auflade-Fertigkeit, die jeder Ihrer Ladungen verschiedene Arten von Feuerschaden hinzufügt. Die erste Ladung addiert zu Ihrem Angriff einen ganz normalen Feuerschaden; die zweite ruft einen Feuerschaden auf einem bestimmten Radius hervor; nach der dritten Ladung brennt Ihr Feind eine gewisse Zeit (2,5 Sekunden). Obwohl 2,5 Sekunden nicht gerade nach sehr viel klingt, ist es sehr überraschend, wie viel Schaden Monster nehmen, die sie nach einer solchen Attacke angreifen.

TIP ....

Sie müssen mit einer Klaue kämpfen, um diese Fertigkeit nutzen zu können.

Am Anfang fügt *Feuerfäuste* 50% zu Ihrer Angriffsrate hinzu, addiert 6 bis 10 Feuerschaden bei der ersten Aufladung, das Ganze mit einem Radius von 2 Metern bei der zweiten und den eben angesprochenen 2,5 Sekunden dauernden Brand bei der dritten Aufladung. Jeder zusätzliche Fertigkeitspunkt in *Feuerfäuste* addiert 10% zu Ihrer Angriffsrate und erhöht den Feuerschaden um 5. Natürlich ist eine Auflade-Fertigkeit wie diese in Kombination mit einem Finishing Move wie der *Drachenkralle* eine schreckliche Kombination, speziell gegen feuerempfindliche Gegner.

Mana-Kosten: 2

1 Ladung: Feuer-Schaden (entspricht normalem Angriff)

2 Ladung: Feuer-Schaden-Radius: 2 Meter

3 Ladung: Brenndauer: 2,5 Sekunden

Feuer-Schaden Ladung 1 (siehe Ladungsbeschreibung)

Level 1	Level 2	Level 3	Level 4	Level 5	Level 6	Level 7	Level 8	Level 9	Level 10
6-10	11-15	16-20	21-25	26-30	31-35	36-40	41-45	50-54	59-63

Level 11	Level 12	Level 13	Level 14	Level 15	Level 16	Level 17	Level 18	Level 19	Level 20
68-72	77-81	86-90	95-99	104-108	113-117	129-133	145-149	161-165	177-181

Angriff in %

Level 1	Level 2	Level 3	Level 4	Level 5	Level 6	Level 7	Level 8	Level 9	Level 10
+50	+60	+70	+80	+90	+100	+110	+120	+130	+140

Level 11	Level 12	Level 13	Level 14	Level 15	Level 16	Level 17	Level 18	Level 19	Level 20
+150	+160	+170	+180	+190	+200	+210	+220	+230	+240

Drachen-Klaue – Finishing Move

Level: 6

Voraussetzung: Drachenkralle

Drachen-Klaue ist ein Finishing Move, der zwei Waffen der Klauen-Klasse benötigt. Diese Fertigkeit ist der Barbaren-Fertigkeit *Doppelschlag* sehr ähnlich, weil die Assassine damit ihre Klauen zweimal in schneller Folge gebrauchen kann. Das macht die Drachen-Klaue zu einer vernichtenden Attacke. Und mit dem 50%-Bonus auf die Angriffsrate plus die 50% mehr Schaden wird dieser Finishing Move sogar noch besser! Drachenklaue addiert 10% auf Ihre Angriffsrate und 5% Schaden mit jedem Punkt, den sie hier investieren.

Mana-Kosten: 2

Schaden in %

Level 1	Level 2	Level 3	Level 4	Level 5	Level 6	Level 7	Level 8	Level 9	Level 10
+50	+55	+60	+65	+70	+75	+80	+85	+90	+95

Level 11	Level 12	Level 13	Level 14	Level 15	Level 16	Level 17	Level 18	Level 19	Level 20
+100	+105	+110	+115	+120	+125	+130	+135	+140	+145

Angriff in %

Level 1	Level 2	Level 3	Level 4	Level 5	Level 6	Level 7	Level 8	Level 9	Level 10
+50	+60	+70	+80	+90	+100	+110	+120	+130	+140

Level 11	Level 12	Level 13	Level 14	Level 15	Level 16	Level 17	Level 18	Level 19	Level 20
+150	+160	+170	+180	+190	+200	+210	+220	+230	+240

Kobra-Schlag – Auflade-Fertigkeit

 Level: 12

Voraussetzung: Tiger-Schlag

Kobra-Schlag ist eine Auflade-Fertigkeit, die bei einem Finishing Move Mana und Leben vom getroffenen Gegner absaugt. Die Wichtigkeit dieser Fertigkeit kann gar nicht hoch genug eingeschätzt werden, da es eine der wenigen Möglichkeiten der Assassine darstellt, Ihre Reserven an Mana und Leben wieder aufzufüllen. Der erste Schlag addiert 60% zu Ihrer Angriffsrate und stiehlt 40% Leben vom Gegner. Der zweite Angriff stiehlt zusätzlich 40% Mana. Der dritte verdoppelt das Ganze auf 80% Leben und Mana.

Versuchen Sie, den *Kobra-Schlag* mit einem Finishing Move wie dem *Drachenflug* zu kombinieren, um sich zum Gegner zu teleportieren und ihn dann aus kurzer Distanz zu schlagen. Ihre Angriffsrate erhöht sich um 15% mit jedem Fertigkeitspunkt, den Sie in den *Kobra-Schlag* stecken, wobei sich der Entzug bei der ersten und zweiten Aufladung um 5% und der dritten um 10% erhöht. Wenn Sie hier nur ein paar Fertigkeitspunkte investieren, können Sie mehr als 100% Leben ansaugen!

Mana-Kosten: 2
1 Ladung: Leben stehlen
2 Ladung: Leben und Mana stehlen
3 Ladung: Leben und Mana stehlen

Bonus Ladung 1/2/3 in % Leben/Mana

Level 1	Level 2	Level 3	Level 4	Level 5
+40/40/80	+45/45/90	+50/50/100	+55/55/110	+60/60/120

Level 6	Level 7	Level 8	Level 9	Level 10
+65/65/130	+70/70/140	+75/75/150	+80/80/160	+85/85/170

Level 11	Level 12	Level 13	Level 14	Level 15
+90/90/180	+95/95/190	+100/100/200	+105/105/210	+110/110/220

Level 16	Level 17	Level 18	Level 19	Level 20
+115/115/230	+120/120/240	+125/125/250	+130/130/260	+135/135/270

Angriff in %

Level 1	Level 2	Level 3	Level 4	Level 5	Level 6	Level 7	Level 8	Level 9	Level 10
+50	+75	+90	+105	+120	+135	+150	+165	+180	+195

Level 11	Level 12	Level 13	Level 14	Level 15	Level 16	Level 17	Level 18	Level 19	Level 20
+210	+225	+240	+255	+270	+285	+300	+315	+330	+345

Donner-Klauen – Auflade-Fertigkeit

 Level 18

Voraussetzung: Feuerfäuste

Donner-Klauen ist eine Auflade-Fertigkeit, die jedem Ihrer erfolgreichen Angriffe Blitzschaden hinzufügt, immer vorausgesetzt, Ihre Assassine hat eine Waffe der Klauen-Klasse parat. Wenn sie mit einem Finishing Move abgeschlossen wird, addiert die erste Ladung normalen Blitzschaden, die zweite sendet eine Nova aus und die dritte verschießt gar einen Combo-Blitz! Diese Attacke ist sehr wertvoll, wenn Sie gegen wahre Massen von Gegnern kämpfen, da sie auf einen Schlag die Reihen Ihrer Gegner beträchtlich lichten kann.

Donner-Klauen verschafft Ihnen eine um 80% erhöhte Angriffsrate und verursacht ganz allein schon 1–80 Blitzschaden. Die erste Ladung verursacht 1–80 Blitzschaden, die zweite 1–20 Nova-Schaden und die dritte verursacht 1–40 Combo-Blitz-Schaden!

Wenn Sie zusätzliche Punkte in diese Fertigkeit investieren, erhöht sich der Schaden der ersten Ladung um 10 Punkte, die zweite um sieben und der Schaden der dritten wird um 11 erhöht.

Mana-Kosten: 4

1. Ladung: Blitz-Schaden (entspricht normalem Angriff) (+10/+20 ab L9/+30 ab L17)
2. Ladung: Nova-Schaden
3. Ladung: Combo-Blitz-Schaden

Bonus Ladung 1 (Blitz-Schaden)

Level 1	Level 2	Level 3	Level 4	Level 5	Level 6	Level 7	Level 8	Level 9	Level 10
1-80	11-90	21-100	31-110	41-120	51-130	61-140	71-150	91-170	111-190

Level 11	Level 12	Level 13	Level 14	Level 15	Level 16	Level 17	Level 18	Level 19	Level 20
131-210	151-230	171-250	191-270	211-290	231-310	261-340	291-370	321-400	351-430

Bonus Ladung 2 (Nova-Schaden)

Level 1	Level 2	Level 3	Level 4	Level 5	Level 6	Level 7	Level 8	Level 9	Level 10
1-20	1-27	1-34	1-41	1-48	1-55	1-62	1-69	1-76	1-83

Level 11	Level 12	Level 13	Level 14	Level 15	Level 16	Level 17	Level 18	Level 19	Level 20
1-90	1-97	1-104	1-111	1-118	1-125	1-132	1-139	1-146	1-153

Bonus Ladung 3 (Combo-Blitz-Schaden)

Level 1	Level 2	Level 3	Level 4	Level 5	Level 6	Level 7	Level 8	Level 9	Level 10
1-40	1-51	1-62	1-73	1-84	1-95	1-106	1-117	1-130	1-143

Level 11	Level 12	Level 13	Level 14	Level 15	Level 16	Level 17	Level 18	Level 19	Level 20
1-156	1-169	1-182	1-195	1-208	1-221	1-235	1-251	1-266	1-281

Angriff in %

Level 1	Level 2	Level 3	Level 4	Level 5	Level 6	Level 7	Level 8	Level 9	Level 10
+80	+95	+110	+125	+140	+155	+170	+185	+200	+215

Level 11	Level 12	Level 13	Level 14	Level 15	Level 16	Level 17	Level 18	Level 19	Level 20
+230	+245	+260	+275	+209	+305	+320	+335	+350	+365

Drachenschwanz – Finishing Move

 Level: 18

Voraussetzung: Drachen-Klaue

Drachenschwanz ist ein kraftvoller Finishing Move, der Ihre Feinde mit einem explosiven Kick zurückwirft und zusätzlich Feuerschaden anrichtet. Ähnlich wie die *Drachen-Klaue* (nur mächtiger) wird der Drachenschwanz am besten gegen allzu aufdringliche Gegner eingesetzt. Wenn Sie gegen ein Boss-Monster kämpfen, benutzen Sie die Ladungen gegen die Untergebenen und entfesseln Sie den Drachenschwanz am Boss selbst.

Diese Fertigkeit verursacht im 1. Level 50% Feuerschaden und hat eine Reichweite von 4 Metern. Mit jedem folgenden Fertigkeits-Punkt erhöht sich der Feuerschaden um 10%.

Mana-Kosten: 10

Radius: 4 Meter

Feuer-Schaden in %

Level 1	Level 2	Level 3	Level 4	Level 5	Level 6	Level 7	Level 8	Level 9	Level 10
+50	+60	+70	+80	+90	+100	+110	+120	+130	+140

Level 11	Level 12	Level 13	Level 14	Level 15	Level 16	Level 17	Level 18	Level 19	Level 20
+150	+160	+170	+180	+190	+200	+210	+220	+230	+240

Eisklingen – Auflade-Fertigkeit

 Level: 24

Voraussetzung: Donner-Klauen

Eisklingen ist eine Auflade-Fertigkeit, die mit jedem erfolgreichen Treffer Kälte-Schaden ansammelt. Wenn Ihre Assassine Gefahr läuft, von Feinden überwältigt zu werden, nutzen Sie die *Eisklingen*. Die erste Ladung verursacht Kälte-Schaden, die zweite verursacht Kälte-Schaden auf einer Fläche und die dritte friert Ihre Gegner ein (was ja immer gut ist). Natürlich müssen Sie auch hier Waffen der Klauen-Klasse tragen.

Diese Fertigkeit erhöht Ihre Angriffsrate um 70%. Die erste Ladung verursacht 15–35 Kälteschaden, die zweite fügt in einem Radius von 3,3 Metern Kälte-Schaden hinzu und die dritte friert Ihre Gegner 4 Sekunden lang ein. Wenn Sie zusätzliche Punkte investieren, wird der Kälteschaden um 8 Punkte erhöht, die Gefrierdauer um 0,4 Sekunden verlängert und die Angriffsrate bekommt einen Schub von 10%.

Mana-Kosten: 3

1. Ladung: Kälte-Schaden (entspricht normalem Angriff) (+8/+10 ab L9/+20 ab L17)

2. Ladung: Kälte-Schaden-Radius: 3,3 Meter

3. Ladung: Frostdauer

Bonus Ladung 1 (Kälte-Schaden)

Level 1	Level 2	Level 3	Level 4	Level 5	Level 6	Level 7	Level 8	Level 9	Level 10
15-35	23-43	31-51	39-59	47-67	55-75	63-83	71-91	81-101	91-111

Level 11	Level 12	Level 13	Level 14	Level 15	Level 16	Level 17	Level 18	Level 19	Level 20
101-121	111-131	121-141	131-151	141-161	151-171	171-191	191-211	211-231	231-251

Bonus Ladung 3 (Frost-Dauer)

Level 1	Level 2	Level 3	Level 4	Level 5	Level 6	Level 7	Level 8	Level 9	Level 10
4,0	4,4	4,8	5,2	5,6	6,0	6,4	6,8	7,2	7,6

Level 11	Level 12	Level 13	Level 14	Level 15	Level 16	Level 17	Level 18	Level 19	Level 20
8,0	8,4	8,8	9,2	9,6	10,0	10,4	10,8	11,2	11,6

Angriff in %

Level 1	Level 2	Level 3	Level 4	Level 5	Level 6	Level 7	Level 8	Level 9	Level 10
+70	+80	+90	+100	+110	+120	+130	+140	+150	+160

Level 11	Level 12	Level 13	Level 14	Level 15	Level 16	Level 17	Level 18	Level 19	Level 20
+170	+180	+190	+200	+210	+220	+230	+240	+250	+260

Drachenflug – Finishing Move

Level: 24

Voraussetzung: Drachenschwanz

Drachenflug ist ein Finishing Move, der Sie direkt neben einen Gegner teleportiert, sodass Sie ihm einen Kick verpassen und ihn erledigen können. Das wird Ihnen sehr gelegen kommen, wenn Sie versuchen, ein Boss-Monster zu töten, das sich hinter seinen Untergebenen versteckt, oder Ihnen schlicht und ergreifend dabei ein Hindernis im Weg steht.

 TIP..

Sie müssen den Gegner natürlich sehen, um ihn treffen zu können. Diese Fertigkeit lässt sich nicht einsetzen, wenn sich das Monster außerhalb des sichtbaren Bildschirmausschnitts befindet.

Drachenflug ist sehr nützlich, wenn Sie gegen ein Monster kämpfen, das vor Ihren Füssen ein Feuerchen entzündet. Diese Fertigkeit ermöglicht es Ihnen, über die Gefahr hinwegzuspringen, ohne dabei Schaden zu nehmen. Das einzig Blöde an der Drachenflug-Fertigkeit ist die Tatsache, dass sie einen »Abkühl«-Effekt hat, was heißt, dass Sie sie nicht schnell hintereinander einsetzen können. Aber trotz dieser Einschränkung ist sie immer noch eine sehr mächtige Fertigkeit, die schon ein paar Pünktchen verdient, wenn Ihre Assassine Level 24 erreicht. Ihre Angriffsrate erhöht sich um 100%, wenn Sie sich an den Feind teleportieren, und die erhöht sich noch mal um 20% mit jedem investierten Punkt. Zusätzlich erhöht Drachenflug Ihren Trittschaden um 100%, der sich ebenfalls mit jedem Fertigkeitspunkt erhöht, und zwar um 25%.

Mana-Kosten: 15

Trittschaden in %

Level 1	Level 2	Level 3	Level 4	Level 5	Level 6	Level 7	Level 8	Level 9	Level 10
+100	+125	+150	+175	+200	+225	+250+	+275	+300	+325

Level 11	Level 12	Level 13	Level 14	Level 15	Level 16	Level 17	Level 18	Level 19	Level 20
+350	+375	+400	+425	+450	+475	+500	+525	+550	+575

Angriff in %

Level 1	Level 2	Level 3	Level 4	Level 5	Level 6	Level 7	Level 8	Level 9	Level 10
+100	+120	+140	+160	+180	+200	+220	+240	+260	+280

Level 11	Level 12	Level 13	Level 14	Level 15	Level 16	Level 17	Level 18	Level 19	Level 20
+300	+320	+340	+360	+380	+400	+420	+440	+460	+480

Phönix-Schlag

 Level: 30

Voraussetzung: Kobra-Schlag, Eisklingen

Phönix-Schlag ist eine Auflade-Fertigkeit, die Ihren Finishing Moves Elementarschäden hinzufügt! Die erste Ladung schickt Ihren Gegnern zur Begrüßung einen Meteor, die zweite schickt einen Kettenblitz hinterher und die dritte wirft mit Chaos-Eisblitzen um sich, die in Kreisen von Ihnen wegfliegen. Es ist wohl überflüssig zu erwähnen, dass sich hier das eine oder andere Pünktchen rentieren dürfte, wenn Sie Level 30 erreichen. Je nachdem, welches Ergebnis sie wünschen (vom Elementarschaden her gesehen), können Sie den passenden Finishing Move wählen.

Zu Beginn erhöht diese Fertigkeit Ihre Angriffsrate um 70%, verursacht 20–40 Meteor-Schaden bei der ersten Ladung, 1–40 Punkte Kettenblitz-Schaden bei der zweiten und 16–32 Schaden bei der dritten Ladung.

Mit jedem zusätzlichen Punkt erhöht sich die Angriffsrate um 10%, der Meteorschaden um 6, der Kettenblitz um 11 und der Chaos-Eisblitz-Schaden um 4 Punkte.

Mana-Kosten: 4

1. Ladung: Meteor-Schaden (+6/+12 ab L9/+20 ab L17)

2. Ladung: Kettenblitz-Schaden-Radius: 3,3 Meter (+11/+13 ab L9/+15 ab L17)

3. Ladung: Chaos-Eisblitz-Schaden: 10 Sekunden (+4/+6 ab L9/+8 ab L17)

Bonus Ladung 1 (Meteor-Schaden)

Level 1	Level 2	Level 3	Level 4	Level 5	Level 6	Level 7	Level 8	Level 9	Level 10
20-40	26-46	32-52	38+58	44-64	50-70	56-76	62-82	74-94	86-106

Level 11	Level 12	Level 13	Level 14	Level 15	Level 16	Level 17	Level 18	Level 19	Level 20
98-118	110-130	122-142	134-154	146-166	158-178	178-198	198-218	218-238	238-258

Bonus Ladung 2 (Kettenblitz-Schaden)

Level 1	Level 2	Level 3	Level 4	Level 5	Level 6	Level 7	Level 8	Level 9	Level 10
1-40	1-51	1-62	1-73	1-84	1-95	1-106	1-117	1-130	1-143

Level 11	Level 12	Level 13	Level 14	Level 15	Level 16	Level 17	Level 18	Level 19	Level 20
1-156	1-169	1-182	1-195	1-208	1-221	1-236	1-251	1-266	1-281

Bonus Ladung 2 (Chaos-Eisblitz-Schaden)

Level 1	Level 2	Level 3	Level 4	Level 5	Level 6	Level 7	Level 8	Level 9	Level 10
16-32	20-36	24-40	28-44	32-48	36-52	40-56	44-60	50-66	56-72

Level 11	Level 12	Level 13	Level 14	Level 15	Level 16	Level 17	Level 18	Level 19	Level 20
62-78	68-84	74-90	80-96	86-102	92-108	100-116	108-124	116-132	124-140

Angriff in %

Level 1	Level 2	Level 3	Level 4	Level 5	Level 6	Level 7	Level 8	Level 9	Level 10
+70	+85	+100	+115	+130	+145	+160	+175	+190	+205

Level 11	Level 12	Level 13	Level 14	Level 15	Level 16	Level 17	Level 18	Level 19	Level 20
+220	+235	+250	+265	+280	+295	+310	+325	+340	+355

Schatten-Disziplinen

Dieses Set von Fertigkeiten fördert magisch die Kraft der Assassine. Die Schatten-Disziplinen attackieren nicht selbst, sie verbessern die Attacken. Sie verstecken die Assassine nicht, sie erschweren nur ihre Entdekkung. Sie können außerdem Gift-Schaden verursachen und rufen einen Schatten-Krieger herbei, der an der Seite der Assassine kämpft. Kurz: Die Schatten-Disziplinen sind sehr wichtige Fertigkeiten, welche die beiden anderen Fertigkeitenbäume der Assassine verbessern, während sie eine große Anzahl von einzigartigen und zerstörerischen Fähigkeiten mitbringen.

Nummer	Fertigkeit
1	Klauen-Beherrschung
2	Psycho-Hammer
3	Tempoblitz
4	Waffen-Blocker
5	Schatten-Mantel
6	Verblassen
7	Schattenkrieger
8	Gedankenschlag
9	Giftgeifer
10	Schattenmeister

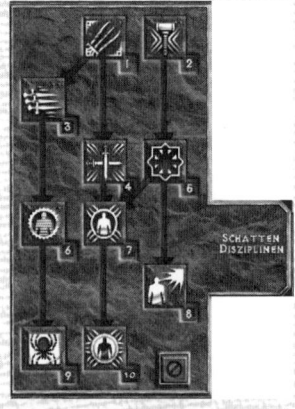

Klauen-Beherrschung – Passiv

Level: 1

Voraussetzung: Keine

Klauen-Waffen sind eine neue Waffenklasse der Assassine. Sie kann in jeder Hand eine Klaue tragen, wodurch ein Doppelschlag möglich ist. Diese Fertigkeit erhöht die Nützlichkeit dieser Waffen für die Assassine in fast demselben Maße, wie z.B. die Schwert-Beherrschung oder die Axt-Beherrschung für den Barbaren tut. Wenn Sie die Erfahrung der Assassine voll ausnutzen wollen und ein paar der großartigen Auflade-Fähigkeiten und Finishing Moves, welche eine Waffe der Klauen-Klasse voraussetzen, nutzen wollen, sollten Sie hier ein paar Punkte investieren.

Der erste Punkt, den Sie in die Klauen-Beherrschung stecken, gibt Ihnen einen Bonus von 35% auf Schaden und erhöht Ihre Angriffsrate um 30%. Jeder Punkt, den Sie danach hier investieren, erhöht den Schaden noch mal um 4% und die Angriffsrate um 10%. Wenn Sie sechs oder acht Punkte in *Klauen-Beherrschung* haben und noch ein paar magische Klauen Ihr Eigen nennen, sind sie eine Kraft, mit der man rechnen muss.

Schaden in %

Level 1	Level 2	Level 3	Level 4	Level 5	Level 6	Level 7	Level 8	Level 9	Level 10
+35	+39	+43	+47	+51	+55	+59	+63	+67	+71

Level 11	Level 12	Level 13	Level 14	Level 15	Level 16	Level 17	Level 18	Level 19	Level 20
+75	+79	+83	+87	+91	+95	+99	+103	+107	+111

Angriff in %

Level 1	Level 2	Level 3	Level 4	Level 5	Level 6	Level 7	Level 8	Level 9	Level 10
+30	+40	+50	+60	+70	+80	+90	+100	+110	+120

Level 11	Level 12	Level 13	Level 14	Level 15	Level 16	Level 17	Level 18	Level 19	Level 20
+130	+140	+150	+160	+170	+180	+190	+200	+210	+220

Psycho-Hammer

Level: 1

Voraussetzung: Keine

Dieser psychische Angriff wirft Ihre Feinde zurück und fügt ihnen Schaden zu. Sie können damit direkt auf ein Monster zielen, wie z.B. einen Schamanen, selbst wenn andere Monster zwischen Ihnen und Ihrem Ziel stehen. Das macht diesen Angriff zu einer sehr wichtigen Fertigkeit, vor allem früh im Spiel (Akt 1), wenn Sie auf Gefallene oder Höhlen-Schamanen treffen. Psycho-Hammer stößt nicht nur Ihr Ziel zurück, sondern verursacht auch noch 2–5 Punkte Extraschaden, der auch noch um 1 erhöht wird, mit jedem Punkt, den Sie hier hinzugeben.

Mana-Kosten:

Level 1	Level 2	Level 3	Level 4	Level 5	Level 6	Level 7	Level 8	Level 9	Level 10
4	4,2	4,5	4,7	5	5,2	5,5	5,7	6,0	6,2

Level 11	Level 12	Level 13	Level 14	Level 15	Level 16	Level 17	Level 18	Level 19	Level 20
6,5	6,7	7,0	7,2	7,5	7,7	8	8,2	8,5	8,7

Schaden

Level 1	Level 2	Level 3	Level 4	Level 5	Level 6	Level 7	Level 8	Level 9	Level 10
2-5	3-6	4-7	5-8	6-9	7-10	8-11	9-12	10-13	12-15

Level 11	Level 12	Level 13	Level 14	Level 15	Level 16	Level 17	Level 18	Level 19	Level 20
13-16	15-18	16-19	18-21	19-22	21-24	23-26	25-28	27-30	29-32

Tempoblitz

Level: 6

Voraussetzung: Klauen-Beherrschung

Wie der Name schon vermuten lässt, erlaubt es Ihnen *Tempoblitz*, sich schneller als üblich zu bewegen. Es erhöht nicht nur Ihre Laufgeschwindigkeit, sondern auch Ihre Angriffsgeschwindigkeit. Auf diese Weise können Sie mehr Schaden in kürzerer Zeit anrichten. *Tempoblitz* lässt sich hervorragend mit Klauen und der *Klauen-Beherrschung* kombinieren, um einen kraftvollen und schnellen Angriff durchzuführen, der Ihre Gegner davon abhält zurückzuschlagen. Diese Fertigkeit hält mit nur einem Fertigkeitspunkt bemerkenswerte 2 Minuten an, was in der Regel ausreicht, um Sie aus brenzligen Situationen zu befreien. Ein Fertigkeitspunkt in Tempoblitz erhöht Ihre Angriffsgeschwindigkeit um 21% und Ihre Geh-/Renngeschwindigkeit um 23%. Mit jedem zusätzlichen Punkt erhöht sich außerdem die Dauer des Effekts um 12 Sekunden sowie die Verbesserung von Angriffsgeschwindigkeit und Geh-/Renngeschwindigkeit um 6%, dies wird aber weniger, je mehr Punkte Sie hier investieren.

Mana-Kosten: 10

Angriffsgeschwindigkeit in %

Level 1	Level 2	Level 3	Level 4	Level 5	Level 6	Level 7	Level 8	Level 9	Level 10
+21	+27	+31	+34	+37	+39	+41	+42	+44	+45

Level 11	Level 12	Level 13	Level 14	Level 15	Level 16	Level 17	Level 18	Level 19	Level 20
+46	+47	+48	+49	+50	+51	+51	+51	+52	+52

Geschwindigkeit beim Gehen/Rennen in %

Level 1	Level 2	Level 3	Level 4	Level 5	Level 6	Level 7	Level 8	Level 9	Level 10
+23	+29	+34	+39	+42	+45	+47	+49	+51	+52

Level 11	Level 12	Level 13	Level 14	Level 15	Level 16	Level 17	Level 18	Level 19	Level 20
+54	+55	+56	+57	+57	+59	+59	+60	+60	+61

Dauer in Sekunden

Level 1	Level 2	Level 3	Level 4	Level 5	Level 6	Level 7	Level 8	Level 9	Level 10
120	132	144	156	168	180	192	204	216	228

Level 11	Level 12	Level 13	Level 14	Level 15	Level 16	Level 17	Level 18	Level 19	Level 20
240	252	264	276	288	300	312	324	336	348

Waffen-Blocker – Passiv

 Level: 12

Voraussetzung: Klauen-Beherrschung

Diese Fertigkeit gibt Ihnen die Chance, einen gegnerischen Angriff zu blocken (sie ist passiv), aber nur wenn Sie zwei Klauen benutzen. Denken Sie sich *Waffen-Blocker* als eine Art magisches Schild, das Sie schützt, obwohl Sie zwei offensive Waffen in Ihren Händen halten. Zu Beginn gibt Ihnen Waffen-Blocker eine 26-prozentige Chance zu blocken. Diese Fähigkeit ist ihr Geld wert, wenn Sie nicht das Leben oder die Rüstung haben, um vielen Treffern zu widerstehen. Jeder Punkt erhöht außerdem die Chance zu blocken um 6%. Dieser Wert verringert sich ebenfalls, je mehr Punkte Sie hier investieren.

Blockchance in %

Level 1	Level 2	Level 3	Level 4	Level 5	Level 6	Level 7	Level 8	Level 9	Level 10
+26	+32	+34	+39	+42	+44	+46	+47	+49	+50

Level 11	Level 12	Level 13	Level 14	Level 15	Level 16	Level 17	Level 18	Level 19	Level 20
+51	+52	+53	+54	+55	+55	+56	+56	+57	+57

Schatten-Mantel

 Level: 12

Voraussetzung: Psycho-Hammer

Schatten-Mantel erzeugt einen Schatten um Sie, der es Feinden unmöglich macht, Sie zu sehen. Wenn Sie diese Fertigkeit verwenden, sinkt allerdings auch Ihr eigener Lichtradius dramatisch. Jeder Gegner, der Sie noch nicht entdeckt hat, wird Sie nicht bemerken, solange der Zauber wirkt, aber nur so lange, bis Sie getroffen werden! Es gibt zahllose nützliche Einsatzmöglichkeiten für diese Fertigkeit, z.B. um ein paar lästige Monster herumschleichen, ohne ihnen in einem womöglich tödlichen Kampf gegenübertreten zu müssen.

Schatten-Mantel ermöglicht es außerdem, Gegner einzeln zu bekämpfen (anstatt alle auf einmal). Ein sehr schönes Beispiel für den Einsatz ist der Schinderdschungel mit den allseits beliebten Fetischen ;-).

Benutzen Sie *Schatten-Mantel* auf keinen Fall, bevor die Gegner, die Sie täuschen wollen, auf Ihrem Bildschirm zu sehen sind. Das ist keine Fertigkeit, die man »auf Vorrat« benutzt, sondern um aus einer brenzligen Situation zu entkommen.

Schatten-Mantel hat eine Reichweite von 20 Metern, dauert 8 Sekunden und verringert die Verteidigung von Monstern um 21%. Aber beachten Sie, dass auch Ihre eigene Verteidigung vermindert wird, wenn Sie die Fertigkeit nutzen!

Mana-Kosten: 13

Reichweite: 20 Meter

Dauer: 8 Sekunden

Verteidigung der Gegner in %

Level 1	Level 2	Level 3	Level 4	Level 5	Level 6	Level 7	Level 8	Level 9	Level 10
-21	-27	-31	-34	-37	-39	-41	-42	-44	-45

Level 11	Level 12	Level 13	Level 14	Level 15	Level 16	Level 17	Level 18	Level 19	Level 20
-46	-47	-48	-49	-50	-51	-51	-51	-52	-52

Verwenden Sie Schatten-Mantel in Verbindung mit dem Fallen-Fertigkeitsbaum für so manche böse Überraschung. Wenn sich Ihnen eine Gruppe von Gegnern nähert, benutzen Sie Schatten-Mantel und legen Sie dann ein paar zerstörerische Fallen. Diese Technik ist auch bekannt als »Cloak 'em and Smoke 'em« (frei übersetzt etwa Tarnen, Täuschen und Verbrennen).

Verblassen

Level: 18

Voraussetzung: Tempoblitz

Verblassen erhöht für kurze Zeit alle Ihre Resistenzen und verringert außerdem die Dauer von Flüchen, die auf Ihnen lasten. Dies ist eine lebenswichtige Fertigkeit, wenn Sie nur begrenzt elementare Resistenzen haben und Sie Bereiche wie das Chaos-Sanktuarium oder die Wurmgruft betreten wollen. Zu Beginn verringert *Verblassen* die Fluchdauer um 47% (jeder weitere Punkt erhöht diesen Wert um 6%) und erhöht alle Resistenzen um 19% (jeder weitere Punkt erhöht diesen Wert um 8%). Die Fertigkeit hält zwei Minuten an, was durch jeden zusätzlichen Punkt um 12 Sekunden erhöht wird.

Mana-Kosten: 10

Verringert Dauer der Verfluchung um x %

Level 1	Level 2	Level 3	Level 4	Level 5	Level 6	Level 7	Level 8	Level 9	Level 10
47	53	58	62	65	67	69	71	73	74

Level 11	Level 12	Level 13	Level 14	Level 15	Level 16	Level 17	Level 18	Level 19	Level 20
75	76	77	78	79	80	80	81	81	82

Widerstand gegen alles in %

Level 1	Level 2	Level 3	Level 4	Level 5	Level 6	Level 7	Level 8	Level 9	Level 10
+19	+27	+33	+38	+42	+45	+48	+50	+52	+54

Level 11	Level 12	Level 13	Level 14	Level 15	Level 16	Level 17	Level 18	Level 19	Level 20
+56	+57	+58	+60	+60	+62	+62	+63	+63	+64

Dauer in Sekunden

Level 1	Level 2	Level 3	Level 4	Level 5	Level 6	Level 7	Level 8	Level 9	Level 10
120	132	144	156	168	180	192	204	216	228

Level 11	Level 12	Level 13	Level 14	Level 15	Level 16	Level 17	Level 18	Level 19	Level 20
240	252	264	276	288	300	312	324	336	348

TIP

Sollten Sie sich entschlossen haben, keine Rüstung oder sonstigen Sachen zu tragen, die Ihre Resistenzen erhöhen, werden Sie spätestens ab Akt 3 ernsthafte Probleme bekommen! Glücklicherweise hat die Assassine mit Verblassen eine Möglichkeit, dem entgegenzuwirken.

Schattenkrieger

Level: 18

Voraussetzung: Schatten-Mantel

Schattenkrieger ruft eine Söldnerin herbei, die, gehüllt in Dunkelheit, an der Seite Ihrer Assassine kämpft. Das Beste ist, dass sie alle Fertigkeiten nutzt, die Ihre Assassine gerade nutzt: Wenn Sie Feuerfäuste und Kobra-Schlag benutzen, tut die Schattenkriegerin das auch. Der *Schattenkrieger* attackiert auch normal und löst somit alle Ladungen aus, die er in seinen Kämpfen gesammelt hat. Dieser Kampfgenosse hat nur eine begrenzte Lebensdauer und wird schließlich in die ätherische Ebene zurückkehren, aus der Sie ihn gerufen haben, aber in der Zwischenzeit wird er Ihnen sehr behilflich sein! Mit jedem investierten Fertigkeitspunkt bekommt Ihr *Schattenkrieger* 14 Punkte mehr Leben, seine Angriffsgeschwindigkeit erhöht sich um 15% und seine Verteidigung steigt um 12%.

Mana-Kosten

Level 1	Level 2	Level 3	Level 4	Level 5	Level 6	Level 7	Level 8	Level 9	Level 10
27	29	31	33	35	37	39	41	43	45

Level 11	Level 12	Level 13	Level 14	Level 15	Level 16	Level 17	Level 18	Level 19	Level 20
47	49	51	53	55	57	59	61	63	65

Leben

Level 1	Level 2	Level 3	Level 4	Level 5	Level 6	Level 7	Level 8	Level 9	Level 10
124	138	153	168	183	198	213	228	243	257

Level 11	Level 12	Level 13	Level 14	Level 15	Level 16	Level 17	Level 18	Level 19	Level 20
272	287	302	317	332	347	362	376	391	406

Angriff in %

Level 1	Level 2	Level 3	Level 4	Level 5	Level 6	Level 7	Level 8	Level 9	Level 10
-	+15	+30	+45	+60	+75	+90	+105	+120	+135

Level 11	Level 12	Level 13	Level 14	Level 15	Level 16	Level 17	Level 18	Level 19	Level 20
+150	+165	+180	+195	+210	+225	+240	+255	+270	+286

Verteidigungsbonus in %

Level 1	Level 2	Level 3	Level 4	Level 5	Level 6	Level 7	Level 8	Level 9	Level 10
-	+12	+24	+36	+48	+60	+72	+84	+96	+108

Level 11	Level 12	Level 13	Level 14	Level 15	Level 16	Level 17	Level 18	Level 19	Level 20
+120	+132	+144	+156	+168	+180	+192	+204	+216	+228

Gedankenschlag

Level: 24

Voraussetzung: Schatten-Mantel

Gedankenschlag ist eine geballte Ladung mentaler Energie, welche den Gegner nicht nur schädigt und betäubt, sondern ihn auch dazu zwingt, an Ihrer Seite zu kämpfen! Die Macht und Nützlichkeit dieser Fertigkeit zeigt sich, wenn Sie eine Gruppe von Gegnern mit Gedankenschlag (in dem ein paar Fertigkeitspunkte investiert wurden) angreifen. Dann haben Sie nämlich eine gute Chance, dass zwei oder drei Feinde für Sie weiterkämpfen. Den Gegner für sich kämpfen zu lassen, ist schon toll, aber *Gedankenschlag* verursacht außerdem zwischen 10 und 20 Punkte Schaden (das ist nicht viel, aber immerhin ...).

Zu Beginn dauert die Fertigkeit 6–10 Sekunden, verursacht 10–20 Punkte Schaden mit einer Wahrscheinlichkeit von 21%, die Gegner zu umzuwandeln. Mit zusätzlichen Punkten erhöht sich der Schaden um 2 und die Umwandlungschance um 3 Punkte, was aber weniger wird, je mehr Punkte Sie investieren.

Mana-Kosten: 15

Dauer: 6–10 Sekunden

Schaden

Level 1	Level 2	Level 3	Level 4	Level 5	Level 6	Level 7	Level 8	Level 9	Level 10
10-20	12-22	14-24	16-26	18-28	20-30	22-32	24-34	29-39	34-44

Level 11	Level 12	Level 13	Level 14	Level 15	Level 16	Level 17	Level 18	Level 19	Level 20
39-49	44-54	49-59	54-64	59-69	64-74	72-82	80-90	88-98	96-106

Chance zur Umwandlung in %

Level 1	Level 2	Level 3	Level 4	Level 5	Level 6	Level 7	Level 8	Level 9	Level 10
18	21	24	26	27	28	29	30	31	32

Level 11	Level 12	Level 13	Level 14	Level 15	Level 16	Level 17	Level 18	Level 19	Level 20
32	33	33	34	34	35	35	35	35	36

 TIP

Der wahrscheinlich beste Aspekt von Gedankenschlag ist die Tatsache, dass Monster die Drecksarbeit für Sie erledigen. Werden Sie aber nicht übermütig – der Effekt hält nur eine begrenzte Zeit an und höchstwahrscheinlich werden nicht alle Monster umgewandelt!

Giftgeifer

Level: 30

Voraussetzung: Verblassen

Giftgeifer ist eine mächtige Fertigkeit, die Ihren Attacken Gift-Schaden hinzufügt, ganz egal, welche Waffen Sie verwenden. Es ist nicht umsonst eine hochgradige Fertigkeit, den sie beginnt mit einem Schadensbonus von 37–78 Punkte über eine Dauer von 2 Sekunden – zusätzlich zum von Ihrer Waffe verursachten Schaden! Wenn Sie hier mehr Punkte investieren, erhöhen sich Angriffsstärke und Dauer sogar noch mehr (Schaden: +12 Punkte; Dauer: +4 Sekunden)! Wenn Sie Verblassen oder *Tempoblitz* nicht allzu häufig verwenden (beachten Sie dazu die Warnung im Anschluss!), ist *Giftgeifer* eine wertvolle Unterstützung.

Mana-Kosten: 12

Gift-Schaden über 2 Sekunden

Level 1	Level 2	Level 3	Level 4	Level 5	Level 6	Level 7	Level 8	Level 9	Level 10
37-78	50-90	62-103	75-115	87-128	100-140	112-153	125-165	143-184	162-203

Level 11	Level 12	Level 13	Level 14	Level 15	Level 16	Level 17	Level 18	Level 19	Level 20
181-221	200-240	218-259	237-278	256-296	275-315	300-340	325-365	350-390	375-415

Dauer in Sekunden

Level 1	Level 2	Level 3	Level 4	Level 5	Level 6	Level 7	Level 8	Level 9	Level 10
120	124	128	132	136	140	144	148	152	156

Level 11	Level 12	Level 13	Level 14	Level 15	Level 16	Level 17	Level 18	Level 19	Level 20
160	164	168	172	176	180	184	188	192	196

 TIP

Sie können *Giftgeifer*, *Verblassen* oder *Tempoblitz* nicht gleichzeitig verwenden! Versuchen Sie es: Es wird nicht funktionieren.

Schattenmeister

 Level: 30

Voraussetzung: Schattenkrieger

Der *Schattenmeister* ist eine stärkere Version des *Schattenkriegers*. Aber das ist eine maßlose Untertreibung der Fähigkeiten dieses tödlichen Verbündeten, den Sie ab Level 30 herbeirufen können. Der *Schattenmeister* kämpft an Ihrer Seite, ganz wie der *Schattenkrieger*. Aber er hat Zugriff auf ALLE Ihre Fertigkeiten, nicht nur diejenigen, die Sie gerade aktiv haben! Das macht ihn zu einem hervorragenden Mitstreiter, der alles das kann, was Sie können – außer seinen eigenen Schattenkrieger/-meister zu rufen natürlich. Der Schattenmeister zieht die gegnerischen Angriffe auf sich, während Sie Ihre anderen Assassinen-Fertigkeiten voll ausspielen können.

Der Schattenmeister beginnt mit 188 Leben. Jeder zusätzliche Punkt erhöht das Leben um 28 Punkte, die Angriffsrate um 15% und seine Resistenzen um 16%, wobei Letzteres kleiner wird, je mehr Punkte Sie einsetzen.

Mana-Kosten: 40

Leben

Level 1	Level 2	Level 3	Level 4	Level 5	Level 6	Level 7	Level 8	Level 9	Level 10
188	216	244	272	300	329	357	386	413	441

Level 11	Level 12	Level 13	Level 14	Level 15	Level 16	Level 17	Level 18	Level 19	Level 20
470	498	526	554	582	611	639	667	695	723

Angriff in %

Level 1	Level 2	Level 3	Level 4	Level 5	Level 6	Level 7	Level 8	Level 9	Level 10
-	+15	+30	+45	+60	+75	+90	+105	+120	+135

Level 11	Level 12	Level 13	Level 14	Level 15	Level 16	Level 17	Level 18	Level 19	Level 20
+150	+165	+180	+195	+210	+225	+240	+255	+270	+285

Widerstand gegen alles in %

Level 1	Level 2	Level 3	Level 4	Level 5	Level 6	Level 7	Level 8	Level 9	Level 10
-	+16	+25	+32	+38	+42	+46	+49	+51	+54

Level 11	Level 12	Level 13	Level 14	Level 15	Level 16	Level 17	Level 18	Level 19	Level 20
+56	+58	+59	+61	+62	+63	+65	+65	+66	+67

Fallen

Fallen sind einzigartige und sehr innovative Fertigkeiten. Sie können überall platziert werden und aktivieren sich, wenn sich ein Feind nähert. Sie ergänzen die Tarnfähigkeit der Assassine ungemein. Fallen sind eine sehr mächtige Waffe und sollten auf keinen Fall unterschätzt werden! Richtig eingesetzt, können sie den Unterschied zwischen Sieg und Niederlage ausmachen – außerdem macht es Spaß sie einzusetzen ;-).

Nummer	Fertigkeit
1	Feuer-Stoß
2	Schocknetz
3	Klingen-Wächter
4	Combo-Blitz-Wächter
5	Feuerwelle
6	Klingenwut
7	Blitz-Wächter
8	Infernowoge
9	Todeswächter
10	Klingenschild

TIP

Wichtig: Wenn Sie sich entschließen, viel mit Fallen zu arbeiten, sollten Sie auch ein paar Fertigkeitspunkte in den Schattenkrieger stecken. Oder, wie es Rob Foote, Tester bei Blizzard, ausdrückt: »Der Schattenkrieger ist der Fallen-Assassine bester Freund«. Wenn Sie einen Schattenkrieger herbeirufen und eine Falle auf Ihre rechte Maustaste legen, wird der Schatten-krieger dieselbe Falle legen. Doppelt so viele Fallen, doppelt so viele Gefallene!

Feuer-Stoß

Level: 1

Voraussetzung: Keine

Die *Feuer-Stoß*-Falle verursacht, der Name deutet es bereits an, Feuer-Schaden, der sich auf ein bestimmtes Areal bezieht. Sie ist eine ziemlich einfache Falle, die am besten in niedrigeren Levels eingesetzt wird. *Feuer-Stoß* ist nicht nur im direkten Kampf nützlich, sondern auch gegen Feinde einzusetzen, die nicht so leicht zu erreichen sind. Weil *Feuer-Stoß* eine »Fernwaffe« ist, die auch noch Flächenschaden anrichtet, können Sie sie einfach irgendwo platzieren und dann abwarten. Zu Beginn hat der Schaden (3–4 Punkte) einen Radius von 4,6 Metern. Jeder zusätzliche Punkt erhöht den Schaden um 2.

Reichweite: 4,6 Meter

Mana-Kosten

Level 1	Level 2	Level 3	Level 4	Level 5	Level 6	Level 7	Level 8	Level 9	Level 10
3	3,1	3,2	3,3	3,5	3,6	3,7	3,8	4,0	4,1

Level 11	Level 12	Level 13	Level 14	Level 15	Level 16	Level 17	Level 18	Level 19	Level 20
4,2	4,3	4,5	4,6	4,7	4,8	5,0	5,1	5,2	5,3

Feuer-Schaden

Level 1	Level 2	Level 3	Level 4	Level 5	Level 6	Level 7	Level 8	Level 9	Level 10
3-4	5-6	7-8	9-10	11-12	13-14	15-16	17-18	21-22	25-26

Level 11	Level 12	Level 13	Level 14	Level 15	Level 16	Level 17	Level 18	Level 19	Level 20
29-30	33-34	37-38	41-42	45-46	49-50	54-55	59-60	64-65	69-70

Schocknetz

Level: 6

Voraussetzung: Feuer-Stoß

Wenn es ausgelegt ist, schickt *Schocknetz* ein Netz aus Blitzen auf herannahende Feinde. Diese Falle ist weniger effektiv im offenen Gelände, aber sehr nützlich in engen Räumen, wie dem Tempel der Klauenvipern oder der Wurmgruft. Jedes Mal, wenn ein Gegner durch eine *Schocknetz*-Falle läuft, wird sie ausgelöst. Mit einem Fertigkeitspunkt wirft *Schocknetz* 6 Blitze aus, die über einen Zeitraum von 3,6 Sekunden 5–6 Schaden anrichten. Mit jedem Fertigkeitspunkt erhöht sich die Anzahl der Blitze. Mit nur wenigen Punkten kann sie somit eine sehr effektive Fertigkeit werden – natürlich nur, wenn man sie in geeigneter Umgebung platziert.

Mana-Kosten: 6

Dauer: 3,6 Sekunden

Anzahl Dornen

Level 1	Level 2	Level 3	Level 4	Level 5	Level 6	Level 7	Level 8	Level 9	Level 10
6	6	6	6	7	7	7	7	8	8

Level 11	Level 12	Level 13	Level 14	Level 15	Level 16	Level 17	Level 18	Level 19	Level 20
8	8	9	9	9	9	10	10	10	10

Blitz-Schaden/Sek.

Level 1	Level 2	Level 3	Level 4	Level 5	Level 6	Level 7	Level 8	Level 9	Level 10
5-6	6-7	7-8	8-9	9-10	10-11	11-12	12-13	14-15	17-18

Level 11	Level 12	Level 13	Level 14	Level 15	Level 16	Level 17	Level 18	Level 19	Level 20
19-20	22-23	24-25	27-28	29-30	32-33	35-36	39-40	42-43	46-47

TIP
Schocknetz ist nicht sehr effektiv in großen, weiten Gebieten, weil es nicht genug Raum abdeckt, um alle Gegner zu treffen, die Ihnen ans Leder wollen.

Klingen-Wächter

Level: 6

Voraussetzung: Keine

Klingen-Wächter erschafft eine sich drehende Klinge, die zwischen Ihnen und einem Zielpunkt hin- und herschwebt. Auch das ist eine exzellente Falle für enge Bereiche, wie den Tempel der Klauenvipern, in denen Ihnen Horden von Feinden durch eine einzige Türe folgen müssen. In solchen Situationen schneidet sich die Klinge vor und zurück durch Ihre Gegner und verursacht dabei ordentlich Schaden. Zu Beginn richtet diese Fertigkeit bei jedem Treffer 6–10 Punkte Schaden an und sie bleibt 4 Sekunden lang aktiv. Jeder weitere Punkt erhöht den Schaden um 3.

Mana-Kosten: 7

Dauer: 4 Sekunden

Schaden

Level 1	Level 2	Level 3	Level 4	Level 5	Level 6	Level 7	Level 8	Level 9	Level 10
6-10	9-13	12-16	15-19	18-22	21-25	24-28	27-31	31-35	35-39

Level 11	Level 12	Level 13	Level 14	Level 15	Level 16	Level 17	Level 18	Level 19	Level 20
39-43	43-47	47-51	51-55	55-59	59-63	64-68	69-73	74-78	79-83

TIP
Platzieren Sie *Klingen-Wächter* in einem Durchgang, wenn Sie mal vor einer Gruppe Monster flüchten müssen. Er kann Ihre Gegner lange genug beschäftigen, um Ihnen Zeit zu geben, sich zu heilen oder ein Stadtportal zu öffnen.

Combo-Blitz-Wächter

Level: 12

Voraussetzung: Schocknetz

Der *Combo-Blitz-Wächter* ist ein kraftvoller Blitzschaden-Spender. Wenn Feinde ihm zu nahe kommen, werden mächtige Combo-Blitze in Wellen abgeschossen. Obwohl die Blitze einen ordentlichen Grundschaden verursachen, ist es nicht sicher, dass sie Ihre Gegner auch treffen, während sie sich fächerförmig ausbreiten. Der *Combo-Blitz-Wächter* ist sehr effektiv, wenn Sie ihn in einem Durchgang absetzen, wo wahre Monsterhorden lauern. Am Anfang verschießt die Falle fünf Wellen von fünf Blitzen, wovon jeder einen Schaden von 1–7 anrichtet. Zusätzliche Punkte für diese Fertigkeit erhöhen den Schaden um je 2 Punkte.

Mana-Kosten: 13

Schießt 5 x 5 Combo-Blitze

Blitz-Schaden

Level 1	Level 2	Level 3	Level 4	Level 5	Level 6	Level 7	Level 8	Level 9	Level 10
1-7	2-8	4-10	5-11	7-13	8-14	10-16	11-17	13-19	15-21

Level 11	Level 12	Level 13	Level 14	Level 15	Level 16	Level 17	Level 18	Level 19	Level 20
17-23	19-25	21-27	23-29	25-31	27-33	30-36	33-39	36-42	39-46

Feuerwelle

Level: 12

Voraussetzung: Feuer-Stoß

Diese Falle entfacht bei ihrer Auslösung, wer hätte es gedacht, Feuerwellen. Sie landet zwar häufiger als der *Combo-Blitz-Wächter* Treffer, richtet aber einen niedrigeren Grundschaden an. Die Feuerwelle verschießt fünf Wellen, die je 5–10 Schaden verursachen. Für jeden zusätzlich investierten Punkt gibt es einen Bonus von zwei Punkten auf den Schaden. Genauso wie beim *Combo-Blitz-Wächter* ist es am besten, die Falle an einem Durchgang vor Ihnen einzusetzen, wo besonders viele Monster auf Sie warten, oder sogar hinter Ihnen, um sich den Rücken frei zu halten.

Mana-Kosten: 13

Schleudert 5 Wellen

Feuer-Schaden

Level 1	Level 2	Level 3	Level 4	Level 5	Level 6	Level 7	Level 8	Level 9	Level 10
5-10	7-12	9-14	11-16	13-18	15-20	17-22	19-24	22-27	25-30

Level 11	Level 12	Level 13	Level 14	Level 15	Level 16	Level 17	Level 18	Level 19	Level 20
28-33	31-36	34-39	37-42	40-45	43-48	47-52	51-56	55-60	59-64

Klingenwut

Level: 18

Voraussetzung: Klingen-Wächter, Feuerwelle

Klingenwut ist eine Fertigkeit, die Sie mehrere drehende Klingen werfen lässt, die Ihre Gegner treffen und mit jedem Treffer Schaden anrichten. Jede Klinge verursacht 8–10 Schadenspunkte. Jeder zusätzliche Fertigkeitspunkt erhöht diesen Schaden um drei Punkte. Der minimale Schaden bleibt dabei gleich. Dies macht die *Klingenwut* zu einer exzellenten Waffe, sowohl für den Angriff als auch für die Verteidigung, die ihre volle Kraft mit anderen Fallen oder dem *Schatten-Mantel* entfaltet. *Klingenwut* wird besonders wichtig in den dämonenverseuchten Gegenden des Eishochlands und der Arreat-Hochebene im 5. Akt!

Mindestmenge Mana für Zauber: 3

Mana-Kosten pro Klinge

Level 1	Level 2	Level 3	Level 4	Level 5	Level 6	Level 7	Level 8	Level 9	Level 10
1	1	2	2	3	3	3	4	4	5

Level 11	Level 12	Level 13	Level 14	Level 15	Level 16	Level 17	Level 18	Level 19	Level 20
5	5	6	6	7	7	7	8	8	8

Schaden

Level 1	Level 2	Level 3	Level 4	Level 5	Level 6	Level 7	Level 8	Level 9	Level 10
8-10	11-13	14-16	17-19	20-22	23-25	26-28	29-31	34-36	39-41

Level 11	Level 12	Level 13	Level 14	Level 15	Level 16	Level 17	Level 18	Level 19	Level 20
44-46	49-51	54-56	59-61	64-66	69-71	77-79	85-87	93-95	101-103

Blitz-Wächter

Level: 24

Voraussetzung: Combo-Blitz-Wächter

Der *Blitz-Wächter* verschießt strahlenförmige Blitze auf herannahende Feinde und verursacht dabei ordentlich Schaden. Die wichtigste Eigenschaft dieser Fertigkeit ist, dass sie 10–20 Schaden mit jedem ihrer 10 Blitzstrahlen anrichtet. Das bedeutet, dass jeder einzelne von ihnen einen Gegner töten kann, außer natürlich er ist gegen Blitz-Schaden resistent. Mit jedem zusätzlichen Fertigkeitspunkt erhöht sich der Schaden von *Blitz-Wächter* um fünf pro Blitzstrahl.

Mana-Kosten: 20

Schießt 10 Blitze (+5/+7 ab L9/+10 ab L17)

Blitz-Schaden

Level 1	Level 2	Level 3	Level 4	Level 5	Level 6	Level 7	Level 8	Level 9	Level 10
10-20	15-25	20-30	25-35	30-40	35-45	40-50	45-55	52-62	59-69

Level 11	Level 12	Level 13	Level 14	Level 15	Level 16	Level 17	Level 18	Level 19	Level 20
66-76	73-83	80-90	87-97	94-107	101-111	111-121	121-131	131-141	141-151

Infernowoge

Level: 24

Voraussetzung: Feuerwelle

Infernowoge ist ein in eine Falle eingebauter Inferno-Spruch, der auf herannahende Feinde abgeschossen wird. Auf Level 1 verursacht diese Falle 8–21 Schadenspunkte pro Sekunde und sie schießt 10 Mal, nachdem sie gelegt wurde. Jeder folgende Fertigkeitspunkt bedeutet einen Schadensbonus von 8 Punkten, was aus der *Infernowoge* sehr schnell eine herausragende Waffe gegen Monster macht, die nicht resistent gegen Feuer sind.

Mana-Kosten: 20

Schleudert 10 Wellen

Feuer-Schaden

Level 1	Level 2	Level 3	Level 4	Level 5	Level 6	Level 7	Level 8	Level 9	Level 10
8-21	16-29	24-37	32-45	40-53	48-61	56-69	63-77	73-86	83-96

Level 11	Level 12	Level 13	Level 14	Level 15	Level 16	Level 17	Level 18	Level 19	Level 20
92-106	102-115	112-125	121-134	131-144	140-154	153-166	165-178	177-190	189-203

Todeswächter

Level: 30

Voraussetzung: Blitz-Wächter

Der *Todeswächter* ist eine ziemlich coole Falle, welche die Leichen gefallener Feinde explodieren lässt, sobald ein Gegner ihnen zu nahe kommt. Haben Sie schon mal den Totenbeschwörer gespielt und dabei die Kadaver-Explosion erlebt? Nun, der *Todeswächter* ist sozusagen eine tragbare Körperexplosion, die es Ihrer Assassine erlaubt, eben diese Explosionen auszulösen. Wann immer Sie in die Nähe von ein paar Leichen kommen, legen Sie einen *Todeswächter* und er wird explodieren, sobald sich ihm ein Feind nähert. Er kann hervorragend auf der Flucht verwendet werden, aber auch im Kampf gegen eine Gruppe von Feinden, wenn der erste aus deren Reihen das Zeitliche segnet: Legen Sie dann einen Todeswächter und warten Sie ab ...

Zu Beginn verursacht diese Fertigkeit einen Schaden von 40–80% Lebensenergie des Körpers, auf den Sie ihn anwenden und zwar über einen Radius von 3,3 Metern. Der Radius erhöht sich um 0,3 mit jedem weiteren Fertigkeitspunkt. *Todeswächter* verursacht zusätzlich 20–30 Blitzschaden, der sich pro Fertigkeitspunkt um 4 Punkte erhöht.

Mana-Kosten: 20

Schießt 5 Blitze

Schaden: 40–80% der Leichen-Lebenspunkte bei Kadaver-Explosion

Blitz-Schaden

Level 1	Level 2	Level 3	Level 4	Level 5	Level 6	Level 7	Level 8	Level 9	Level 10
20-30	24-34	28-38	32-42	36-46	40-50	44-54	48-58	53-63	58-68

Level 11	Level 12	Level 13	Level 14	Level 15	Level 16	Level 17	Level 18	Level 19	Level 20
63-73	68-78	73-83	78-88	83-93	88-98	96-106	104-114	112-122	120-130

Radius in Meter

Level 1	Level 2	Level 3	Level 4	Level 5	Level 6	Level 7	Level 8	Level 9	Level 10
3,3	3,6	4,0	4,3	4,6	5,0	5,3	5,6	6,0	6,3

Level 11	Level 12	Level 13	Level 14	Level 15	Level 16	Level 17	Level 18	Level 19	Level 20
6,6	7,0	7,3	7,6	8,0	8,3	8,6	9,0	9,3	9,6

Klingenschild

Level: 30

Voraussetzung: Klingenwut

Wenn Sie diese Fertigkeit aktiviert haben, wird die Assassine von Klingen umkreist, die jeden Gegner in Stücke schneiden, der Ihnen zu nahe kommt. Investieren Sie in *Klingenschild*, wenn Sie Ihren Kampfkünste-Fertigkeitenbaum voll ausgebaut haben und den Kampf Auge in Auge mit Ihrem Feind bevorzugen. Der Schild verursacht 20 Sekunden lang 1–30 Punkte Schaden, was sicherstellt, dass Ihnen Ihre Feinde nicht allzu lange im Nacken sitzen. *Klingenschild* kann mehrmals treffen. Wenn Sie hier Punkte investieren, erhöht sich der Schaden um 5 Punkte und die Dauer um je 4 Sekunden.

Mana-Kosten

Level 1	Level 2	Level 3	Level 4	Level 5	Level 6	Level 7	Level 8	Level 9	Level 10
27	29	31	33	35	37	39	41	43	45

Level 11	Level 12	Level 13	Level 14	Level 15	Level 16	Level 17	Level 18	Level 19	Level 20
47	49	51	53	55	57	59	61	63	65

Schaden

Level 1	Level 2	Level 3	Level 4	Level 5	Level 6	Level 7	Level 8	Level 9	Level 10
1-30	6-35	11-40	16-45	21-50	26-55	31-60	36-65	42-71	48-77

Level 11	Level 12	Level 13	Level 14	Level 15	Level 16	Level 17	Level 18	Level 19	Level 20
54-83	60-89	66-95	72-101	78-107	84-113	91-120	98-127	105-134	112-141

Dauer in Sekunden

Level 1	Level 2	Level 3	Level 4	Level 5	Level 6	Level 7	Level 8	Level 9	Level 10
20	24	28	32	36	40	44	48	52	56

Level 11	Level 12	Level 13	Level 14	Level 15	Level 16	Level 17	Level 18	Level 19	Level 20
60	64	68	72	76	80	84	88	92	96

 TIP ....

Viele Fertigkeiten der Assassine ändern den Bonus, der mit ihnen einhergeht, nach 8 respektive 16 Fertigkeitspunkten. Diese sind: *Feuerfäuste, Donner-Klauen, Eisklingen, Phönix-Schlag, Psycho-Hammer, Gedankenschlag, Giftgeifer, Feuer-Stoß, Schocknetz, Klingen-Wächter, Combo-Blitz-Wächter, Feuerwelle, Klingenwut, Blitz-Wächter, Infernowoge, Todeswächter* und *Klingenschild*. All diese Fertigkeiten erhöhen ihren Schadenszuwachs an diesen Stellen.

Die Assassine enthüllt

Dieser Teil des Buchs enthält eine Reihe von Strategien, die speziell für die Assassine gedacht sind. Natürlich ist es unmöglich, bei 30 Fertigkeiten und Tausenden von Kombinationsmöglichkeiten einen Königsweg aufzuzeigen. Aber diese hier sind geprüft und ausprobiert, sodass Sie das Optimum aus Ihrer Assassine herausholen können.

So viele Punkte haben Sie mit Ihrer Assassine zur Verfügung (gespielt vom Anfang bis durch den gesamten Akt V):

❇ **Fertigkeitspunkte** (50 Level und 5 Akte): **54**

❇ **Statuspunkte** (50 Level und 5 Akte): **255**

Fertigkeitskombinationen für die Assassine

Im Folgenden sehen Sie ein Beispiel für eine effektive Verteilung der Fertigkeitspunkte für die Assassine, mit der Sie sicherlich erfolgreich sein werden. Wir haben auch noch eine Alternative aufgeführt.

Verteilung der Fertigkeitspunkte

- ✠ 10 Punkte in den Bereich der Angriffsfallen, wie Feuerwelle
- ✠ 10 Punkte in Klauen-Beherrschung
- ✠ 1 Punkt in Schattenkrieger
- ✠ 10 Punkte in Schatten-Mantel
- ✠ 10 Punkte in Klingenschild
- ✠ 2–3 Punkte in Kobra-Schlag (das brauchen Sie nicht, wenn Sie eine Waffe haben, die Leben oder Mana saugt)
- ✠ 2–3 Punkte in Drachenklaue
- ✠ 2 Punkte in Waffen-Blocker
- ✠ 1 Punkt in Drachenflug

Verteilung der Statuspunkte

- ✠ 35% in Stärke
- ✠ 30% in Geschicklichkeit
- ✠ 20% in Mana
- ✠ 15% in Leben

Alternative Kombination

Verteilung der Fertigkeitspunkte

- ✠ 20 Punkte in Schattenkrieger/-meister
- ✠ 2 Punkte in Tempoblitz
- ✠ 10 Punkte in Klauen-Beherrschung
- ✠ 20 Punkte in Gedankenschlag
- ✠ 1 Punkt in Combo-Blitz-Wächter/Tiger-Schlag/Kobra-Schlag/Drachenklaue

Verteilung der Statuspunkte

- ✠ 30% in Stärke
- ✠ 20% in Geschicklichkeit
- ✠ 20% in Leben
- ✠ 25% in Mana
- ✠ 5% willkürlich

Mehrere Gegner gleichzeitig bekämpfen

1. Benutzen Sie *Feuerwelle,* um Flächenschaden anzurichten.
2. Benutzen Sie *Schattenmantel,* um den Schaden von Feuerwelle zu erhöhen und die Feinde zu blenden.
3. Bleiben Sie außer Reichweite, bis die dritte Welle ausgelöst wurde.
4. Dann gehen Sie in den Nahkampf über und erledigen den Rest mit *Kobra-Schlag* und *Drachenklaue.* Sie sollten Ihr Mana beim dritten Kobra-Schlag wieder drin haben.

Der Kampf gegen Super-Uniques

1. Rufen Sie einen Schattenkrieger herbei, damit der Boss sich auf ihn konzentriert.

2. Legen Sie eine Feuerwelle.

3. Bereiten Sie den *Kobra-Schlag* vor, damit der Schattenkrieger seine Vorräte an Mana und Leben wieder auffüllen kann. Dann legen Sie ein paar Fallen oder, wenn Sie es wagen wollen, bewegen Sie sich mitten ins Getümmel mit *Kobra-Schlag/Tiger-Schlag/Drachenklaue/Feuerwelle*.

Tipps von Blizzard

Diese Tipps stammen direkt aus der QA von Blizzard. Sie sind speziell auf die eben angeführte Taktik abgestimmt, aber ebenso für Allround-Assassinen nützlich.

✠ **Kälteschaden:** Ihre Kampfkunst-Fertigkeiten werden noch effektiver, wenn Sie Ihre Gegner ein wenig verlangsamen (speziell die Bosse). Das erlaubt es Ihnen, mehr Aufladungen zu bekommen. Suchen Sie sich eine Klaue oder einen Katar, der Kälte-Schaden verursacht, oder, wenn Sie keinen finden können, kaufen Sie einen gesockelten und legen Sie einen Saphir hinein.

✠ **Angriffsgeschwindigkeit:** Suchen Sie sich Gegenstände, die Ihre Angriffsgeschwindigkeit erhöhen und Ihnen eine »Schnelle Erholung nach Treffer« verschaffen, damit Sie Ihre Kampfkünste-Fertigkeiten effektiver und effizienter ausüben können.

✠ **Punkteverteilung:** Für die ersten zwei oder drei Akte investieren Sie mehrere Punkte in die *Feuerwelle*. Die Monster in diesen Akten sind besonders empfindlich gegen Feuer. Sobald Sie sich Akt 4 nähern, investieren Sie mehr Punkte in die *Klauen-Beherrschung*, weil die meisten Gegner dort hohe Feuer-Resistenzen haben.

✠ **Assassinen-Strategie im Mittelteil:** Wenn Ihnen ein paar besonders schwierige Monster begegnen, werfen Sie Ihnen ein paar Infernowogen vor die Füße. Mit Hilfe von ein paar zusätzlichen explosiven Tränken bleibt meist nicht mehr als ein paar Stücke gekochter Zombie übrig.

✠ **Assassinen-Strategie im Endspiel:** Das Duo aus *Schattenmeister* und einer angeheuerten *Jägerin* ist die ideale Einzelspieler-Party! Während Ihre Jägerin aus der Distanz angreift, sorgt sich Ihr Schattenmeister um den Nahkampf, indem er ein paar tödliche Assassinen-Fertigkeiten anwendet. Das gibt Ihnen die Zeit, ein paar Fallen in die Reihen Ihrer Gegner zu werfen und mit ein paar explosiven Tränken nachzuhelfen. Ihre kleine Streitmacht wird die Gegner im Nu besiegen.

✠ **Die besten Söldner für Ihre Assassine:** Der beste Söldner für Ihre Assassine ist die Jägerin aus Akt I. Sie ist einer der wenigen Söldner, die den Fernangriff beherrschen, und sie wird sehr viel stärker, wenn sie mit Ihnen durch das Spiel streift. Versorgen Sie sie immer mit guten Rüstungen und Bögen und sie wird sich um den Rest kümmern.

✠ **Waffen-Blocker:** Stecken Sie immer ein paar Punkte in *Waffen-Blocker*. Das wird Ihnen später nützlich sein, wenn Sie von Monsterhorden umstellt sind. Es könnte den Unterschied zwischen Leben und Tod bedeuten!

✠ **Klauen-Beherrschung:** *Klauen-Beherrschung* ist extrem wichtig, wenn sich Ihre Assassine auf die Kampfkünste spezialisieren will.

✠ **Kobra-Schlag:** Wenn Ihnen das Mana oder die Lebenstränke ausgehen, können Sie auch den *Kobra-Schlag* verwenden. Wenn Sie vorsichtig genug sind, werden Sie überhaupt keine Tränke brauchen, was Ihnen so manchen Trip zurück in die Stadt erspart.

Der Druide

Der Druide beherrscht die Kräfte der Natur in meisterhafter Weise. Besonders eindrucks-voll demonstriert dies die Fähigkeit der Druiden, ihre Gestalt zu wandeln, in einen Wer-wolf oder einen Werbären, beides äußerst mächtige und gleichermaßen geheimnisvolle Kreaturen. Der Druide beherrscht auch die Elementar- und Naturmagie, wodurch er Macht über die Elemente, wie Feuer und Wind, und über die Flora der Welt gewinnt. Er kann Wirbelstürme entfachen und Tiere wie Pflanzen seinem Willen unterwerfen, um seine eigene Person vor Schaden durch die Mächte der Finsternis zu bewahren. Schon so man-chem Druiden rettete eine schnell zupackende Ranke das Leben, die das Leben aus sei-nen Feinden saugte, während ein weiterer mächtiger Verbündeter des Druiden, ein Grizzly, seine Flanke deckte.

Die Fertigkeiten des Druiden

Wie die anderen Klassen besteht auch beim Druiden der Fertigkeitenbaum aus drei Ästen: Elementar, Ge-stalt wandeln und Herbeirufung. Die Fertigkeiten in den einzelnen Ästen bauen teilweise aufeinander auf (siehe *Geisterwolf herbeirufen*, *Wolf des Entsetzens herbeirufen* und *Grizzly herbeirufen*). Natürlich hängen die Fähigkeiten des Druiden im Spiel sehr stark von Ihrer Entscheidung bezüglich der Verteilung der Fertigkeitspunkte ab.

Elementar

Mit seinen Elementar-Fertigkeiten kann der Druide die Kräfte der Naturelemente beschwören. Er kann Wind in Form gewaltiger Hurrikane, Windhosen und Tornados entfesseln. Auch die Elemente Feuer, Kälte und gar die vulkanischen Kräfte der Erde kann der Druide für sich nutzen. Mit Hilfe der Urgewalt der Natur bahnt sich der Druide seinen Weg und seien Sie mal ehrlich, kennen Sie jemanden, der sich einem Hurrikan in den Weg stellt und überlebt?

Nummer	Fertigkeit
1	Feuersturm
2	Felsenfeuer
3	Arktiswind
4	Riss
5	Zyklon-Rüstung
6	Twister
7	Vulkan
8	Tornado
9	Armageddon
10	Hurrikan

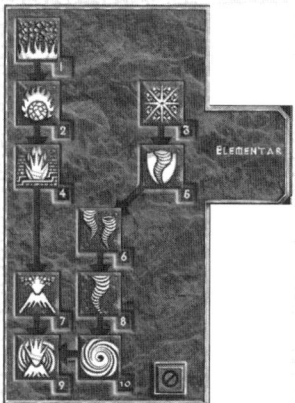

Feuersturm

Level: 1

Voraussetzung: Keine

Diese Fertigkeit ist der sprichwörtliche Feuersturm, der aus den Händen des Druiden auf seine Feinde zurast. Die Fertigkeit ähnelt im Effekt dem Feuerangriff von Diablo am Ende des 4. Aktes. Der *Feuersturm* eignet sich hervorragend für die sichere Durchquerung der ersten beiden Akte des Spiels. Die vom Druiden ausgehenden Feuerstöße bahnen sich ihren Weg durch die Feinde hindurch, bewegen sich auch seitlich und treffen dadurch auch Feinde, die sich nicht direkt vor dem Druiden befinden. Es lohnt sich auf jeden Fall, ein paar Punkte in diese Fertigkeit zu investieren, nicht nur weil er Voraussetzung für einige der stärkeren Fertigkeiten ist, wie zum Beispiel *Felsenfeuer*, sondern weil er recht schnell sehr stark ansteigt und auf einer höheren Stufe ziemlich viel Schaden anrichtet.

Mana-Kosten: 4

Feuer-Schaden/Sek.

Level 1	Level 2	Level 3	Level 4	Level 5	Level 6	Level 7	Level 8	Level 9	Level 10
3-7	7-10	10-14	14-17	17-21	21-24	24-28	28-31	32-36	37-41

Level 11	Level 12	Level 13	Level 14	Level 15	Level 16	Level 17	Level 18	Level 19	Level 20
42-46	46-50	51-55	56-59	60-64	65-69	71-76	77-80	83-86	89-92

Felsenfeuer

Level: 6

Voraussetzung: Feuersturm

Ein Felsblock aus heißer, noch flüssiger Magma wälzt sich auf die Feinde des Druiden zu und begräbt sie unter sich. Der erste Treffer des Feldblocks wirft den Feind immer zuerst zurück, außer natürlich ein Hindernis verhindert dies. Kann der Feind nicht zurückgeworfen werden oder der Felsblock trifft auf ein festes Hindernis, wird er explodieren. Derart kombinierte Fertigkeiten, die Feinde zurückwerfen und gleichzeitig Schaden anrichten, eignen sich sehr gut für die Bekämpfung größerer Gegner, die im Nahkampf sonst nur schwer zu besiegen wären. Das Felsenfeuer hält Ihnen die Feinde vom Leibe und vernichtet dabei gleich ein paar, was will man mehr?

Mana-Kosten

Level 1	Level 2	Level 3	Level 4	Level 5	Level 6	Level 7	Level 8	Level 9	Level 10
10	10,5	11	11,5	12	12	13	13	14	14

Level 11	Level 12	Level 13	Level 14	Level 15	Level 16	Level 17	Level 18	Level 19	Level 20
15	15	16	16	17	17	18	18	19	19

Feuer-Schaden/Sek.

Level 1	Level 2	Level 3	Level 4	Level 5	Level 6	Level 7	Level 8	Level 9	Level 10
11-16	19-24	28-32	36-41	44-19	52-57	60-65	69-73	79-84	90-94

Level 11	Level 12	Level 13	Level 14	Level 15	Level 16	Level 17	Level 18	Level 19	Level 20
100-106	111-116	121-126	132-137	142-147	153-158	166-171	179-183	192-196	205-209

Arktiswind

Level: 6

Voraussetzung: Keine

Mit seinem eisigen Atemhauch, dem *Arktiswind*, friert der Druide in der Nähe befindliche Gegner ein. Viele Diablo-II-Spieler haben ein gespaltenes Verhältnis zu Kälteattacken. Zum einen schaden sie dem Gegner, indem Sie ihn einfrieren und verlangsamen, was einem häufig die Möglichkeit gibt, seinen gefrorenen Feind mit einem Schlag zu zerschmettern. Zum anderen verhindert diese Attacke aber den Einsatz anderer interessanter Fertigkeiten wie die Wiederbelebung von Toten oder die Explosion herumliegender Leichen mittels Körper-Explosion. Aus diesem Grund ist der Arktiswind eine der wichtigsten Fertigkeiten im Kampf gegen Schamanen, die ihre Gefallenen wieder erwecken. Überraschende 8–15 Punkte Kälte-Schaden pro Sekunde über 3,5 Meter macht der Arktiswind in Stufe 1. Beachten Sie bitte, dass sich der Arktiswind nicht kreisförmig, sondern 4 Sekunden lang geradlinig ausbreitet.

Mana-Kosten/Sek.

Level 1	Level 2	Level 3	Level 4	Level 5	Level 6	Level 7	Level 8	Level 9	Level 10
4	5	6	7	7	8	9	10	10	11

Level 11	Level 12	Level 13	Level 14	Level 15	Level 16	Level 17	Level 18	Level 19	Level 20
12	13	14	14	15	16	17	17	18	19

Kälte-Schaden/Sek.

Level 1	Level 2	Level 3	Level 4	Level 5	Level 6	Level 7	Level 8	Level 9	Level 10
8-15	14-21	20-28	26-34	33-40	39-46	45-53	51-59	58-66	65-72

Level 11	Level 12	Level 13	Level 14	Level 15	Level 16	Level 17	Level 18	Level 19	Level 20
71-79	78-85	85-92	91-99	98-105	105-112	112-119	119-126	126-133	133-140

Reichweite in Meter

Level 1	Level 2	Level 3	Level 4	Level 5	Level 6	Level 7	Level 8	Level 9	Level 10
5,3	6	6	6,6	6,6	7,3	7,3	8	8	8,6

Level 11	Level 12	Level 13	Level 14	Level 15	Level 16	Level 17	Level 18	Level 19	Level 20
8,6	9,3	9,3	10	10	10,6	10,6	11,3	11,3	12

Dauer in Sek.

Level 1	Level 2	Level 3	Level 4	Level 5	Level 6	Level 7	Level 8	Level 9	Level 10
4	4,6	5,2	5,8	6,4	7	7,6	6,8	7,2	7,6

Level 11	Level 12	Level 13	Level 14	Level 15	Level 16	Level 17	Level 18	Level 19	Level 20
8	8,4	8,8	9,2	9,6	10	10,4	10,8	11,2	11,6

TIP ....

Auch im Kampf gegen größere Gegnerscharen hat sich Arktiswind hervorragend bewährt, vergrößert sich doch sein Strahl mit der Entfernung vom Druiden. Insofern ähnelt er der Fertigkeit Inferno der Zauberin.

Riss

 Level: 12

Voraussetzung: Felsenfeuer

Die Fertigkeit *Riss* öffnet unter den Füßen der Gegner eine Erdspalte, aus der vulkanischer Dampf austritt. Die Fertigkeit wird am besten in Bereichen mit viel Platz eingesetzt, wo Sie sich selbst freier bewegen können, um Ihre Feinde in den Riss zu locken. Der Riss wird am besten direkt unter den Feinden oder auf dem Weg zwischen dem Druiden und seinen Gegnern geöffnet. Sollten Sie sich in einem vergleichsweise engen Areal befinden, zum Beispiel im Gefängnis oder den Katakomben, platzieren Sie den Riss idealerweise in einem Raum, den Ihre Feinde durchqueren müssen, um zu Ihnen zu gelangen.

Mana-Kosten: 15
Dauer: 3,2 Sekunden

Feuer-Schaden

Level 1	Level 2	Level 3	Level 4	Level 5	Level 6	Level 7	Level 8	Level 9	Level 10
15-25	21-31	27-37	33-43	39-49	46-55	51-61	57-67	69-79	81-91

Level 11	Level 12	Level 13	Level 14	Level 15	Level 16	Level 17	Level 18	Level 19	Level 20
93-103	105-115	117-127	129-139	141-161	153-163	169-179	185-195	201-211	217-227

 TIP ....

Die Risse werden in zufälliger Anordnung geöffnet, was die Anforderung nach genug Platz zum Herumlaufen und Monsterlocken noch wichtiger erscheinen lässt. Akt 3 ist der ideale Ort für die Riss-Fertigkeit. In der Wüste findet sich immer ausreichend Platz.

Zyklon-Rüstung

Level: 12

Voraussetzung: Arktiswind

Die *Zyklon-Rüstung* ist eine von starken Winden gebildete Schutzbarriere, die den Druiden vor solchen Schäden beschützt, die durch Element-Angriffe wie Feuer, Kälte oder Blitze verursacht werden. Besonders wenn Sie gerade in einem Gelände unterwegs sind, in dem die Gegner hauptsächlich Element-Angriffe starten, oder wenn Sie nicht über ausreichende Resistenzen gegen derartige Angriffe verfügen, ist die Zyklon-Rüstung ein praktischer Ausweg. Die Fertigkeit ist durchaus nützlich und wird sicherlich unentbehrlich, wenn Sie über keinerlei Amulette, Rüstungen oder Ringe verfügen, die Resistenzen dieser Art bieten.

Mana-Kosten

Level 1	Level 2	Level 3	Level 4	Level 5	Level 6	Level 7	Level 8	Level 9	Level 10
5	6	7	8	9	10	11	12	13	14

Level 11	Level 12	Level 13	Level 14	Level 15	Level 16	Level 17	Level 18	Level 19	Level 20
15	16	17	18	19	20	21	22	23	24

Absorbiert Schaden

Level 1	Level 2	Level 3	Level 4	Level 5	Level 6	Level 7	Level 8	Level 9	Level 10
40	52	64	76	88	100	112	124	136	148

Level 11	Level 12	Level 13	Level 14	Level 15	Level 16	Level 17	Level 18	Level 19	Level 20
160	172	184	196	208	220	232	244	256	268

Twister

Level: 18

Voraussetzung: Zyklon-Rüstung

Twister ähnelt in gewisser Weise dem *Blitzschlag* der Zauberin. Er sendet im Zufallsprinzip drei kleine Wirbelwinde aus, die nicht nur zerstören, sondern auch einiges an Schaden bei Ihren Gegnern verursachen und sie sogar noch lähmen. Treffer mit den Wirbelwinden können zwar nicht garantiert werden, aber bei großen Monsterhorden ist das ja egal, irgendwas wird immer getroffen. Die Lähmungseigenschaft des Twisters ist an sich schon äußerst wertvoll, die Kombination aus Schaden und Lähmung dieser Fertigkeit ist demnach umso verlockender.

Mana-Kosten: 7

Lähmungsdauer: 0,4 Sekunden

Schaden

Level 1	Level 2	Level 3	Level 4	Level 5	Level 6	Level 7	Level 8	Level 9	Level 10
6-8	8-10	10-12	12-14	14-16	16-18	18-20	20-22	23-25	27-29

Level 11	Level 12	Level 13	Level 14	Level 15	Level 16	Level 17	Level 18	Level 19	Level 20
30-32	34-36	37-39	41-43	44-46	58-50	52-54	57-69	61-63	66-68

Vulkan

Level: 24

Voraussetzung: Riss

Mit dieser Fertigkeit kann der Druide einen *Vulkan* aus dem Erdreich hervorbrechen lassen. Dabei spuckt das Ungetüm Feuer und heiße, flüssige Magma, die alle Feinde verschlingt. In der Erde öffnet sich ein Spalt, der Feuer spuckt und so noch einmal Schaden an allen Gegnern in seiner Umgebung verursacht. Der Vulkan hält ziemlich lange an und verursacht eine Menge Schaden, eine »eingebaute« Abkühlzeit verhindert jedoch, dass zwei oder mehr Vulkane gleichzeitig vom Druiden erschaffen werden. In einer Halle oder einem langgestreckten Raum, wo die Gegner von der anderen Seite auf Sie zugerannt kommen, ist diese Fertigkeit der ideale Helfer. Setzen Sie einen Vulkan zwischen sich und den Angreifern. So bleibt Ihnen genug Zeit, auf eine andere Fertigkeit umzuschalten, um den durch den Vulkan verursachten Schaden noch zu verstärken, während sich Ihre Feinde erst einmal mit der heißen Magma beschäftigen müssen.

Mana-Kosten: 25

Feuer-Schaden

Level 1	Level 2	Level 3	Level 4	Level 5	Level 6	Level 7	Level 8	Level 9	Level 10
15-20	19-24	23-28	27-32	31-36	35-40	39-44	43-48	51-56	59-64

Level 11	Level 12	Level 13	Level 14	Level 15	Level 16	Level 17	Level 18	Level 19	Level 20
67-72	75-80	83-88	91-96	99-104	107-112	119-124	131-136	143-148	155-160

Tornado

Level: 24

Voraussetzung: Twister

Der *Tornado* hat einen ähnlichen Effekt wie *Twister*, aber statt mehrere kleine Wirbelwinde auszuschicken, legt der Tornado gleich mit einer einzigen und weit zerstörerischen Windhose los. Ein weiterer Vorteil dieser Fertigkeit ist, dass ihre Wirkung nicht durch Element-Resistenzen der Feinde abgeschwächt wird, was nahezu garantierte 25–35 Schaden bei einem direkten Treffer bringt. Wie bei Twister gibt es auch bei Tornado keine Treffergarantie, aber wie gesagt, es lohnt sich, insbesondere in mit Feinden überfüllten Arealen, wo es auf Genauigkeit nicht mehr ankommt. Ein weiterer Vorteil des Tornados ist, dass er sich durch die Feinde hindurch bewegen kann, wodurch umso mehr Monster geschädigt werden. In großflächigen Gebieten, wo Sie von allen Seiten angegriffen werden, zeigt der Tornado nicht allzu viel Wirkung.

Mana-Kosten: 10

Schaden

Level 1	Level 2	Level 3	Level 4	Level 5	Level 6	Level 7	Level 8	Level 9	Level 10
25-35	33-43	41-51	49-59	57-67	65-75	73-83	81-91	95-105	109-119

Level 11	Level 12	Level 13	Level 14	Level 15	Level 16	Level 17	Level 18	Level 19	Level 20
123-133	137-147	151-161	165-175	179-189	193-203	213-223	233-243	253-263	273-283

 TIP

Weil die Wind-Fertigkeiten nicht negativ von den Elementar-Resistenzen der Feinde beeinflusst werden, zeigen sie Wirkung gegen jede Art von Feind. Der Schaden ist stets physisch.

Armageddon

Level: 30

Voraussetzung: Vulkan, Hurrikan

Wie der Name dieser Fertigkeit schon erahnen lässt, werden die Feinde beim Anblick eines Druiden, der ein Armageddon heraufbeschwört, in alle Richtungen flüchten. *Armageddon* erzeugt einen Tod bringenden Meteorschauer, der Ihre Feinde wie die Fliegen erschlägt. Das Tolle an Armageddon ist, dass der Effekt dem Druiden folgt und nicht nur auf einen vorher bestimmten Bereich wirkt. Wenn Ihnen also eine Gruppe sehr hartnäckiger Feinde an den Fersen hängt, können Sie das Problem mit einem kurzen Meteorschauer schnell lösen. Besonders im Kampf gegen ein Boss-Monster, das von zahlreichen kleineren Monstern begleitet wird, kommt der Effekt von Armageddon voll zum Tragen. Während Armageddon mit den Monsterscharen aufräumt, können Sie sich um den Boss kümmern.

Mana-Kosten: 35
Radius: 5,3 Meter
Dauer: 10 Sekunden

Feuer-Schaden

Level 1	Level 2	Level 3	Level 4	Level 5	Level 6	Level 7	Level 8	Level 9	Level 10
25-75	40-90	56-105	70-120	85-135	100-150	115-165	130-180	150-200	170-220

Level 11	Level 12	Level 13	Level 14	Level 15	Level 16	Level 17	Level 18	Level 19	Level 20
190-240	210-260	230-280	250-300	270-320	290-340	315-365	340-390	365-415	39-440

Hurrikan

Level: 30

Voraussetzung: Tornado

Wie bei *Armageddon* ist auch beim *Hurrikan* das Zentrum des Effekts der Druide. Die Fertigkeit ist der große Bruder von Twister und Tornado und richtet dementsprechend viel Schaden an. Hurrikan sollte eigentlich jeder Druide beherrschen. Der Trick besteht darin, erst einmal auf Level 30 zu kommen, um diese Fertigkeit zu lernen!

Mana-Kosten: 30

Radius: 5,3 Meter

Dauer: 10 Sekunden

Kälte-Schaden

Level 1	Level 2	Level 3	Level 4	Level 5	Level 6	Level 7	Level 8	Level 9	Level 10
25-50	32-57	39-64	46-71	53-78	60-86	67-92	74-99	84-109	94-119

Level 11	Level 12	Level 13	Level 14	Level 15	Level 16	Level 17	Level 18	Level 19	Level 20
104-129	114-139	124-149	134-159	144-169	154-179	166-191	178-203	190-216	202-227

Gestalt wandeln

Mit den Fertigkeiten im Ast *Gestalt wandeln* kann sich der Druide in eine von zwei mythischen Kreaturen verwandeln, den Werwolf und den Werbären. Im Vergleich zur menschlichen Form des Druiden richten die Tierformen sehr viel mehr Schaden an. Jede Waffe und Rüstung, die der Druide in seiner menschlichen Gestalt trägt, wird zu den sowieso schon unnatürlich großen Kräften der Tierform hinzuaddiert.

Nummer	Fertigkeit
1	Werwolf
2	Lykanthropie
3	Werbär
4	Barbaren-Wut
5	Holzhammer
6	Tollwut
7	Feuerklauen
8	Hunger
9	Schockwelle
10	Wut

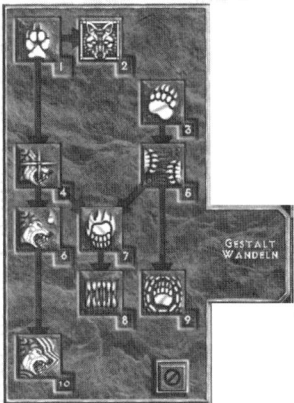

Werwolf

Level: 1

Voraussetzung: Keine

Mit dieser Fertigkeit kann sich der Druide in einen blutrünstigen Werwolf verwandeln, der weit mehr Schaden anrichten kann als der Druide in seiner menschlichen Form. Sowohl der Angriffswert wie auch die Angriffsgeschwindigkeit sind beim Werwolf erhöht, was diese Fertigkeit zu einer entscheidenden Waffe im Nahkampf macht. Das gilt besonders für Druiden, die Waffen mit vergleichsweise langsamer Angriffsgeschwindigkeit führen. Als Werwolf kann der Druide den Effekt dieser Waffe nutzen, gleichzeitig aber viel schneller zuschlagen.

Mana-Kosten: 15

Dauer: 40 Sekunden

Leben: +25%

Ausdauerbonus: +25%

+Werte in Lykanthropie

Zu Angriffswert in %

Level 1	Level 2	Level 3	Level 4	Level 5	Level 6	Level 7	Level 8	Level 9	Level 10
+50	+65	+80	+95	+110	+126	+140	+155	+170	+185

Level 11	Level 12	Level 13	Level 14	Level 15	Level 16	Level 17	Level 18	Level 19	Level 20
+200	+215	+230	+245	+260	+275	+290	+305	+320	+335

Angriffsgeschwindigkeit in %

Level 1	Level 2	Level 3	Level 4	Level 5	Level 6	Level 7	Level 8	Level 9	Level 10
+20	+28	+36	+40	+46	+48	+51	+53	+56	+57

Level 11	Level 12	Level 13	Level 14	Level 15	Level 16	Level 17	Level 18	Level 19	Level 20
+59	+61	+62	+63	+64	+66	+66	+67	+68	+68

 TIP

Der Geschwindigkeitszuwachs verläuft exponential, nicht linear. Der Geschwindigkeitsmodifikator macht sich also am deutlichsten bei Gegenständen bemerkbar, welche die Geschwindigkeit des Druiden erhöhen. Ohne solche Gegenstände entspricht die Angriffsgeschwindigkeit des Werwolfs nahezu der menschlichen Form.

TIP

Damit Ihre Ausflüge ins Werwolf-Dasein nicht abrupt enden, sollten Sie einige Punkte in die Fertigkeit Lykanthropie investieren. Schon in der ersten Stufe gewinnen Sie so 40 Sekunden als Werwolf oder Werbär hinzu. Außerdem erhöht sich Ihr Leben um 20%.

Lykanthropie – Passiv

Level: 1

Voraussetzung: Werwolf

Die Fertigkeit *Lykanthropie* ist passiv, kostet Sie also kein Mana, und verlängert den Zeitraum, den der Druide in einer seiner Tierformen verbleiben kann. Wenn Sie sich also als Werwolf oder Werbär wohler fühlen als in einem menschlichen Körper, sollten Sie auf jeden Fall einige Punkte in diese Fertigkeit investieren. Bereits ein einziger Punkt verlängert das Leben eines Werwolf/Werbären um 20% und verlängert die Dauer der Gestaltwandlung um 40 Sekunden! Jeder weitere Punkt bringt 5% mehr Leben und weitere 20 Sekunden. Sie merken schon, ohne Lykanthropie sind Sie nur ein halber Werwolf.

Maximal Leben in %

Level 1	Level 2	Level 3	Level 4	Level 5	Level 6	Level 7	Level 8	Level 9	Level 10
+20	+25	+30	+35	+40	+45	+50	+55	+60	+65

Level 11	Level 12	Level 13	Level 14	Level 15	Level 16	Level 17	Level 18	Level 19	Level 20
+70	+75	+80	+85	+90	+95	+100	+105	+110	+115

Dauer in Sek.

Level 1	Level 2	Level 3	Level 4	Level 5	Level 6	Level 7	Level 8	Level 9	Level 10
+40	+60	+80	+100	+120	+140	+160	+180	+200	+220

Level 11	Level 12	Level 13	Level 14	Level 15	Level 16	Level 17	Level 18	Level 19	Level 20
+240	+260	+280	+300	+320	+340	+360	+380	+400	+420

Werbär

Level: 6

Voraussetzung: Keine

Neben dem Werwolf gibt es noch eine weitere Tiergestalt, in die sich der Druide verwandeln kann: den Werbären. Als *Werbär* läuft der Druide auf seinen Hinterbeinen und zerfetzt mit seinen gewaltigen Pranken jede Feindesrüstung, als wäre sie aus Streichhölzern zusammengesetzt. Im Vergleich zum Werwolf hat der Werbär zwar einen höheren Verteidigungswert und richtet auch mehr Schaden an, aber seine Angriffsgeschwindigkeit ist um einiges geringer, was definitiv ein Nachteil ist. Deswegen eignet sich der Werbär im Kampf gegen kleinere, aber stärkere Monstergruppen, wo es eher darauf ankommt, mit wenigen Treffern so viel Schaden anzurichten wie möglich. Auf Stufe 1 bringt der Werbär 120% auf Leben und 50% auf Verteidigung und macht Sie dadurch zu einem Gegner, mit dem nicht zu spaßen ist.

Die Entscheidung, ob man sich mehr auf den Werbären oder den Werwolf konzentriert, ist eine simple Abwägung zwischen Kraft und Geschwindigkeit. Welche Gestalt Sie bevorzugen, bleibt Ihnen überlassen. Entweder Sie erschlagen Ihre Feinde mit einem mächtigen Prankenhieb oder Sie flitzen durch die Monstermassen hindurch und verteilen schwächere, aber nicht minder schmerzhafte Schläge. Wichtig ist nur, dass Sie sich für eine der Gestalten entscheiden. Um beide Fertigkeiten richtig auszubauen, brauchen Sie sehr viele Fertigkeitspunkte.

Mana-Kosten: 15

Dauer: 40 Sekunden

Leben: +100%

+Werte in Lykanthropie

Schaden in %

Level 1	Level 2	Level 3	Level 4	Level 5	Level 6	Level 7	Level 8	Level 9	Level 10
+50	+57	+64	+71	+78	+85	+92	+99	+106	+113

Level 11	Level 12	Level 13	Level 14	Level 15	Level 16	Level 17	Level 18	Level 19	Level 20
+120	+127	+134	+141	+148	+155	+162	+169	+176	+183

Verteidigung in %

Level 1	Level 2	Level 3	Level 4	Level 5	Level 6	Level 7	Level 8	Level 9	Level 10
+25	+30	+35	+40	+46	+50	+55	+60	+65	+70

Level 11	Level 12	Level 13	Level 14	Level 15	Level 16	Level 17	Level 18	Level 19	Level 20
+75	+80	+85	+90	+95	+100	+105	+110	+115	+120

Barbaren-Wut

Level: 12

Voraussetzung: Werwolf

Versetzt sich der Druide, während er sich in seiner Werwolfgestalt befindet, *in Barbaren-Wut*, kann er seinen Feinden Leben stehlen. Gleichzeitig erhöhen sich die Angriffsgeschwindigkeit und der Schaden eines wütenden Werwolfs. Auf Stufe 1 stiehlt die Fertigkeit lediglich 2% bis 6% Leben, sie steigert die Gehen-/Renngeschwindigkeit aber um 19% bis 31%, den Schaden um 50% und den Angriffswert um 20%. Wenn Ihnen das zu wenig ist, wird es Sie freuen zu hören, dass die Fertigkeit mit jedem aufeinander folgenden Treffer (bis zu drei) aufgeladen wird, ähnlich den Auflade-Fertigkeiten der Assassine, nur ohne Finishing Move. Jeder Treffer richtet mehr Schaden an und stiehlt mehr Leben von dem getroffenen Feind.

Mana-Kosten: 3

Dauer: 20 Sekunden

Geschwindigkeit beim Gehen/Rennen in %

Level 1	Level 2	Level 3	Level 4	Level 5	Level 6	Level 7	Level 8	Level 9	Level 10
+19-31	+19-36	+19-36	+19-40	+19-40	+19-43	+19-43	+19-45	+19-45	+19-47

Level 11	Level 12	Level 13	Level 14	Level 15	Level 16	Level 17	Level 18	Level 19	Level 20
+19-47	+19-49	+19-49	+19-50	+19-50	+19-52	+19-52	+19-53	+19-53	+19-55

Geraubtes Leben in %

Level 1	Level 2	Level 3	Level 4	Level 5	Level 6	Level 7	Level 8	Level 9	Level 10
2-6	2-8	2-8	2-10	2-10	2-12	2-12	2-14	2-14	2-16

Level 11	Level 12	Level 13	Level 14	Level 15	Level 16	Level 17	Level 18	Level 19	Level 20
2-16	2-18	2-18	2-20	2-20	2-22	2-22	2-24	2-24	2-26

Schaden in %

Level 1	Level 2	Level 3	Level 4	Level 5	Level 6	Level 7	Level 8	Level 9	Level 10
+50	+55	+60	+65	+70	+75	+80	+85	+90	+95

Level 11	Level 12	Level 13	Level 14	Level 15	Level 16	Level 17	Level 18	Level 19	Level 20
+100	+105	+110	+115	+120	+125	+130	+135	+140	+145

Angriff in %

Level 1	Level 2	Level 3	Level 4	Level 5	Level 6	Level 7	Level 8	Level 9	Level 10
+20	+30	+40	+50	+60	+70	+80	+90	+100	+110

Level 11	Level 12	Level 13	Level 14	Level 15	Level 16	Level 17	Level 18	Level 19	Level 20
+120	+130	+140	+150	+160	+170	+180	+190	+200	+210

Holzhammer

Level: 12

Voraussetzung: Werbär

Holzhammer ist eine spezielle Fertigkeit für den Werbären und funktioniert bezüglich der »Auflade-Fertig-keit« wie die Barbaren-Wut des Werwolfs. Wie die Barbaren-Wut erhöht Holzhammer den Schaden und den Angriffswert des Werbären, aber anstatt Leben von den Feinden zu stehlen, lähmt diese Fertigkeit den Geg-ner für eine gewisse Zeit. Holzhammer eignet sich besonders im Kampf gegen starke Gegner, denn bei jedem Treffer erleidet das Monster nicht nur Schaden, sondern es wird zusätzlich gelähmt. Super-Unique-Monster werden zu wehrlosen Punching-Bällen, die hilflos Ihren gewaltigen Hieben ausgesetzt sind. Wenn Sie sich auf die Gestalt des Werbären konzentrieren, sollten Sie unbedingt auch Holzhammer lernen. Die Lähmungsdauer, der Schaden und der Angriffswert werden mit jedem Punkt, den Sie in diese Fertigkeit stecken, gesteigert.

Einmal aufgeladen wirken sich die Effekte von Barbaren-Wut und Holzhammer übrigens auch auf normale Nahkampfangriffe und Fertigkeiten des Werwolfs/Werbären aus. Sie könnten der einen Maustaste zum Bei-spiel Holzhammer zuweisen und der anderen den normalen Angriffsmodus. Jeder normale Schlag profitiert von einer bestehenden Aufladung. Angriffs- und Schadenswerte werden erhöht.

Mana-Kosten: 3

Dauer: 20 Sekunden

Lähmungsdauer in Sek.

Level 1	Level 2	Level 3	Level 4	Level 5	Level 6	Level 7	Level 8	Level 9	Level 10
1,7-2,8	1,7-3,2	1,7-3,2	1,7-3,4	1,7-3,4	1,7-3,7	1,7-3,7	1,7-3,9	1,7-3,9	1,7-4,0

Level 11	Level 12	Level 13	Level 14	Level 15	Level 16	Level 17	Level 18	Level 19	Level 20
1,7-4,0	1,7-4,2	1,7-4,2	1,7-4,4	1,7-4,4	1,7-4,6	1,7-4,6	1,7-4,6	1,7-4,6	1,7-4,7

Schaden in %

Level 1	Level 2	Level 3	Level 4	Level 5	Level 6	Level 7	Level 8	Level 9	Level 10
+25-75	+25-100	+25-100	+25-125	+25-125	+25-150	+25-150	+25-175	+25-175	+25-200

Level 11	Level 12	Level 13	Level 14	Level 15	Level 16	Level 17	Level 18	Level 19	Level 20
+25-200	+25-225	+25-225	+25-250	+25-250	+25-275	+25-275	+25-300	+25-300	+25-325

Angriff in %

Level 1	Level 2	Level 3	Level 4	Level 5	Level 6	Level 7	Level 8	Level 9	Level 10
+20	+30	+40	+50	+60	+70	+80	+90	+100	+110

Level 11	Level 12	Level 13	Level 14	Level 15	Level 16	Level 17	Level 18	Level 19	Level 20
+120	+130	+140	+150	+160	+170	+180	+190	+200	+210

Tollwut

Level: 18

Voraussetzung: Barbaren-Wut

Jeder Angriff eines Werwolfs mit der *Tollwut*-Fertigkeit verursacht Giftschaden (Krankheit). Auf Stufe 1 erhöht diese Fertigkeit den Angriffswert um 50% und richtet 18–43 Punkte Giftschaden über 4 Sekunden an. Da Tollwut aber eher eine Krankheit ist, ist der Effekt nicht ganz derselbe wie bei einem normalen Gift-schaden. Beim ersten Treffer mit Tollwut wird der getroffene Gegner grün und erleidet den Giftschaden. Während der Dauer des Schadens (vier Sekunden) kann der so getroffene Gegner die Krankheit auf neben-stehende Monster übertragen! Tollwut ist also hervorragend für den Kampf in engen, überlaufenen Räumen geeignet. Infizieren Sie einen Gegner und stellen Sie sich dann in einen Türeingang, so dass sich Ihre Geg-ner davor sammeln müssen, um zu Ihnen zu gelangen. Höchstwahrscheinlich werden die umstehenden Monster infiziert und nehmen schon Schaden, bevor Sie sie überhaupt getroffen haben. Pro investierten Punkt steigt der Giftschaden um 13 und der Angriffswert wird um 17% erhöht.

TIP..

Mit Tollwut sollten die lästigen wuselnden Fetische in Akt 3 schnell erledigt sein!

Mana-Kosten: 10
Dauer des Gift-Schadens: 4 Sek.

Gift-Schaden in %

Level 1	Level 2	Level 3	Level 4	Level 5	Level 6	Level 7	Level 8	Level 9	Level 10
18-43	31-56	43-68	56-81	68-93	81-106	93-118	106-131	121-146	137-162

Level 11	Level 12	Level 13	Level 14	Level 15	Level 16	Level 17	Level 18	Level 19	Level 20
153-178	168-193	184-209	200-225	215-240	231-256	250-276	268-293	287-312	306-331

Angriff in %

Level 1	Level 2	Level 3	Level 4	Level 5	Level 6	Level 7	Level 8	Level 9	Level 10
+50	+57	+64	+71	+78	+85	+92	+99	+106	+113

Level 11	Level 12	Level 13	Level 14	Level 15	Level 16	Level 17	Level 18	Level 19	Level 20
+120	+127	+134	+141	+148	+155	+162	+169	+176	+183

Feuerklauen

 Level: 18

Voraussetzung: Barbaren-Wut, Holzhammer

Jede Attacke, die in einer Wergestalt mit der Fertigkeit *Feuerklauen* durchgeführt wird, fügt dem Gegner zusätzlichen Feuerschaden zu. Auf der ersten Stufe sind das 15–20 Punkte Feuerschaden mit einem 50%-Bonus auf den Angriffswert. Jeder weitere Punkt steigert den Angriffswert um weitere 15% und den Schaden um 6 Punkte. Feuerklauen ist nur dann sinnvoll, wenn Sie gegen Monster kämpfen, die keine Feuer-Resistenz aufweisen.

Mana-Kosten: 4

Feuer-Schaden

Level 1	Level 2	Level 3	Level 4	Level 5	Level 6	Level 7	Level 8	Level 9	Level 10
15-20	21-26	27-32	33-38	39-44	45-50	51-56	57-62	69-74	81-86

Level 11	Level 12	Level 13	Level 14	Level 15	Level 16	Level 17	Level 18	Level 19	Level 20
93-98	105-110	117-122	129-134	141-146	153-158	173-178	193-198	213-218	233-238

Angriff in %

Level 1	Level 2	Level 3	Level 4	Level 5	Level 6	Level 7	Level 8	Level 9	Level 10
+50	+65	+80	+95	+110	+125	+140	+155	+170	+185

Level 11	Level 12	Level 13	Level 14	Level 15	Level 16	Level 17	Level 18	Level 19	Level 20
+200	+215	+230	+245	+260	+275	+290	+305	+320	+336

Hunger

 Level: 24

Voraussetzung: Feuerklauen

Hunger stiehlt dem Gegner bei jedem Treffer Leben und Mana, wenn sich der Druide in seiner verwandelten Gestalt befindet. Der Nachteil ist, dass der Schaden um 75% reduziert wird. Deswegen nimmt man diese Fertigkeit auch nicht für den Kampf, sondern ausschließlich, um Leben und Mana zu stehlen. Zu diesem Zweck ist die Fertigkeit wunderbar geeignet, erleichtert sie Ihre Gegner doch um 72% Leben und Mana und erhöht gleichzeitig den Angriffswert des Druiden. In Situationen, in denen der Druide keine Chance hat, an Heiltränke zu gelangen oder sich in die Stadt zu teleportieren, kann die Hunger-Fertigkeit der rettende Anker sein. So eine Situation findet sich zum Beispiel in Akt 5 beim Kampf gegen die nahezu unbesiegbaren Urahnen. Sobald Sie ein Stadtportal öffnen, verwandeln sich die Urahnen wieder in Statuen und der Kampf beginnt gerade wieder von Neuem. Es bleibt Ihnen also nichts anderes übrig, als sich das Leben und Mana vor Ort zu besorgen. Die Fertigkeit addiert 18% Leben und Mana sowie einen 10%-Bonus auf den Angriffswert pro investierten Fertigkeitspunkt.

Schaden –76%

Mana-Kosten: 3

Geraubtes Leben in %

Level 1	Level 2	Level 3	Level 4	Level 5	Level 6	Level 7	Level 8	Level 9	Level 10
72	90	104	116	125	132	138	143	149	152

Level 11	Level 12	Level 13	Level 14	Level 15	Level 16	Level 17	Level 18	Level 19	Level 20
156	159	162	165	167	170	171	173	174	176

Mana-Raub in %

Level 1	Level 2	Level 3	Level 4	Level 5	Level 6	Level 7	Level 8	Level 9	Level 10
72	90	104	116	125	132	138	143	149	152

Level 11	Level 12	Level 13	Level 14	Level 15	Level 16	Level 17	Level 18	Level 19	Level 20
156	159	162	165	167	170	171	173	174	176

Zu Angriffswert %

Level 1	Level 2	Level 3	Level 4	Level 5	Level 6	Level 7	Level 8	Level 9	Level 10
+50	+60	+70	+80	+90	+100	+110	+120	+130	+140

Level 11	Level 12	Level 13	Level 14	Level 15	Level 16	Level 17	Level 18	Level 19	Level 20
+150	+160	+170	+180	+190	+200	+210	+220	+230	+240

Schockwelle

Level: 24

Voraussetzung: Holzhammer

Als Werbär kann der Druide eine gewaltige Schockwelle aussenden, die seine Feinde lähmt und ihnen Schaden zufügt. Der anfängliche Schaden liegt bei 10–20 und steigt pro weiterem Punkt um 3. *Schockwelle* erweist sich in zahlreichen Situationen als praktisch. Zum einen können Sie umstehende Monster lähmen, um sie dann durch einen Begleiter mit einer normalen Attacke beseitigen zu lassen (eine gute Kombination ist zum Beispiel ein Schwertangriff mit mehreren hintereinander ausgestoßenen Schockwellen). Andererseits kann Ihnen Schockwelle aber auch das Leben retten, indem Sie Ihre Feinde lähmen und dann die Flucht ergreifen. Drittens kann Schockwelle auch als reiner Angriff eingesetzt werden, die horrenden Mana-Kosten und der im Vergleich dazu relativ geringe Schaden machen diese Vorgehensweise aber nur für äußerst starke Druiden möglich.

 TIP ....

Die Lähmungsdauer der Schockwelle erhöht sich pro investierten Fertigkeitspunkt, beginnt bei 1,6 Sekunden und erhöht sich dann um 0,6 Sekunden pro Punkt.

Mana-Kosten: 7

Lähmungsdauer in Sek.

Level 1	Level 2	Level 3	Level 4	Level 5	Level 6	Level 7	Level 8	Level 9	Level 10
1,6	2,2	2,8	3,4	4,0	4,6	5,2	5,8	6,4	7,0

Level 11	Level 12	Level 13	Level 14	Level 15	Level 16	Level 17	Level 18	Level 19	Level 20
7,6	8,2	8,8	9,4	10,0	10,6	11,2	11,8	12,4	13,0

Schaden

Level 1	Level 2	Level 3	Level 4	Level 5	Level 6	Level 7	Level 8	Level 9	Level 10
10-20	13-23	16-26	19-29	22-32	25-35	28-38	31-41	36-46	41-51

Level 11	Level 12	Level 13	Level 14	Level 15	Level 16	Level 17	Level 18	Level 19	Level 20
46-56	51-61	56-66	61-71	66-76	71-81	78-88	85-95	92-102	99-109

Wut

Level: 30

Voraussetzung: Tollwut

Die Fertigkeit *Wut* ermöglicht es dem Druiden in seiner Werwolf-Gestalt, mehrere Treffer hintereinander zu landen. Auf der ersten Stufe kann der Druide zwei Angriffe hintereinander durchführen, was sich auf fünf Angriffe steigern lässt. Jeder Angriff verursacht 100% Schaden und erhöht den Angriffswert um 50%. Das Tolle an Wut ist, dass sich damit sowohl einzelne Gegner wie auch größere Gegneransammlungen gut bekämpfen lassen. Beim Kampf gegen einen einzelnen Gegner können Sie in kurzer Zeit sehr viel Schaden anrichten, während Sie bei einer Monstergruppe je nach Stufe der Fertigkeit alle Monster auf einmal treffen können. Wut erhöht den Angriffswert um 7% und den Schaden um 17% pro investierten Fertigkeitspunkt.

Mana-Kosten: 4

Anzahl Treffer

Level 1	Level 2	Level 3	Level 4	Level 5	Level 6	Level 7	Level 8	Level 9	Level 10
2	3	4	5	5	5	5	5	5	5

Level 11	Level 12	Level 13	Level 14	Level 15	Level 16	Level 17	Level 18	Level 19	Level 20
5	5	5	5	5	5	5	5	5	5

Schaden in %

Level 1	Level 2	Level 3	Level 4	Level 5	Level 6	Level 7	Level 8	Level 9	Level 10
+100	+117	+134	+151	+168	+186	+202	+219	+236	+253

Level 11	Level 12	Level 13	Level 14	Level 15	Level 16	Level 17	Level 18	Level 19	Level 20
+270	+287	+304	+321	+338	+355	+372	+389	+406	+423

Angriff in %

Level 1	Level 2	Level 3	Level 4	Level 5	Level 6	Level 7	Level 8	Level 9	Level 10
+50	+57	+64	+71	+78	+86	+92	+99	+106	+113

Level 11	Level 12	Level 13	Level 14	Level 15	Level 16	Level 17	Level 18	Level 19	Level 20
+120	+127	+134	+141	+148	+155	+162	+169	+176	+183

Herbeirufung

Mit den Fertigkeiten in diesem Ast kann der Druide die Hilfe von Tieren, Pflanzen und Naturgeistern anrufen. Naturgeister und Pflanzen unterstützen den Druiden und seine Untergebenen durch Wertesteigerung oder durch die Auffüllung von Mana. Die Tiere, die der Druide herbeirufen kann, kämpfen für ihn, während er aus sicherer Entfernung unterstützend in den Kampf eingreift. Einige der in diesem Ast enthaltenen Fertigkeiten sind essenziell für die Lösung des fünften Aktes und auch für spätere Zwecke gut geeignet. Es sei hier ausdrücklich davor gewarnt, keine Punkte in diesen Fertigkeitenast zu investieren!

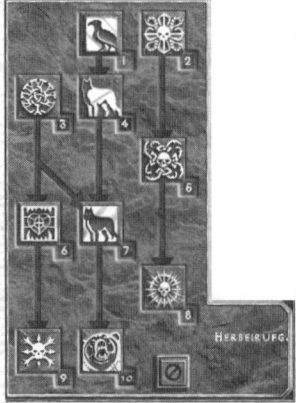

Nummer	Fertigkeit
1	Rabe
2	Gift-Kriecher
3	Eichbaum-Weiser
4	Geister-Wolf herbeirufen
5	Aas-Ranke
6	Herz des Wiesels
7	Wolf des Entsetzens herbeirufen
8	Sonnenkriecher
9	Dornengeist
10	Grizzly herbeirufen

Die passiven Boni der Wolfs- und Grizzly-Fertigkeiten

Wenn Sie Punkte in den Wolf des Entsetzens investieren, steigern Sie damit gleichzeitig das Leben des Geister-Wolfs und des Grizzly. Die Punkte in der Fertigkeit *Grizzly herbeirufen* wiederum steigern den Schaden des Geister-Wolfs und des Wolfs des Entsetzens. Letzten Endes müssen Sie also in alle drei Fertigkeiten Punkte investieren, um vollen Nutzen aus diesem Ast zu ziehen, selbst dann, wenn Sie vielleicht nur eine Fertigkeit wirklich nutzen. Punkte in der Fertigkeit *Geister-Wolf* erhöhen automatisch den Angriffwert und die Verteidigung des Wolf des Entsetzens und des Grizzly.

Rabe

Level: 1

Voraussetzung: Keine

Mit der Fertigkeit *Rabe* kann der Druide wie in Hitchcocks berühmtem Film »Die Vögel« eine Schar Raben zu seiner Hilfe herbeirufen, die seine Feinde angreifen und ihnen die Augen aushacken. Maximal fünf Raben kann der Druide auf diese Weise als private Luftwaffe befehligen. Das vielleicht Beste an den Raben ist, dass sie mit jedem Treffer Schaden verursachen, selbst aber keinen Schaden durch Feinde nehmen! Mit einer »garantierten Trefferquote« – wie es die Leute bei Blizzard ausdrücken – hackt der Rabe so lange auf die Feinde ein, bis er eine gewisse Anzahl Treffer gelandet hat. Bei einem Raben der Stufe 1 sind das 12 garantierte Angriffe und Treffer mit 2–4 Schaden pro Treffer. Jeder weitere Punkt erhöht den Schaden um 1, erlaubt den Raben einen weiteren Angriff und fügt einen weiteren Raben hinzu (bis zu fünf). Nach nur fünf investierten Punkten haben Sie eine voll ausgebaute Privatluftflotte, die auch Feinde in großer Entfernung angreift.

Mana-Kosten pro Rabe: 6

Schaden

Level 1	Level 2	Level 3	Level 4	Level 5	Level 6	Level 7	Level 8	Level 9	Level 10
2-4	3-5	4-6	5-7	6-8	7-9	8-10	9-11	10-12	11-13

Level 11	Level 12	Level 13	Level 14	Level 15	Level 16	Level 17	Level 18	Level 19	Level 20
12-14	13-15	14-16	15-17	16-18	17-19	18-20	19-21	20-22	21-23

Anzahl Treffer

Level 1	Level 2	Level 3	Level 4	Level 5	Level 6	Level 7	Level 8	Level 9	Level 10
12	13	14	15	16	17	18	19	20	21

Level 11	Level 12	Level 13	Level 14	Level 15	Level 16	Level 17	Level 18	Level 19	Level 20
22	23	24	25	26	27	28	29	30	31

Anzahl Raben

Level 1	Level 2	Level 3	Level 4	Level 5	Level 6	Level 7	Level 8	Level 9	Level 10
1	2	3	4	5	5	5	5	5	5

Level 11	Level 12	Level 13	Level 14	Level 15	Level 16	Level 17	Level 18	Level 19	Level 20
5	5	5	5	5	5	5	5	5	5

 TIP ....

Obwohl die Fertigkeit gewiss nicht Spiel entscheidend ist, lohnen sich die fünf Punkte durchaus, auch wenn Ihnen die Raben nur als Ablenkungsmanöver oder Vorhut dienen.

Gift-Kriecher

 Level: 1

Voraussetzung: Keine

Diese Fertigkeit beschwört eine kriechende Ranke, die neben dem Druiden auf dem Boden entlang kriecht, an Stellen mit Feinden durch die Erde hindurchbricht und umgehend alles vergiftet, was mit ihr in Berührung kommt. Auf der ersten Stufe hat der Gift-Kriecher 15 Leben und verursacht 4–6 Gift-Schaden über vier Sekunden. Mit jedem investierten Punkt steigt das Leben um 3 und der Schaden um 2,5 Punkte. *Gift-Kriecher* wird ähnlich verwendet wie Rabe. Beide sind eher Helfer, die den Druiden im Kampf unterstützen, aber nicht Kampf entscheidend sind. Wie die Raben schwächt der Gift-Kriecher umstehende Feinde, so dass Sie oder Ihre anderen Untergebenen weniger Probleme haben, das letzte bisschen Leben mit gezielten Hieben auszutreiben.

Mana-Kosten: 8

Leben

Level 1	Level 2	Level 3	Level 4	Level 5	Level 6	Level 7	Level 8	Level 9	Level 10
15	18	21	24	27	30	33	36	39	42

Level 11	Level 12	Level 13	Level 14	Level 15	Level 16	Level 17	Level 18	Level 19	Level 20
45	48	51	54	57	60	63	66	69	72

Gift-Schaden über 4 Sekunden

Level 1	Level 2	Level 3	Level 4	Level 5	Level 6	Level 7	Level 8	Level 9	Level 10
4-6	7-8	10-11	12-14	15-17	18-19	21-22	23-25	28-30	33-34

Level 11	Level 12	Level 13	Level 14	Level 15	Level 16	Level 17	Level 18	Level 19	Level 20
37-39	42-44	47-48	51-53	56-58	61-62	67-68	73-74	78-80	84-86

Geister-Wolf herbeirufen

Level: 6

Voraussetzung: Rabe

Geister-Wolf herbeirufen beschwört einen Wolf, der Seite an Seite mit Ihnen kämpft. Geister-Wölfe haben die interessante Fähigkeit zu teleportieren, was sie besonders beim Kampf in sehr engen Bereichen wie Treppen oder Brücken (beispielsweise zu Beginn im fünften Akt) zu wertvollen Helfern macht. Wie bei den Raben können maximal fünf Geister-Wölfe beschworen werden, die allerdings nur eine begrenzte Menge Leben haben und demnach getötet werden können, bevor sie selbst irgendwelchen Schaden anrichten! Auf Stufe 1 hat jeder Geister-Wolf 35 Leben und verursacht 2–5 Schaden bei jedem Treffer. Jeder weitere Punkt in Geister-Wolf herbeirufen erhöht den Schaden um 1–2, bringt +15% auf den Angriffs- und Verteidigungs- wert sowie einen Extra-Wolf (wie gesagt bis zu fünf). Wenn Sie mehrere Feinde gleichzeitig bekämpfen, sollten Sie die Fertigkeit Eichbaum-Weiser in Kombination einsetzen, um das Leben der Wölfe zu erhöhen.

Mana-Kosten: 15

Leben: Ausgangswert 35 + passiver Lebensbonus von Wolf des Entsetzens (L1: 50%)

Schaden (passiver Schadensbonus des Grizzly)

Level 1	Level 2	Level 3	Level 4	Level 5	Level 6	Level 7	Level 8	Level 9	Level 10
2-5	3-6	4-8	5-9	6-10	8-11	9-12	10-13	12-16	14-18

Level 11	Level 12	Level 13	Level 14	Level 15	Level 16	Level 17	Level 18	Level 19	Level 20
17-20	19-23	21-25	24-27	26-29	28-32	33-36	37-41	42-46	47-50

Anzahl Wölfe

Level 1	Level 2	Level 3	Level 4	Level 5	Level 6	Level 7	Level 8	Level 9	Level 10
1	2	3	4	5	5	5	5	5	5

Level 11	Level 12	Level 13	Level 14	Level 15	Level 16	Level 17	Level 18	Level 19	Level 20
5	5	5	5	5	5	5	5	5	5

Passiver Angriffsbonus für Wölfe und Bären in %

Level 1	Level 2	Level 3	Level 4	Level 5	Level 6	Level 7	Level 8	Level 9	Level 10
+50	+65	+80	+95	+110	+125	+140	+155	+170	+185

Level 11	Level 12	Level 13	Level 14	Level 15	Level 16	Level 17	Level 18	Level 19	Level 20
+200	+215	+230	+245	+260	+275	+290	+305	+320	+335

Passiver Verteidigungsbonus für Wölfe und Bären in %

Level 1	Level 2	Level 3	Level 4	Level 5	Level 6	Level 7	Level 8	Level 9	Level 10
+50	+65	+80	+95	+110	+125	+140	+155	+170	+185

Level 11	Level 12	Level 13	Level 14	Level 15	Level 16	Level 17	Level 18	Level 19	Level 20
+200	+215	+230	+245	+260	+275	+290	+305	+320	+335

Eichbaum-Weiser

Level: 6

Voraussetzung: Keine

Die Fertigkeit *Eichbaum-Weiser* (= der Weise des Eichbaums) ruft einen Naturgeist herbei, der das Leben Ihres Druiden und seiner Untergebenen erhöht. Insofern ähnelt die Fertigkeit den Auras des Paladins, mit dem feinen Unterschied, dass es in diesem Fall Lebewesen sind, die über einen Lebenswert verfügen und demnach auch vernichtet werden können. Eichbaum-Weiser steigert das Leben des Druiden und seiner Untergebenen auf Stufe 1 um 50% und hat selbst 30 Leben. Besonders wichtig ist es deshalb, den Naturgeist immer im Auge zu behalten, und wenn er vernichtet wurde, sofort wieder einen neuen herbeizurufen. Leider ist das nicht so ganz einfach, im Kampfgetümmel fällt das kleine Licht des Eichbaum-Weisen oft nicht auf – auch wenn es fehlt. Denken Sie aber daran: Sobald der Geist vernichtet wurde, verlieren Sie und Ihre Untergebenen den Lebensbonus des Eichbaum-Weisen! Jeder Punkt in diese Fertigkeit steigert das Leben des Geistes um 9 und erhöht die Stärke der Lebensaura um 5%.

 TIP..

Am besten, Sie legen den Eichbaum-Weiser auf eine Funktionstaste, um ihn bei Bedarf schnell wieder herbeirufen zu können.

Mana-Kosten

Level 1	Level 2	Level 3	Level 4	Level 5	Level 6	Level 7	Level 8	Level 9	Level 10
15	16	17	18	19	20	21	22	23	24

Level 11	Level 12	Level 13	Level 14	Level 15	Level 16	Level 17	Level 18	Level 19	Level 20
25	26	27	28	29	30	31	32	33	34

Leben

Level 1	Level 2	Level 3	Level 4	Level 5	Level 6	Level 7	Level 8	Level 9	Level 10
30	39	48	57	66	75	84	93	102	111

Level 11	Level 12	Level 13	Level 14	Level 15	Level 16	Level 17	Level 18	Level 19	Level 20
120	129	138	147	156	165	174	183	192	201

Lebensbonus für eigene Party %

Level 1	Level 2	Level 3	Level 4	Level 5	Level 6	Level 7	Level 8	Level 9	Level 10
+30	+35	+40	+45	+50	+55	+60	+65	+70	+75

Level 11	Level 12	Level 13	Level 14	Level 15	Level 16	Level 17	Level 18	Level 19	Level 20
+80	+85	+90	+95	+100	+105	+110	+115	+120	+125

Aas-Ranke

 Level: 12

Voraussetzung: Gift-Kriecher

Die *Aas-Ranke* ernährt sich von den Leichen der Gefallenen und gibt Ihnen das aufgesaugte Leben weiter. Für den Druiden eine durchaus bedeutende Fertigkeit, gibt sie ihm doch nicht nur Leben zurück, sondern beseitigt gleichzeitig auch die Körper der toten Gegner, die ansonsten wiederbelebt oder mit Zaubersprüchen wie *Kadaver-Explosion* noch als Waffe dienen könnten. Aufgrund der schieren Monstermassen sollten Sie die Aas-Ranke als ständigen Begleiter neben sich wissen, außer Sie wollen auf das viele in Form von Leichen herumliegende Leben verzichten. Auf Stufe 1 hat die Ranke 47 Leben, sie ist also gegenüber dem *Gift-Kriecher* weitaus zäher. Den aufgezehrten Leichen entnimmt sie 4% ihrer Gesamtlebenspunkte.

Mana-Kosten: 10

Leben

Level 1	Level 2	Level 3	Level 4	Level 5	Level 6	Level 7	Level 8	Level 9	Level 10
47	56	65	76	84	94	103	112	122	131

Level 11	Level 12	Level 13	Level 14	Level 15	Level 16	Level 17	Level 18	Level 19	Level 20
141	150	159	169	178	188	197	206	216	225

Heilt in %

Level 1	Level 2	Level 3	Level 4	Level 5	Level 6	Level 7	Level 8	Level 9	Level 10
4	5	6	6	7	7	8	8	8	9

Level 11	Level 12	Level 13	Level 14	Level 15	Level 16	Level 17	Level 18	Level 19	Level 20
9	9	10	10	10	10	10	10	10	10

TIP...

Die Ranke labt sich übrigens nur dann an den Leichen gefallener Gegner, wenn Sie die Lebenspunkte benötigen.

Herz des Wiesels

Level: 18

Voraussetzung: Eichbaum-Weiser

Diese Fertigkeit ruft einen Naturgeist herbei, welcher den Angriffswert und den Schaden Ihrer Party erhöht. Das *Herz des Wiesels* ist eine wichtige Fertigkeit und gewinnt umso mehr an Bedeutung, wenn Sie die Lande von Diablo auf eigene Faust und ohne die Hilfe eines Paladins durchstreifen. Auf Stufe 1 steigert die Fertigkeit den angerichteten Schaden um 20% und den Angriffswert um 25% in einem Umkreis von 20 Metern.

Radius: 20 Meter

Mana-Kosten

Level 1	Level 2	Level 3	Level 4	Level 5	Level 6	Level 7	Level 8	Level 9	Level 10
20	21	22	23	24	25	26	27	28	29

Level 11	Level 12	Level 13	Level 14	Level 15	Level 16	Level 17	Level 18	Level 19	Level 20
30	31	32	33	34	35	36	37	38	39

Leben

Level 1	Level 2	Level 3	Level 4	Level 5	Level 6	Level 7	Level 8	Level 9	Level 10
68	81	95	108	122	136	149	163	176	190

Level 11	Level 12	Level 13	Level 14	Level 15	Level 16	Level 17	Level 18	Level 19	Level 20
204	217	231	244	258	272	285	299	312	326

Schadensbonus in %

Level 1	Level 2	Level 3	Level 4	Level 5	Level 6	Level 7	Level 8	Level 9	Level 10
+20	+27	+34	+41	+48	+55	+62	+69	+76	+83

Level 11	Level 12	Level 13	Level 14	Level 15	Level 16	Level 17	Level 18	Level 19	Level 20
+90	+97	+104	+111	+118	+125	+132	+139	+146	+153

Angriffsbonus in %

Level 1	Level 2	Level 3	Level 4	Level 5	Level 6	Level 7	Level 8	Level 9	Level 10
+25	+32	+39	+46	+53	+62	+67	+74	+81	+88

Level 11	Level 12	Level 13	Level 14	Level 15	Level 16	Level 17	Level 18	Level 19	Level 20
+95	+102	+109	+116	+123	+130	+137	+144	+151	+158

Wolf des Entsetzens herbeirufen

 Level: 18

Voraussetzung: Eichbaum-Weiser, Geister-Wolf herbeirufen

Der Wolf, den Sie mit dieser Fertigkeit herbeirufen, frisst die Leichen gefallener Feinde, baut damit seine Kräfte auf und steigert dadurch den Schaden, den er im Kampf anrichtet. Wölfe des Entsetzens sind größer und gemeiner als Geister-Wölfe, weswegen Sie auch nur maximal drei gleichzeitig herbeirufen können. Die Fähigkeit, den eigenen Schaden durch Fressen der Leichen zu steigern, macht diese kleine Manko allerdings locker wieder wett, insbesondere wenn Sie diese Fertigkeit zusammen mit Eichbaum-Weiser einsetzen. Auf Stufe 1 verfügt der Wolf des Entsetzens über 85 Lebenspunkte (wegen des eigenen Lebensbonus) und verursacht 8–13 Punkte Schaden. Ideale Kombination: mehrere Wölfe des Entsetzens, eine Meute wilder Raben und ein Eichbaum-Weiser.

Mana-Kosten: 20

Leben: Ausgangswert + eigener passiver Lebensbonus des Wolf des Entsetzens

Leben (inklusive Lebensbonus des Wolf des Entsetzens Stufe 1)

Level 1	Level 2	Level 3	Level 4	Level 5	Level 6	Level 7	Level 8	Level 9	Level 10
85	99	114	128	142	156	171	186	199	213

Level 11	Level 12	Level 13	Level 14	Level 15	Level 16	Level 17	Level 18	Level 19	Level 20
228	242	256	270	285	299	313	327	342	356

Schaden (+ passiver Schadensbonus des Grizzly)

Level 1	Level 2	Level 3	Level 4	Level 5	Level 6	Level 7	Level 8	Level 9	Level 10
8-13	10-16	12-18	14-20	17-23	19-25	21-27	24-29	27-33	31-36

Level 11	Level 12	Level 13	Level 14	Level 15	Level 16	Level 17	Level 18	Level 19	Level 20
34-40	37-43	41-47	44-50	48-54	51-57	58-64	65-71	72-78	79-85

Anzahl Wölfe

Level 1	Level 2	Level 3	Level 4	Level 5	Level 6	Level 7	Level 8	Level 9	Level 10
1	2	3	3	3	3	3	3	3	3

Level 11	Level 12	Level 13	Level 14	Level 15	Level 16	Level 17	Level 18	Level 19	Level 20
3	3	3	3	3	3	3	3	3	3

Passiver Lebensbonus für Wölfe und Bären in %

Level 1	Level 2	Level 3	Level 4	Level 5	Level 6	Level 7	Level 8	Level 9	Level 10
+50	+75	+100	+125	+150	+175	+200	+225	+250	+275

Level 11	Level 12	Level 13	Level 14	Level 15	Level 16	Level 17	Level 18	Level 19	Level 20
+300	+325	+350	+375	+400	+425	+450	+475	+500	+525

Sonnenkriecher

Level: 24

Voraussetzung: Aas-Ranke

Wie die *Aas-Ranke* vertilgt auch der *Sonnenkriecher* die Leichen gefallener Feinde, er gibt Ihnen dabei allerdings statt Leben Mana zurück. Der Sonnenkriecher ist wiederum weitaus zäher als die Aas-Ranke. Besonders wenn Sie Fertigkeiten einsetzen, die sehr viel Mana verschlingen – Beispiele sind die Fertigkeiten aus dem Elementar-Ast – ist der Sonnenkriecher ein nützlicher Begleiter. Immer wenn Sie Mana brauchen oder wenn Ihnen Mana gestohlen wird (zum Beispiel in der Geheimen Zuflucht des zweiten Aktes), können Sie den Sonnenkriecher herbeirufen. Auf der ersten Stufe verfügt der Sonnenkriecher über 82 Lebenspunkte und liefert 2% des Manas der gefressenen Leiche.

Mana-Kosten

Level 1	Level 2	Level 3	Level 4	Level 5	Level 6	Level 7	Level 8	Level 9	Level 10
14	15	16	17	18	19	20	21	22	23

Level 11	Level 12	Level 13	Level 14	Level 15	Level 16	Level 17	Level 18	Level 19	Level 20
24	25	26	27	28	29	30	31	32	33

Leben

Level 1	Level 2	Level 3	Level 4	Level 5	Level 6	Level 7	Level 8	Level 9	Level 10
82	98	114	131	147	164	180	196	213	229

Level 11	Level 12	Level 13	Level 14	Level 15	Level 16	Level 17	Level 18	Level 19	Level 20
246	162	278	265	311	328	344	360	377	393

Mana-Erholungsrate in %

Level 1	Level 2	Level 3	Level 4	Level 5	Level 6	Level 7	Level 8	Level 9	Level 10
2	2	3	4	4	4	5	5	5	5

Level 11	Level 12	Level 13	Level 14	Level 15	Level 16	Level 17	Level 18	Level 19	Level 20
5	6	6	6	6	6	6	6	6	6

 TIP

Die Aas-Ranke und der Sonnenkriecher sind gleichermaßen geeignet, um die Umgebung des Druiden von herumliegenden Leichen zu säubern. Feindliche Zauberer werden dadurch davon abgehalten, die Leichen wiederzubeleben oder sie mit Kadaver-Explosion zum Explodieren zu bringen.

Grizzly herbeirufen

 Level: 30

Voraussetzung: Wolf des Entsetzens herbeirufen

Mit dieser Fertigkeit kann der Druide einen mächtigen Verbündeten – einen Grizzly – an seine Seite rufen. Der Grizzly ist dermaßen stark, dass er Feinde mit einem einzigen Prankenhieb niederstrecken kann. Die Lebenspunkte des Grizzly werden nicht gesteigert, wenn Sie mehr Punkte in diese Fertigkeit investieren. Vielmehr hängt die Anzahl seiner Lebenspunkte direkt vom passiven Lebensbonus des Wolf des Entsetzens ab. Es lohnt sich also, in beide bzw. in alle drei Fertigkeiten dieses Astes zu investieren. Kurz bevor sich der Grizzly seinem Lebensende nähert, beschwören Sie einfach einen neuen (Sie können nur einen Grizzly beschwören) und vergessen Sie auch nicht, einen Eichbaum-Weisen zu beschwören, der ihm das Leben verlängert. Der Grizzly verursacht auf der ersten Stufe 37–75 Schaden und erhöht über seinen passiven Schadensbonus gleichzeitig den Schadenswert für alle Wölfe und Bären, also auch für sich selbst.

Mana-Kosten: 40

Leben: Ausgangswert 213 + passiver Lebensbonus vom Wolf des Entsetzens (L2: 75%)

Schaden: Ausgangswert + eigener passiver Schadensbonus des Grizzly

Schaden (inklusive Schadensbonus des Grizzly)

Level 1	Level 2	Level 3	Level 4	Level 5	Level 6	Level 7	Level 8	Level 9	Level 10
37-75	54-94	72-116	93-139	115-165	140-192	166-222	195-253	235-297	279-344

Level 11	Level 12	Level 13	Level 14	Level 15	Level 16	Level 17	Level 18	Level 19	Level 20
326-393	376-446	428-502	484-561	543-622	605-687	684-769	767-855	854-945	945-1039

Passiver Schadensbonus für Wölfe und Bären in %

Level 1	Level 2	Level 3	Level 4	Level 5	Level 6	Level 7	Level 8	Level 9	Level 10
+25	+35	+45	+55	+65	+75	+85	+95	+105	+115

Level 11	Level 12	Level 13	Level 14	Level 15	Level 16	Level 17	Level 18	Level 19	Level 20
+125	+135	+145	+155	+165	+175	+185	+195	+205	+215

Dornengeist

 Level: 30

Voraussetzung: Herz des Wiesels

Der *Dornengeist* ähnelt in gewisser Weise der offensiven *Dornen*-Aura des Paladins. Wie die Aura wirft auch der Dornengeist erhaltenen Schaden auf Ihre Feinde zurück. Auf Stufe 1 sind dies immerhin 50% des Schadens, den Ihnen Ihre Feinde zufügen. Die Reichweite des Geistes beträgt 20 Meter, schließt also Ihre Untergebenen mit ein. Obwohl nicht ganz so effektiv wie die Dornen-Aura des Paladins, hat der Dornengeist doch einige einzigartige Vorteile. So kann er zum Beispiel zusammen mit anderen Fertigkeiten und Untergebenen genutzt werden, während die Aura nur mit einer einzigen Fertigkeit zusammen genutzt werden kann. In späteren Akten und auf höheren Schwierigkeitsgraden ist der Dornengeist sicherlich ein wichtiger Begleiter. Mit jedem Punkt, den Sie in diese Fertigkeit investieren, steigern Sie den zurückgeworfenen Schaden um 10%, während der Geist zusätzliche 21 Lebenspunkte erhält.

Radius: 20 Meter

Mana-Kosten

Level 1	Level 2	Level 3	Level 4	Level 5	Level 6	Level 7	Level 8	Level 9	Level 10
25	26	27	28	29	30	31	32	33	34

Level 11	Level 12	Level 13	Level 14	Level 15	Level 16	Level 17	Level 18	Level 19	Level 20
35	36	37	38	39	40	41	42	43	44

Leben

Level 1	Level 2	Level 3	Level 4	Level 5	Level 6	Level 7	Level 8	Level 9	Level 10
106	127	148	169	190	212	233	254	275	296

Level 11	Level 12	Level 13	Level 14	Level 15	Level 16	Level 17	Level 18	Level 19	Level 20
318	339	360	381	402	424	445	466	487	508

Zurückgeworfener Schaden in %

Level 1	Level 2	Level 3	Level 4	Level 5	Level 6	Level 7	Level 8	Level 9	Level 10
50	60	70	80	90	100	110	120	130	140

Level 11	Level 12	Level 13	Level 14	Level 15	Level 16	Level 17	Level 18	Level 19	Level 20
150	160	170	180	190	200	210	220	230	240

Der Druide enthüllt

Im folgenden Abschnitt finden Sie eine Reihe praktischer Tipps und Strategien für den Druiden. Wie bei der Assassine ist es auch beim Druiden mit 30 unterschiedlichen Fertigkeiten absolut unmöglich, die perfekte Strategie für jede Situation parat zu haben. Mit Hilfe von Blizzard und dank eigener Erfahrung können wir Ihnen hier nun eine Auswahl an Strategien bieten, die sich als wirksam erwiesen haben.

Hier die Punkteverteilung für einen Druiden, der von Anfang an des Spiels bis durch Akt 5 gespielt wurde.

✠ **Fertigkeitspunkte insgesamt** (50 Level und 5 Akte): **54**

✠ **Statuspunkte insgesamt** (50 Level und 5 Akte): **255**

Fertigkeitskombinationen des Druiden

Nachfolgend eine kurze Aufstellung besonders wirksamer Fertigkeitskombinationen und passender Punkteverteilungen, die den Schwerpunkt des Druiden in die eine oder andere Richtung verschieben.

Verteilung der Fertigkeitspunkte (ausgewogener Druide)

Die hier vorgestellte Punkteverteilung führt zu einem recht gut ausbalancierten Druiden, der viele verschiedene Situationen gleichermaßen gut bewältigen kann.

- 5 Punkte auf Lykanthropie
- 5 Punkte auf Werwolf
- 4 Punkte auf Rabe
- 1 Punkt auf Barbaren-Wut
- 2 Punkte auf Hunger
- 1 Punkt auf Schockwelle
- 4 Punkte auf Geister-Wolf
- 2 Punkte in Barbaren-Wut
- 5 Punkte auf Eichbaum-Weiser
- 4 Punkte auf Aas-Ranke
- 5 Punkte auf Arktiswind
- 5 Punkte auf Zyklon-Rüstung

Die übrigen Punkte können Sie auf Fertigkeiten Ihrer Wahl verteilen.

Verteilung der Statuspunkte

- 35% der Punkte auf Stärke
- 25% der Punkte auf Geschicklichkeit
- 10% der Punkte auf Mana
- 30% der Punkte auf Leben

Der Druide – eine Alternative

Verteilung der Fertigkeitspunkte (Wolf-Druide)

Diese Punkteverteilung ist für Liebhaber des Wolf-Daseins gedacht, die die meiste Zeit des Spiels als wütender Wolf durch die Monsterhorden wüten.

- 10 Punkte in Lykanthropie
- 10 Punkte in Werwolf
- 4 Punkte in Rabe
- 10 Punkte in Geister-Wolf
- 10 Punkte in Barbaren-Wut

Die übrigen Punkte können Sie auf Fertigkeiten Ihrer Wahl verteilen.

Verteilung der Statuspunkte

- 35% der Punkte auf Stärke
- 30% der Punkte auf Geschicklichkeit
- 10% der Punkte auf Mana
- 25% der Punkte auf Leben

Mehrere Gegner gleichzeitig bekämpfen

1. Mit der Schockwelle oder dem Arktiswind »bereiten« Sie die Feinde erst einmal auf den richtigen Angriff vor.

2. Rufen Sie einen Eichbaum-Weisen, der die eigenen Lebenspunkte und die Ihrer Untergebenen erhöht.

3. Führen Sie stets eine Meute Raben und ein paar ausgehungerte Wölfe des Entsetzens (oder Geister-Wölfe) mit sich und rufen Sie gleichzeitig einen Gift-Kriecher herbei. Sorgen Sie für Raben- und Wolf-Nachschub, wann immer einer Ihrer Untergebenen den Geist aufgibt. Wölfe und Raben dienen gleichzeitig als Ablenkung, was Ihnen die Möglichkeit gibt, mit dem Arktiswind oder einer Feuer-Fertigkeit unter den Feinden zu wüten.

4. Wenn Sie mit elementaren Angriffen rechnen müssen, zaubern Sie eine Zyklon-Rüstung herbei, die Element-Schaden von Ihnen abwendet.

5. Ein strategisch günstig platzierter Vulkan und der eine oder andere Twister können gegen große Angreiferhorden einiges ausrichten.

Der Kampf gegen Super-Uniques

1. Rufen Sie einen Grizzly als Ablenkung für das Boss-Monster herbei. Wenn kein Grizzly verfügbar ist, tun es auch die Wölfe.

2. Lähmen Sie Ihre Feinde mit der Schockwelle, wenn Sie keinen Grizzly herbeirufen können, oder nutzen Sie beide Fertigkeiten in Kombination.

3. Wenn Sie gegen Super-Uniques oder Unique-Monster kämpfen, die von Heerscharen Untergebener begleitet werden, müssen Sie den Vulkan immer direkt unter dem Boss platzieren. Das lenkt seinen Angriff ab und fügt ihm sofort eine Menge Schaden zu, da er nicht ausweichen kann.

Tipps von Blizzard

Hier noch ein letzter Tipp zum Druiden – Der Kampfpanzer (zusammengestellt von Jason Hutchins, Assistant QA Manager bei Blizzard).

Sie werden es nicht glauben, aber hier lesen Sie, wie man einen Druiden heranzüchtet, der auf Stufe 30 schon mit 900 Lebenspunkten ausgestattet ist. So geht's:

※ Erhöhen Sie abwechselnd Leben und Stärke um jeweils 5 Punkte bei jeder neuen Charakterstufe. Ziel ist es, die beiden Werte Leben und Stärke bis zu Stufe 20 nicht weiter als fünf Punkte auseinander driften zu lassen. Ab dieser Stufe wird Ihnen nichts mehr übrig bleiben, als einige der neuen Statuspunkte in Geschicklichkeit zu investieren, wenn Sie nicht an einem lausigen Angriffswert sterben wollen.

※ Meiner Meinung nach sollte man auf Energie nur sehr wenige Punkte verteilen. Mein Level-34-Druide braucht gerade mal einen Energiewert von 40, um alle seine Untergebenen herbeizurufen und die Gestalt zu wandeln.

※ Konzentrieren Sie sich auf die Fertigkeiten *Lykanthropie* und *Werbär*. Legen Sie in *Werwolf* nur einen einzigen Fertigkeitspunkt, damit die derweil in *Lykanthropie* investierten Punkte nicht verschwendet sind, während Sie darauf warten, endlich den Werbär lernen zu können.

※ Steigern Sie auf keinen Fall Elementar-Fertigkeiten, wenn Sie einen Kampfpanzer-Druiden heranzüchten möchten!

※ Obwohl *Werbär* und *Werwolf* beides Fertigkeiten für den unbewaffneten Kampf sind, wird die Angriffstärke immer noch von der Waffe bestimmt, die Sie beim Umwandeln in die Wer-Gestalt in Händen hielten. Danken Sie also daran: Sie brauchen Waffen, die viel Schaden anrichten! Der beste Freund eines Kampfpanzer-Druiden ist ein Hammer oder eine Riesenaxt. Druiden verfügen von sich aus über eine schnelle Angriffsgeschwindigkeit, wenn Sie mit großen Waffen wie Äxten und Hämmern kämpfen. Als Werwolf wird der Angriff sogar noch einmal beschleunigt, aber der Werbär ist das Tüpfelchen auf dem i. Keiner schlägt so vernichtend zu wie ein Werbär, in den sich der Druide mit einer Riesenaxt in der Hand verwandelt hat.

※ Mit den Fertigkeiten *Holzhammer* und *Hunger* richtet der Werbär verheerende Schäden an. Sie werden sehen: Viele Monster werden mit einem Schlag getötet, fallen wie die Fliegen. Diese unglaubliche Stärke macht die langsamere Angriffsgeschwindigkeit des Werbären locker wieder wett.

※ Eine der wichtigsten Fertigkeiten bezüglich Ihrer eigenen Lebenspunkte ist *Eichbaum-Weiser*. Für den Anfang des Spiels bis zur Mitte hin ist diese Fertigkeit besonders hilfreich. Wenn es aber dem Ende des Spiels in Akt 4 und dann insbesondere Akt 5 entgegengeht, bringt der Naturgeist *Herz des Wiesels* aufgrund seiner Boni für Angriff und Verteidigung mehr.

※ Mit Level 30 können Sie den *Dornengeist* lernen. Dieser Naturgeist schützt den Druiden, seine Untergebenen und die Party-Mitglieder und wirft erlittenen Schaden auf die Gegner zurück, ähnlich der *Dornen*-Aura des Paladins. Wenn Sie viele Lebenspunkte haben, wird Ihnen der Dornengeist gute Dienste leisten. Selbst die tödlichsten Monster in Akt 5, unabhängig davon, welche Rüstung Sie tragen, verlieren an Gefährlichkeit!

Akt V –
Der Herr der Zerstörung

Mephisto und Diablo sind vernichtet. Doch der letzte der Drei Großen Übel, Baal, konnte in die nördlichen Reiche der Barbaren entkommen und bedroht dort mit seinen Höllenarmeen die Städte und Festungen dieses stolzen Nomadenvolkes. Er ist auf der Suche nach dem Weltenstein, einem mythischen Artefakt, welches die Grenzen zwischen den himmlischen, dämonischen und Menschenreichen verbindet. Sein Ziel ist klar: Er will den Weltenstein vernichten, um die schmale Barriere zwischen den Welten niederzureißen und den Zugang zur Hölle auf ewig zu öffnen. Können Sie ihn aufhalten?

Nachfolgend eine Übersichtskarte mit den Gebieten des fünften Aktes.

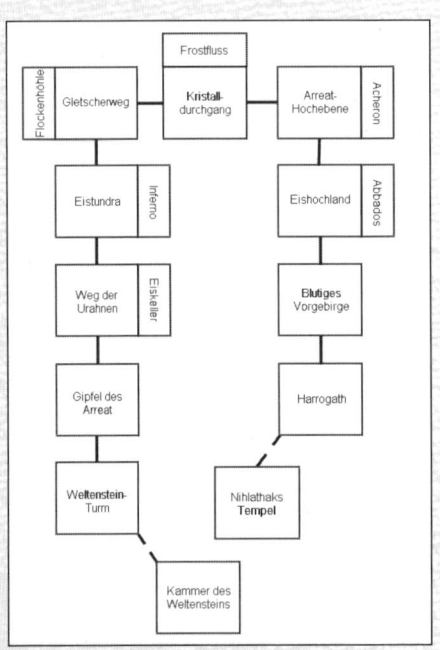

Ablauf der Quests

Quest	Zu besuchende Orte nach Reihenfolge	Aufgaben	Belohnung
Belagerung von Harrogath	Blutiges Vorgebirge\n\nHarrogath	Schenk den Aufseher töten	Larzuk versieht einen Gegenstand Ihrer Wahl mit einem Sockel
Rettung auf dem Berg Arreat	Blutiges Vorgebirge\n\nEishochland\n\nHarrogath	25 gefangene Barbaren im Eishochland befreien	Die Runen Ral, Ort und Tal von Qua-Kehk sowie die Möglichkeit, einen Söldner an-zuheuern

Quest	Zu besuchende Orte nach Reihenfolge	Aufgaben	Belohnung
Eisgefängnis	Blutiges Vorgebirge Eishochland Arreat-Hochebene Kristalldurchgang Frostfluss Harrogath	Anya, die Tochter des Weisen Aust, aus ihrem Gefängnis am Frostfluss befreien	Anya versieht einen Gegenstand Ihrer Wahl mit Ihrem Namen. Außerdem schenkt Sie Ihnen einen Unique-Gegenstand (charakterspezifisch)
Verrat in Harrogath	Harrogath Nihlathaks Tempel Hallen der Qualen Hallen der Schmerzen Hallen von Vaught Harrogath	Nihlathak töten	–
Initiationsritus	Blutiges Vorgebirge Eishochland Arreat-Hochebene Kristalldurchgang Gletscherweg Eistundra Weg der Urahnen Gipfel des Arreat	Die drei Urahnen der Barbaren bekämpfen, um so Zugang zum Weltenstein-Turm zu erlangen	–
Vorabend der Vernichtung	Der Weltenstein-Turm Level 1 Der Weltenstein-Turm Level 2 Der Weltenstein-Turm Level 3 Thron der Zerstörung Kammer des Weltensteins	Beim Thron der Zerstörung alle Diener Baals vernichten. Dann weiter in die Kammer des Weltensteins und dort Baal zurück in die Hölle schicken.	–

Einzigartige Monster im ersten Akt

Wo	Monster	Rasse	Besondere Kraft
Blutiges Vorgebirge	Dac Farren	Kobold-Dämon (teleportieren)	Kälte-Verzauberung
Blutiges Vorgebirge	Schenk der Aufseher	Peitscher	Extra stark
Eishochland	Eldritch der Richter	Sklave	Extra schnell
Eishochland	Dresch Zocker	Zerquetscher	Verflucht
Eishochland	Triefauge der Entfesselte	Todesprügler	Extra stark Extra schnell

Wo	Monster	Rasse	Besondere Kraft
Frostfluss	Froststein	Abschaum (Yeti)	Kälte-Verzauberung Mana-Verbrennung Immun gegen Kälte
Nihlathaks Tempel	Knochenhaut	Untoter	Feuer-Verzauberung
Hallen von Vaught	Nihlathak	Mensch	Flüche Kadaver-Explosion
Gletscherweg	Knochenbrecher	Untoter	Extra stark Magie-resistent
Eiskeller	Schnappzapp Schmetter	Frost-Kriecher	Verflucht Kälte-Verzauberung Immun gegen Kälte
Thron der Zerstörung	Colenzo der Vernichter 1. Diener der Zerstörung	Verdrehter Schamane	Feuer-Verzauberung Immun gegen Feuer
Thron der Zerstörung	Achmel der Verfluchte 2. Diener der Zerstörung	Untoter	Immun gegen Gift
Thron der Zerstörung	Batuc der Blutige 3. Diener der Zerstörung	Ratsmitglied (Dämon)	Blitz-Verzauberung
Thron der Zerstörung	Ventar der Unheilige 4. Diener der Zerstörung	Blutfürst	Extra schnell
Thron der Zerstörung	Lister der Quäler 5. Diener der Zerstörung	Diener der Zerstörung	Geist-Treffer

Harrogath

Zu Beginn des fünften Aktes finden Sie sich in der Festung des Wahnsinns wieder. Sprechen Sie dort zunächst mit Tyrael und mit Deckard Cain. Tyrael wird daraufhin ein Portal öffnen, welches Sie nach Harrogath in den hohen Norden bringt. Von dort aus werden Sie Ihren Kampf gegen Baal beginnen und versuchen, den Weltenstein vor seinem Zugriff zu bewahren. Die Feste Harrogath befindet sich im Belagerungszustand. Die Armeen Baals versuchen mit gewaltigen Katapulten, die Mauern der Stadt zu durchbrechen, Mauern, die in Tausenden von Jahren kein feindliches Heer überwinden konnte.

Auf nach Harrogath!

Wie das Camp der Jägerinnen oder Luth Golein im ersten und zweiten Akt ist nun Harrogath Ihre Rückzugstation. In der Festung warten einige NPCs darauf, Ihnen im Kampf auf die eine oder andere Weise beizustehen. Hier eine Übersicht:

Malah: Eine Alchemistin, die sich um die im Kampf gegen die Armee Baals verwundeten Barbaren kümmert. Sie befindet sich im Nordosten der Stadt, direkt oberhalb des Wegpunkts. Wenn Sie mal im Kampf verwundet wurden, wird Sie sie kostenlos heilen.

Die Alchemistin Malah.

Larzuk: Der Schmied der Stadt. Zweifelt er zunächst an Ihren Fähigkeiten, so sieht er sich nach Euren Heldentaten alsbald in seiner ersten Meinung getäuscht. Er repariert beschädigte Waffen und Rüstungen und hat den einen oder anderen sehr interessanten Gegenstand anzubieten.

Der Schmied Larzuk, der gerne mitkämpfen würde.

Qua-Kehk: Der Waffenmeister der Barbaren in Harrogath. Wenn Sie mit einem Druiden oder einer Assassine spielen, ist er nicht gerade begeistert, Sie zu sehen, und lehnt jede Hilfe erst einmal ab. Seine Barbaren versuchen vor den Toren der Stadt, die Armeen Baals aufzuhalten, scheinen aber wenig Erfolg zu haben.

Der oberste Kriegsherr der Barbaren.

Nilathak: Einer der Weisen von Harrogath – der letzte Überlebende. Wenn Sie wollen, können Sie mit ihm spielen, um neue Gegenstände zu erhalten.

Der letzte Weise von Harrogath.

Deckard Cain: Kennen Sie bereits aus den letzten Akten. Er identifiziert jeden magischen Gegenstand kostenlos und hält den einen oder anderen Tipp bereit.

Ihr alter Bekannter Deckard Cain, Letzter der Horadrim.

Anya: Sie ist die Tochter Austs – eines der Weisen, die für den Schutz der Festung ihr Leben gelassen haben. Sie taucht erst später im Spiel auf.

Anya, die Tochter des Weisen Aust, taucht erst später im Spiel auf.

Vom Schmied Larzuk erhalten Sie den ersten Quest.

Quest 1 – Belagerung von Harrogath

Schon kurz nach Ihrer Ankunft in Harrogath, nachdem Sie mit dem Schmied **Larzuk** gesprochen haben, erhalten Sie den ersten Auftrag in *Herr der Zerstörung*. Die Feste der Barbaren wird von den Armeen der Finsternis belagert und obwohl bereits die Weisen der Stadt ihr Leben gelassen haben und die verbliebenen Barbaren-Krieger sich selbstmörderisch der Dämonenbrut in den Weg stellen, sieht die Lage für Harrogath hoffnungslos aus. Schuld daran sind zum einen die zahlreichen Dämonen-Katapulte, die magische Geschosse auf die Mauern der Stadt abfeuern, zum anderen ist es ein besonders fieser Dämon, der seine Armeen buchstäblich zu neuen Höchstleistungen peitscht – **Schenk der Aufseher**, ein Peitscher-Dämon, der seine Untergebenen wie besessen von einer Schlacht in die nächste treibt. **Larzuk** möchte, dass Sie Schenk beseitigen.

Die Katapulte bedrohen die Stadt.

Schenk ist ein wandelnder Panzer auf zwei Beinen mit einer Riesenpeitsche.

Verlassen Sie also die Stadt und machen Sie sich auf den Weg ins **Blutige Vorgebirge**. Qua-Kehk glaubt zwar nicht daran, dass Sie einen General Baals töten können (recht eingebildet, diese Barbaren), aber das wird Sie kaum daran hindern. Im Blutigen Vorgebirge (das seinen Namen zu Recht erhalten hat – ein wahres Schlachtfeld) treffen Sie auf drei Monsterarten: Sklaven (vergleichsweise harmlos), Todesprügler und Kobold-Dämonen.

TIP

Die Todesprügler können lange Tentakel durch das Erdreich schicken, die unter Ihnen aufbrechen und großen Schaden anrichten. Die Kobolde können sich teleportieren und verschießen Feuerpfeile. Kobolde treten in wahren Scharen auf, lassen Sie sich also niemals von ihnen einkreisen, wenn Sie nicht von einer wahren Flut an Feuerpfeilen durchbohrt werden wollen. Halten Sie zu beiden Monsterarten Abstand und verwenden Sie möglichst Fernkampfwaffen oder Zaubersprüche, um aus der Entfernung mit der Höllenbrut aufzuräumen.

Auf Ihrem Weg treffen Sie den einen oder anderen Barbaren, die versuchen, die Monster von Harrogath fernzuhalten. Versuchen Sie, den Barbaren zu folgen. Sie sind zwar nicht sonderlich stark, binden aber die Feinde für eine gewisse Zeit, so dass Sie mit Fernwaffen oder Zaubersprüchen bequem aufräumen können.

Im Blutigen Vorgebirge treffen Sie nicht selten auf Barbaren, die sich mutig den Horden des Bösen entgegenstellen.

Bahnen Sie sich einen Weg nach Norden und zerstören Sie dabei alle Katapulte, an denen Sie vorbeikommen.

Die Katapulte beschießen Sie laufend mit Eis-, Feuer-, Blitz- und Giftgeschossen. Oft erkennen Sie schon an einem bestimmten Geräusch, dass ein solches Geschoss auf Sie zufliegt. Weichen Sie auf jeden Fall aus, denn die Geschosse richten sehr viel Schaden an.

Weichen Sie den Geschossen der Katapulte aus!

Kurz bevor Sie auf Schenk den Aufseher treffen, machen Sie Bekanntschaft mit dem Unique-Monster **Dac Farren**, einem Kobold-Dämon, der versucht, Sie mit Hilfe seiner Horde Kobolde von Schenk fernzuhalten. Achten Sie auf die Feuerpfeile der Kobolde.

Der Kobold Dac Farren ist das letzte Hindernis vor Schenk dem Aufseher.

Schenk selbst wird von zahlreichen Sklaven und Todesprüglern bewacht, die sich zusammen mit ihm auf einem Podest befinden. Laufen Sie nicht auf das Podest, sondern greifen Sie mit flächenwirksamen Zaubersprüchen an oder locken Sie ein Monster nach dem anderen herunter. Sobald alle seine Untergebenen vernichtet sind, treten Sie in den Ring und räumen mit dem extra-starken Schenk auf. Als Belohnung erhalten Sie zahlreiche Heiltränke und einen Unique-Gegenstand.

Schenk ist gar nicht so stark, wie er aussieht.

 TIP ....

Sobald Schenk tot ist, sollten Sie sofort das Feld um seine Leiche räumen, denn eine Reihe Katapulte deckt die Gegend mit zahlreichen Geschossen ein.

Kehren Sie anschließend nach **Harrogath** zurück, um sich die Belohnung und den verdienten Respekt von Larzuk abzuholen, oder laufen Sie direkt weiter ins **Eishochland**, um dort Quest 2 zu erhalten.

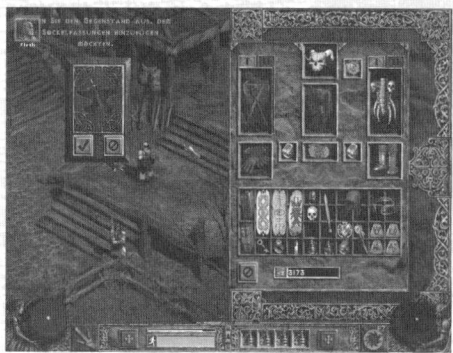

Geben Sie Larzuk einen Gegenstand Ihrer Wahl.
Er baut eine Sockelfassung ein!

Mmmhh ... 1–40 Blitzschaden im neu gesockelten
Unique-Kriegshammer.

In Harrogath sprechen Sie mit Qua-Kehk, der von den im Eishochland gefangenen Barbaren berichtet. Er bittet Sie, seine Soldaten aus ihren Gefängnissen zu befreien. Auf zu Quest 2!

Quest 2 – Rettung auf dem Berg Arreat

Nachdem Sie Schenk den Aufseher vernichtet und mit **Qua-Kehk** gesprochen haben, erhalten Sie von ihm Quest 2. Zahlreiche seiner Soldaten wurden im **Eishochland** gefangen genommen. Er bittet Sie, seine Männer aus den Klauen der Dämonen zu befreien, und stellt eine wertvolle Belohnung in Aussicht. Machen Sie sich also auf den Weg durch das **Blutige Vorgebirge** in Richtung Eishochland.

Gleich bei Betreten des Hochlands werden Sie von einer Horde Sklaven unter der Führung eines einzigartigen Monsters angegriffen: **Eldritch der Richter**, ein extra-schneller Sklave.

Eldritch der Richter greift mit seinen Sklaven an.

Das Eishochland wimmelt von Kobolden, Sklaven und Zerquetschern. Erschwerend hinzu kommen die Katapulte und die zahlreichen Wehrtürme, auf denen Kobolde mit Flammenwerfern sitzen. Die Kobolde sind es auch, die auf herumlaufende Zerquetscher aufspringen und sie in Flammen spuckende Kampfmaschinen verwandeln. Sie sollten niemals zwischen mehrere Zerquetscher und Kobolde gleichzeitig geraten, denn das könnte Ihr schnelles Aus bedeuten.

TIP

Im gesamten fünften Akt ist eine hohe Feuer-Resistenz wichtig, denn meistens sind Sie heftigen Feuer-Angriffen ausgesetzt.

Katapulte und von Dämonen besetzte Wehrtürme und Zerquetscher machen Ihnen im Eishochland das Leben schwer.

TIP..

In dieser Ebene kommen Fernkampffähigkeiten voll zum Tragen. Assassinen, die Klingenwut beherrschen, sowie Amazonen bzw. Totenbeschwörer und die Zauberin haben hier leichtes Spiel.

Wenn Sie das Gefühl haben, dass die Kobolde nicht weniger werden, dann liegt das an den herumstehenden *Hütten des Bösen Dämons*, die immer wieder Kobold-Nachschub liefern. Zerstören Sie diese Hütten so schnell wie möglich.

Zerstören Sie die Hütten des bösen Dämons, um der Koboldbrut Herr zu werden.

Auf Ihrer Suche nach den insgesamt drei Gefängnissen mit den Barbaren treffen Sie an unterschiedlichen Stellen auf ein besonderes Monster, einen Kobold, der sich Ihnen entgegenstellt.

 TIP..

In einer der brennenden Hütten wartet eine Schatzkiste darauf, von Ihnen gefunden zu werden. Sie wird allerdings von zahlreichen Kobolden und Sklaven bewacht.

Was da wohl drin ist?

Das Eishochland beherbergt einen Kobold mit besonderen Kräften. Dac Farrens Bruder?

Sobald Sie eines der Gefängnisse gefunden haben, befreien Sie die Barbaren durch Zerschlagen der Gittertür. Insgesamt 25 Barbaren warten auf drei Gefängnisse verteilt auf ihre Befreiung. Bewacht werden sie dabei unter anderem von dem einzigartigen Zerquetscher **Dresch-Zocker**, der sich etwa in der Mitte des Eishochlands befindet. Weichen Sie den Kobold-Geschossen aus und meiden Sie Dresch-Zocker, zumindest wenn er von einem Kobold geritten wird und deswegen Feuer spucken kann.

Dresch-Zocker kann Sie verfluchen und kräftig Feuer spucken.

Befreien Sie die armen Barbaren aus ihrem Gefängnis.

Die Barbaren teleportieren sich selbstständig nach **Harrogath** zurück. Sobald alle 25 befreit sind, kehren auch Sie zurück und holen sich bei **Qua-Kehk** die versprochene Belohnung ab, die aus den drei Runen **Ral**, **Ort** und **Tal** besteht und der Möglichkeit, von nun an bei Qua-Kehk einen **Söldner** anzuheuern, was Sie am besten gleich tun sollten.

TIP

Die Runen können in gesockelte Gegenstände eingesetzt werden. Nicht nur, dass die Runen an sich schon magische Eigenschaften haben, zusammengesetzt in der richtigen Reihenfolge können mehrere Runen ein so genanntes Runenwort bilden, das dem Gegenstand, in den sie eingesetzt wurden, ganz besondere magische Eigenschaften verleiht. Mit den Runen Ral, Ort und Tal (zusammengesetzt zu RalOrtTal) und einem dreifach gesockelten Schild lässt sich zum Beispiel ein magisches Schild erschaffen, der Schwur der Urahnen.

Triefauge der Entfesselte – trotz seines Namens extra stark und extra schnell.

Sie können aber auch zunächst weiter Richtung Norden laufen und den letzten Wächter vor der Hochebene des Arreat beseitigen: **Triefauge den Entfesselten**.

TIP

Die Söldner liegen alle zwischen Level 28 und 32, ihre Lebenspunkte reichen von 280 bis 340, ihre Verteidigung liegt zwischen 180 und 210. Die Preise unterscheiden sich entsprechend. Sie bewegen sich zwischen 9.000 und 15.000 Goldstücken. Sie sollten auf jeden Fall sofort einen hochgradigen Söldner anheuern und ihn mit den besten Waffen und Rüstungen ausrüsten. Genauso wie Sie gewinnt er an Erfahrung und steigt mit der Zeit auf. Stirbt Ihr liebgewonnener Begleiter, können Sie ihn bei Qua-Kehk wiederbeleben lassen. Das ist zwar sehr teuer (um die 25.000), aber immerhin trägt der Söldner wieder alle Waffen bei sich und hat dieselben Eigenschaften, die er zu dem Zeitpunkt hatte, als ihm sein Lebenslicht ausgeblasen wurde.

Laufen Sie anschließend zu **Malah** und sprechen Sie mit ihr. Sie berichtet vom Verschwinden von **Anya**, die nach einem Streit mit **Nihlathak**, den sie für den Tod der Weisen der Stadt verantwortlich macht, verschwunden ist. Es stellt sich die Frage, warum Nihlathak als einziger der Weisen überlebt hat ...? Das weiß möglicherweise die verschwundene Anya. Das letzte Mal wurde sie am **Frostfluss** beim **Kristalldurchgang** gesehen.

Abbadon

Im Eishochland gibt es einen direkten Weg in die Hölle **Abbadon**. Dort können Sie Ihre Kampfkraft an schlagkräftigen Blut-Fürsten, Dämonen-Halunken und Höllen-Fürsten testen. Ein besonderes Monster, ein Höllen-Fürst wartet auch noch. Als Belohnung winken eine Schatztruhe voller Gold, Gegenstände und eine Menge Erfahrung.

 TIP ....

Jedes der drei Höllengebiete in Herr der Zerstörung dient einzig und allein dem Sammeln von Erfahrung und magischen Gegenständen. Wenn Sie also der Meinung sind, ein Kampf gegen ein paar starke Monster könnte gerade richtig kommen, dann steigen Sie hinab in die Hölle von Abbadon, Acheron oder in die Inferno-Grube.

Hinab in die Hölle.

Jede Hölle hat ihr eigenes Super-Monster.

Quest 3 – Eisgefängnis

Den dritten Quest erhalten Sie nach der Rettung der Barbaren im Eishochland. Sprechen Sie mit **Malah**. Sie erzählt von **Anya**, der Tochter des Weisen Aust, der zusammen mit den anderen Weisen der Festung Harrogath sein Leben für einen magischen Schutzwall gegeben hat, der die Stadt vor dem Schlimmsten bewahrt. Der einzige Weise, der dies überlebt hat, ist **Nihlathak**. Anya ist nach einem Streit mit Nihlathak verschwunden und Malah bittet Sie, das Mädchen am **Frostfluss** beim **Kristalldurchgang** zu suchen. Um dorthin zu gelangen, müssen Sie die **Arreat-Hochebene** durchqueren.

Beseitigen Sie also Triefauge den Entfesselten, der am Ausgang des Eishochlands wartet, und betreten Sie die Arreat-Hochebene. Dort wartet schon der nächste Wächter, ein Unique-Kriegsfürst, zusammen mit der stärkeren Version der Sklaven, den **Schlitzern**.

Gleich hinter Triefauge dem Entfesselten warten einige Peitscher und Schlitzer.

Je näher Sie dem Berg Arreat kommen, desto stärker werden die Gegner, die sich Ihnen entgegenstellen. Neu sind die **Berserkerschlächter**, die sehr schnell laufen und explodieren, sobald sie in Ihre Nähe kommen. Ein gezielter Schuss mit einer Fernkampfwaffe oder ein entsprechender Zauber können für eine verfrühte Explosion sorgen. Halten Sie sich nicht lange auf, sondern stoßen Sie so schnell wie möglich zum Kristalldurchgang vor, der sich seitlich an einer Bergwand befindet.

Die Monster werden stärker. Auf der Arreat-Hochebene bekommen Sie es mit Kriegsfürsten (den stärkeren Peitschern) und – wie immer – Kobolden zu tun.

Betreten Sie den Kristalldurchgang.

Die Grube von Acheron

Wie die Hölle **Abbadon** ist auch Acheron nur dazu gedacht Erfahrungspunkte zu sammeln. Alle drei Höllen sind nicht sonderlich groß, aber der Schwierigkeitsgrad steigt durch stärkere Monster-Varianten an. Sie müssen sich gegen Kriegsfürsten (die stärkeren Peitscher), Nacht-Fürsten, Eiskeiler und Höllenfürsten durchsetzen, um ganz am Ende mit einer vollen Schatztruhe belohnt zu werden.

Ein weiterer Hölleneingang.

Der Kristalldurchgang

Der Kristalldurchgang ist eine Eishöhle, die von Mond-Fürsten, Frost-Kriechern und Stygischen Huren bevölkert wird. Die **Frost-Kriecher** sind sehr starke, komplett aus Eis bestehende Monster, die keine Leiche hinterlassen, *Todeswächter*, *Kadaver-Explosion* oder *Skelette beschwören* fällt demnach flach. Die **Stygischen Huren** sind fliegende Sukkubi, sehr schnell, aber sehr schwach. Sie können Sie verfluchen und in den stärkeren Varianten am Ende des fünften Aktes starke Energiebälle schleudern. Eine weitere Monsterart sind die **Schneetreiber**, große Yetis. Von dieser Sorte und von den Mond-Fürsten wandelt je ein einzigartiges Exemplar mit besonderen Kräften durch die Eisgänge.

Die Schneetreiber greifen an!

Der Kristalldurchgang hat zwei Abzweigungen: eine zum **Frostfluss**, die andere zum **Gletscherweg**. Um den dritten Quest abzuschließen, folgen Sie dem Weg zum Frostfluss und lassen den Gletscherweg außer Acht. In Bälde werden Sie diese Abzweigung sowieso nehmen müssen.

Der Frostfluss

Der Frostfluss schlängelt sich in einem relativ großen Gebiet durch die Eishöhle. Zahlreiche Brücken verbinden die einzelnen Eisschollen. Es erwarten Sie **Blut-Verführerinnen** (stärkere Stygische Huren), **Frostklufte** (stärkere Schneetreiber) und Untote (Fäulniswandler), die sich teilweise wieder erheben, nachdem sie »tödlich« getroffen wurden und weiterkämpfen. Im Übrigen wird der Frostfluss von zwei Unique-Monstern heimgesucht, einer Blutigen Verführerin und einem Frost-Kriecher.

Die Eisscholle, auf der sich Anya in ihrem frostigen Gefängnis befindet, ist nur von einer Brücke aus erreichbar, bewacht wird diese Brücke von einer Horde Frostkluften unter der Führung des Super-Unique-Monsters **Froststein**. Sie müssen den kälteresistenten Froststein besiegen, um zu Anya zu gelangen.

Froststein verstellt den Weg zu Anya.

Vollkommen in eine Eisschicht eingehüllt, kann Anya Sie nur beauftragen, ein Elixier von **Malah** zu besorgen, um das Eis aufzutauen. Öffnen Sie ein Stadtportal und besorgen Sie den Trank von Malah.

Kaum aufgetaut, berichtet Anya vom Verrat Nihlathaks an Harrogath und den Weisen der Feste. Nihlathak, verdorben von den Verlockungen Baals, möchte dem Herrn der Zerstörung das Totem der Barbaren-Urahnen geben. Mit Hilfe des Totems kann Baal unbehelligt an den Seelen der Urahnen in den Weltenstein-Turm gelangen, um so die Macht über die Welt zu erhalten.

Ganz schön kalt!

Tauen Sie Anya mit dem Elixier von Malah auf.

Zurückgekehrt in **Harrogath**, erhalten Sie von Anya einen einzigartigen Gegenstand (klassenspezifisch) als Belohnung für ihre Rettung. Gleichzeitig gibt sie Ihnen den Auftrag, Nihlathak in seinem Tempel am Berg, in den **Hallen von Vaught,** aufzuspüren, um zu verhindern, dass der Verräter Baal das Totem der Urahnen übergibt.

Zurück in der Stadt erhalten Sie von Anya Quest 4.

Quest 4 – Verrat in Harrogath

Durchschreiten Sie das rote Portal, das Sie direkt vor den Eingang zu **Nihlathaks Tempel** teleportiert. Schon vor dem Tempel heißen Sie **Schleichende Tote** und **Entweihte Krieger** willkommen. Wie ihre Vettern am Frostfluss erheben sich diese Untoten wieder und kämpfen unbeirrt weiter. Nach den ersten Schritten in den Tempel treffen Sie auf das Super-Unique-Monster **Knochenhaut**, der in Begleitung einiger Untoter versucht, Ihnen den Garaus zu machen.

Der alte Knochenhaut begrüßt Sie mit einer Schar Untoter am Eingang des Tempels.

Im Folgenden müssen Sie drei Hallen des Tempels durchschreiten:

- **Die Hallen der Qual:** Bahnen Sie sich einen Weg durch die **Schleichenden Toten** und sehr starken **Nacht-Fürsten**. In einer Ecke der Hallen wartet eine Truhe auf ihre Entdeckung.

- **Die Hallen der Schmerzen:** Ein Stockwerk tiefer treffen Sie auf **Unheilige Kadaver** (stärkere Entweihte Krieger), **Verfaulte Entweiher**, die umherlaufende Monster mit Würmern infizieren, und **Todeszänker** (stärkere Versionen der Todesprügler). Auch hier gibt es eine Schatztruhe.

- **Die Hallen von Vaught:** Es ist offensichtlich, dass Sie in die Nähe des verdorbenen Nihlathak kommen, denn die Anzahl an Gegnern nimmt zu und ihre Gefährlichkeit steigt. Sie kämpfen gegen **Eisbrut** (stärkere Schlitzer), **Üble Entweiher** und **Höllische Verführerinnen** (stärkere Blut-Verführerinnen). Neben einigen **Bösen Urnen**, die neue Monster ausspucken, wenn Sie sie öffnen, wartet ein Unique-Monster, ein **Übler Entweiher**, auf Sie.

Sie werden sofort wissen, wenn Sie sich Nihlathak nähern, denn er lässt die umliegenden Überreste toter Monster explodieren. Entweder Sie laufen direkt auf ihn zu, müssen dann aber zunächst seine aus zahlreichen Monstern bestehende Wache ausschalten und einer Kadaver-Explosion nach der nächsten ausweichen, oder Sie locken zunächst die Monster von ihm weg und erledigen sie in einiger Entfernung, wo seine Zaubersprüche keine Wirkung haben. Danach kehren Sie in die Halle mit Nihlathak zurück und schicken ihn zu seinem Herrn.

Nihlathak wartet in einem großen Raum, umgeben von Monstern, auf Sie.

Sobald Nihlathak beseitigt ist, kehren Sie zu Anya nach **Harrogath** zurück. Offensichtlich konnte Nihlathak das Totem der Urahnen bereits an Baal übergeben. Nun ist höchste Eile angesagt, soll der Weltenstein noch vor dem Zugriff Baals gerettet werden.

Als Belohnung für die Beseitigung Nihlathaks wird Anya einen Gegenstand Ihrer Wahl mit Ihrem Namen versehen. Danach erfahren Sie von der einzigen Möglichkeit, Baal aufzuhalten: Sie selbst müssen in den Weltenstein-Turm. Da das Totem der Urahnen verloren ist, gibt es nur einen Weg, um dorthin zu gelangen: Sie müssen auf den Gipfel des Berges Arreat steigen und den **Initiationsritus** der Urahnen (Quest 5) überstehen.

Quest 5 – Initiationsritus

Sprechen Sie mit Qua-Kehk, bevor Sie aufbrechen. Er gibt sich geheimnisvoll, was die Art des Initiationsritus betrifft und sagt nur so viel, dass Sie den **Altar des Himmels** berühren müssen, um den Ritus zu beginnen. Ein kleiner Tipp vorneweg: Heuern Sie auf jeden Fall einen Söldner an und nehmen Sie eine Menge Mana- und Heiltränke und vor allem Ausdauer-Tränke mit!

Der Weg auf den **Gipfel des Arreat** führt über den **Gletscherweg** durch die **Eistundra** und über den **Weg der Urahnen**. Nehmen Sie den Wegpunkt zum Kristalldurchgang und folgen Sie dem Ausgang zum Gletscherweg.

Der Gletscherweg und die Flockenhöhle

Suchen Sie den Ausgang zur **Eistundra**. Wenn Sie möchten, können Sie in die **Flockenhöhle** hinabsteigen und sich dort die von Monstern bewachte Schatztruhe samt Inhalt sichern. Auf dem Gletscherweg haben Sie es mit der Wiederbelebten Horde, Frost-Schrecken (stärkeren Frost-Kriechern), Todes-Schlitzern (darunter ein Unique) und der stärkeren Champion-Version der Todes-Schlitzer zu tun. In einer Ecke des Gletscherwegs treffen Sie zudem auf das Super-Unique-Monster **Knochenbrecher**, einen Untoten, der zusammen mit anderen seiner Art eine Schatztruhe bewacht.

Knochenbrecher will seinen Schatz nicht hergeben.

Die Flockenhöhle ist voller Schneetreiber, Champion-Stygischen Huren, Schändlichen Verführerinnen und Frost-Geißeln (stärkere Version des Frost-Kriechers).

Die Eistundra und die Inferno-Grube

Die Eistundra ist ein langgezogenes, von (Champion) Dämonen-Schwindlern, Sklaven, Zerquetschern und Katapulten durchsetztes Gebiet. Kämpfen Sie sich bis ans Ende des Gebiets vor. Dort befindet sich der Eingang zum **Weg der Urahnen**. Einen Besuch lohnt auch die Inferno-Grube, der dritte Hölleneingang in diesem Spiel. Neben einigen Erfahrungspunkten wartet wie immer eine Schatztruhe darauf, geborgen zu werden.

Die Kobolde verteidigen die Eistundra bis aufs Blut.

Die übliche Schatztruhe am Ende der Inferno-Grube.

Der Weg der Urahnen und der Eiskeller

Ihr einziges Ziel ist der Ausgang zum **Gipfel des Arreat**. Kämpfen Sie sich durch die Eisgänge des Weges der Urahnen. Sie werden es mit drei Unique-Monstern zu tun bekommen (alles Todesschlitzer), einigen Mond-Fürsten, Frost-Geißeln, und weiteren Todesschlitzern. Wenn Sie möchten, können Sie in den **Eiskeller** hinabsteigen. Dort warten neben Stygischen Huren Frostklüften, Schleichende Tote, Champion

Todesbrigadiere (die ganz starken Todesprügler) sowie deren Anführer, das Super-Unique-Monster **Schappzapp Schmetter**, ein Frost-Geißel, der vollkommen immun gegen Kälteangriffe ist.

Schnappzapp Schmetter, wie er leibt und lebt.

Der Arreat-Gipfel

Auf dem Arreat-Gipfel angekommen, sollten Sie zunächst alle Schutzzauber sprechen, Auren aktivieren oder Begleiter beschwören, die Sie aufbringen können, denn der Initiationsritus besteht in nichts anderem als dem Kampf gegen drei der Barbaren-Urahnen. Das Beste ist, dass Sie kein Stadtportal öffnen dürfen, für den Fall, dass es brenzlig wird. Sie müssen alle drei Urahnen auf dem Gipfel besiegen, um Zugang zum Weltenstein-Turm zu erlangen.

Berühren Sie den **Altar des Himmels**. Nach kurzer Zeit werden die drei Statuen der Urahnen lebendig und greifen an.

. . . .

Bleiben Sie immer in Bewegung. Nur die stärksten Charaktere, zum Beispiel ein Barbar, sollten sich in einen Nahkampf verwickeln lassen, denn die drei Urahnen sind wahre Halbgötter. Der »Ring«, in dem der Kampf stattfindet, ist von Säulen umgeben, die einigermaßen Schutz bieten. Laufen Sie durch die Säulen, während Sie Fernangriffe starten oder den einen oder anderen Schlag anbringen. Wenn Sie erst jetzt daran gedacht haben sich genügen Ausdauer-, Heil- und Mana-Tränke mitzunehmen, dann öffnen Sie ein Stadtportal. Die Statuen versteinern wieder, und Sie können den Kampf bei Ihrer Rückkehr über nochmaliges Berühren des Himmlischen Altars neu starten.

Die Nepharem Talic der Verteidiger, Madawe der Wächter und Korlic der Beschützer sind harte Brocken.

Sind alle drei besiegt, erlangen Sie Zutritt zum Weltenstein-Turm, dessen Eingang sich gleich gegenüber befindet.

Nach Ihrem Sieg verwandeln sich die drei Urahnen wieder in Statuen und geben den Weg in den Weltenstein-Turm frei. Kehren Sie nach Harrogath zurück und sprechen Sie mit Malah und Qua-Kehk. Jetzt ist es an der Zeit, Baal den Garaus zu machen. Finden Sie Baals Thronsaal, den **Thronsaal der Zerstörung**, im Weltenstein-Turm und vernichten Sie die Diener der Zerstörung.

Quest 6 – Vorabend der Vernichtung

Der Weltenstein-Turm besteht aus drei Ebenen. Danach folgt der Thron der Zerstörung, der wiederum Einlass in die Kammer des Weltensteins bietet. Auf Ihrem Weg durch die ersten drei Ebenen werden Sie in gewissen Abständen vom irren Gelächter Baals aufgeschreckt. Das bedeutet für Sie, dass innerhalb der nächsten Sekunde entweder eine Giftwolke oder ein Meteorschlag an Ihrem aktuellen Standort einschlägt.

Weltenstein-Turm Level 1: Auf der ersten Ebene des Turms kämpfen Sie gegen Entweihte Krieger (Untote), Schändliche Hexen (starke Sukkubi) und Stinkende Entweiher, die andere Monster mit Schmerzwürmern infizieren.

Weltenstein-Turm Level 2: Die zweite Ebene wird von sehr starken Sklaven **(Große Höllenbrut)** und sehr starken Berserker-Schlächtern **(Tobsüchtige Eisbrut)** bewacht. Vor Letzteren sollten Sie sich in Acht nehmen, denn diese Monster explodieren, wenn Sie in ihre Nähe kommen.

Weltenstein-Turm Level 3: Auf der dritten Ebene bekommen Sie es mit Todes-Fürsten zu tun, die mit sehr starken Doppel-Axtschwüngen erheblichen Schaden anrichten. Außerdem werfen sich Ihnen starke Kobolde **(Dämonen-Geister)** und **Ranzige Entweiher** entgegen. In der dritten Ebene befindet sich der Ausgang zum **Thron der Zerstörung**.

Die Monster im Weltenstein-Turm sind sehr stark. Besonders die Sukkubi gewinnen an Stärke, je weiter Sie in den Turm vordringen.

Der Thron der Zerstörung

Durchstreifen Sie die Ebene Thron der Zerstörung vorsichtig. Besonders die Sukkubi sind hier sehr stark. In einer Ecke der Ebene erstreckt sich eine lange Halle, an deren Ende Baal auf seinem Thron der Zerstörung wacht. Betreten Sie diese Halle mit äußerster Vorsicht und beseitigen Sie zunächst alle Monster, die sich darin aufhalten, bevor Sie Baal gegenübertreten.

Baal steht vollkommen sicher gegen Angriffe auf seinem Thron. Dahinter befindet sich der Eingang in die Kammer des Weltensteins, die noch nicht durchschritten werden kann.

TIP

Baal selbst können Sie nicht schaden, er wird von einem starken Schutzschild beschützt. Er dagegen kann Ihnen sehr wohl schaden, indem er starke Elementarzauber spricht oder Ihre Verbündeten verflucht.

Sobald alle Monster in Baals Thronsaal vernichtet sind und Sie versuchen, Baal selbst anzugreifen, erscheinen hintereinander die Diener der Zerstörung mit Anhang. Die Diener der Zerstörung, das sind die Super-Unique-Monster:

- **Colenzo der Vernichter,** ein Verwirrter Schamane
- **Achmel der Verfluchte,** eine Mumie
- **Batuc der Blutige,** ein Ratsmitglied
- **Ventar der Unheilige,** ein Blut-Fürst
- **Lister der Quäler,** ein Diener der Zerstörung

Alle Diener und ihre Untergebenen sind sehr stark. Jedes Mal, wenn Sie eine Horde vernichtet haben und in Baals Thronsaal zurückkehren, wird er die nächste Gruppe beschwören.

TIP

Auf jeden Fall sollten Sie zum Kampf gegen eine Gruppe immer den Thronsaal verlassen. Ansonsten müssen Sie auch noch die Zaubersprüche und Flüche Baals ertragen.

Colenzo gehört je nach Charakterklasse zu den schwierigsten oder den leichtesten Gegnern. Er und seine Schamanen-Brüder beleben sich gegenseitig. Ein Totenbeschwörer mit *Kadaver-Explosion*, der gleich am Anfang einen der Schamanen umbringt, hat leichtes Spiel. Ein reiner Nahkämpfer wie der Barbar muss sehr schnell sein oder die Schamanen voneinander trennen und einzeln vernichten.

Batuc und die Ratsmitglieder sind sprichwörtlich brandgefährlich. Zum einen sind sie sehr stark und sehr schnell, zum anderen zaubern sie Feuerschlangen, die Sie ununterbrochen mit Feuerbällen beharken. Sie sollten beim Kampf mit den Super-Uniques deshalb immer ein Stadtportal offen lassen, für alle Fälle.

Lister der Quäler und die **Diener der Zerstörung** sind sehr schnell. In den engen Gängen können Sie recht schnell zum Spielball zwischen diesen Monstern werden, denn sie greifen mit äußerst starken Kopfstößen an, die Sie regelrecht wegschleudern.

Colenzo und seine Schamanen-Kollegen beleben sich gegenseitig.

Achmel der Verfluchte und seine Mumien.

Batuc der Unheilige und die Ratsmitglieder sind neben den Dienern der Zerstörung die stärksten Gegner.

Ventar der Unheilige und die Blut-Fürsten-Gang.

Lister der Quäler war in seinem früheren Leben wahrscheinlich ein Nashorn.

Alle Monster sind besiegt, Baal flieht und Sie gleich hinterher.

Sobald alle Diener der Zerstörung besiegt sind, kehren Sie in den Thronsaal zurück. Sie können gerade noch sehen, wie Baal durch das Tor in die Kammer des Weltensteins entkommt. Hinterher!

Die Kammer des Weltensteins

In der Mitte der Kammer steht der gewaltige Weltenstein. Davor auf einem Podest wartet Baal. Halten Sie sich nicht allzu lange in seiner Nähe auf. Seine starken Flüche und besonders die Inferno-Feuerwellen bekommen Ihrer Gesundheit nicht gut. Wenn Sie sich in einem der Gänge um den Weltenstein herum aufhalten, werden Sie sehr schnell von **Eiternden Gliedern** umringt, die aus dem Boden brechen und sehr starke Attacken ausführen. Baal selbst hat zudem die unangenehme Angewohnheit, sich zu spiegeln, wobei jedes Spiegelbild dieselben Kräfte hat wie das Original. Sie müssen also von Anfang an den Original-Baal im Auge behalten und die Angriffe auf ihn konzentrieren. Ansonsten werden Sie ewig gegen immer neue Spiegelbilder kämpfen.

 TIP

Sie sollten auf jeden Fall einen Söldner bei sich haben, der Baal kurzzeitig ablenkt, so dass Sie ihn angreifen können. Kurz bevor der Söldner seinen Geist aufgibt, laufen Sie zurück und heilen ihn mit Tränken. Um Nachschub zu beschaffen und einen Fluchtweg offen zu halten, sollten Sie zudem ein Stadtportal in einem der Gänge öffnen.

Der Herr der Zerstörung vor dem Weltenstein.

Tipps zur Vernichtung von Baal

Im Folgenden erhalten Sie einige Tipps zur Vernichtung von Baal für die einzelnen Charakterklassen. Für alle gleichermaßen gilt: möglichst viele Tränke einpacken und vor dem Kampf ein Stadtportal als Rückzugsmöglichkeit öffnen.

Assassine

Beim Kampf gegen Baal kommen insbesondere die Fallen-Fertigkeiten der Assassine zum Tragen. Legen Sie auf dem langen Gang zum Weltenstein Fallen wie das *Schocknetz* oder die *Inferno-Woge* aus, zaubern Sie einen Schattenkrieger oder besser einen Schattenmeister und schützen Sie sich selbst mit einem *Klingenschild*. Aktivieren Sie Ihre stärksten Aufladefertigkeiten und (auf einer der Maustasten) *Klingenwut*. Während Baal nun versucht, zu Ihnen zu gelangen, läuft er durch die Fallen, wird gleichzeitig von Ihrer Schattenkriegerin mit starken Schlägen eingedeckt und von Ihnen mit wirbelnden Wurfsternen beharkt. Ein Söldner und zahlreiche Heil- und Mana-Tränke können nicht schaden.

Druide

Idealerweise verfügen Sie über die Zaubersprüche *Eichbaum-Weiser* und *Dornengeist*. Ersterer hebt Ihre Lebenspunkte an, der zweite wirft erlittenen Schaden auf Baal zurück. Raben oder Wölfe lenken Baal nur kurzzeitig ab, sie sind einfach zu schwach. Besser Sie unterstützen sie mit einer netten *Felsenfeuer*-Kugel, die selbst den stärksten Höllendämon aus der Bahn wirft, und setzen einen *Tornado* oder einen *Vulkan* hinterdrein.

Barbar

Greifen Sie Baal frontal an, treten Sie aber den Rückzug an, wenn er seine Feuerattacke startet. Kehren Sie dann zurück und kämpfen Sie weiter. Lassen Sie sich von seinen Spiegelbildern nicht beirren. Natürlich müssen Sie viel mehr aufpassen als bei Diablo, denn beide Baal-Versionen haben die gleichen Kräfte. Sehr gut geeignet ist die *Sprungattacke*, denn während des Sprungs können Sie nicht getroffen werden.

Totenbeschwörer

Des Totenbeschwörers bester Freund ist der Söldner. Schicken Sie ihn vor und beharken Sie Baal mit starken *Knochenspeeren* oder *Knochengeistern*. Sie werden keine Chance haben, Skelette zu beschwören. Wenn schon, dann einen starken Golem, der zusätzlich zur Ablenkung von Baal beiträgt. Auf alle Fälle sollten Sie Baal in regelmäßigen Abständen mit *Eiserner Jungfrau* verfluchen.

Zauberin

Wie schon im Kampf gegen Diablo sollte sich die Zauberin auf den *Meteor* und das *Statikfeld* verlassen. Das Statikfeld reduziert die Lebenspunkte Baals bei jeder Anwendung und der Meteor wird ihn recht schnell von seinen übrigen Lebenspunkten befreien.

Paladin

Der Paladin sollte mit *Dornen* dafür sorgen, dass Schaden, den er nimmt, auf Baal zurückgeworfen wird. Ansonsten sollte er die stärkste Waffe in die Hand nehmen und auf Baals Spiegelbild aufpassen.

Amazone

Die Amazone sollte auf jeden Fall ein paar Ausdauer-Tränke einpacken, denn bei ihr heißt die Devise Laufen, Laufen, Laufen! Ein starker Bogen in Verbindung mit dem *Feuerbrandpfeil* und der *Entrinnen*-Fertigkeit sind der Schlüssel zum Ziel. *Ausweichen*, *Meiden* und *Kritischer Schlag* helfen bestimmt auch.

 TIP..

Der beste Tipp zum Schluss: Wenn Sie die beiden Spiegelbilder partout nicht vom Original-Baal unterscheiden können, dann passen Sie jetzt gut auf. Der Schlüssel zum Sieg liegt in der Schreibweise der Namen von Baal und seinen Spiegelbildern. Der Name des wirklichen Baal wird BAAL geschrieben, wobei das Wort Dämon unter seinem Namen steht. Das gilt auch für die Spiegelbilder, nur liegen hier die Wörter BAAL und Dämon exakt auf einer Linie. Beim richtigen Baal tun sie das nicht. Bei ihm ist das Wort Dämon leicht nach rechts verschoben.

Und wieder einmal die Welt gerettet.

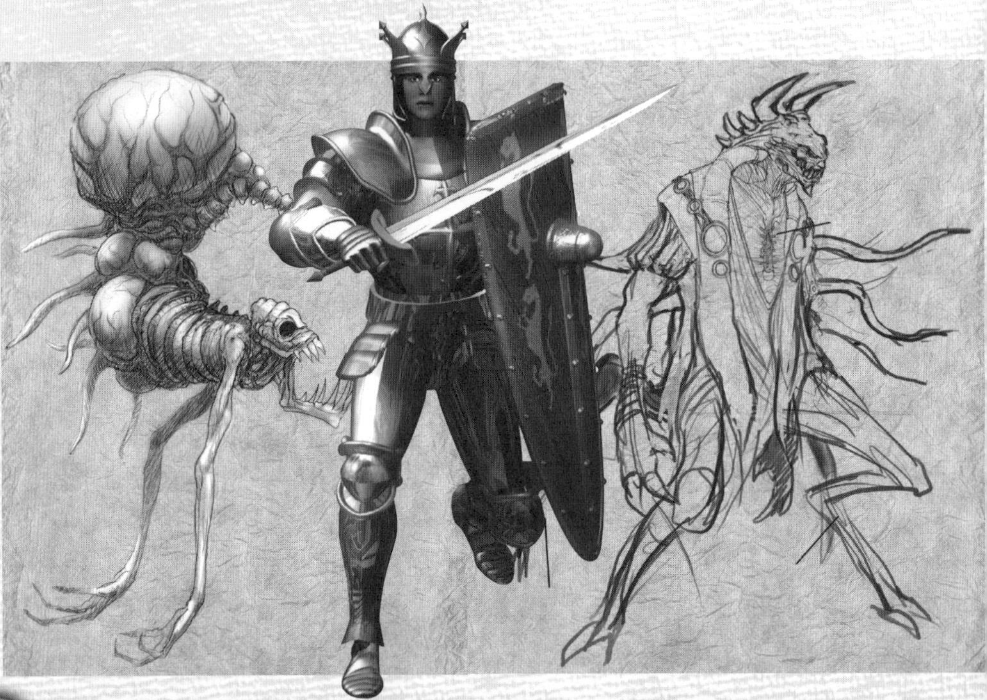

Multiplayer

Damals, als der erste Teil der Diablo-Serie erschien, kam der eingebaute Multiplayer-Modus einer Revolution gleich. In Diablo konnten mehrere Spieler gemeinsam vorgehen, Handel treiben, oder sich einfach nur bekämpfen. Die beste Möglichkeit Diablo zu spielen, war und ist auch in Diablo II immer noch der kooperative Weg, bei dem mehrere Mitspieler versuchen, gemeinsam die anstehenden Abenteuer zu bestehen und gefundene Waffen, Rüstungen, Zauber, und Tränke miteinander teilen. Im Kampf ermöglicht die kooperative Spielweise Taktiken, die man als Einzelspieler nie einsetzen kann.

In diese berühmten Fußstapfen tritt nun Diablo II – *Herr der Zerstörung*. Im folgenden lesen Sie einige allgemeine Tipps und wichtige Taktiken zum Multiplayer-Spiel. Insbesondere wird hierbei auf die beiden neuen Charaktere, den Druiden und die Assassine eingegangen. Tatkräftige Unterstützung für dieses Kapitel kommt direkt aus dem Hause Blizzard, von all den Diablo-Haudegen, die das Spiel wortwörtlich in und auswendig kennen.

Diablo II – *Herr der Zerstörung* kann wie Diablo und Diablo II über den kostenlosen Battle.NET-Service von Blizzard gespielt werden. Die wichtigste Änderung, die das Expansion Set für das Spiel im Battle.NET bzw. im Multiplayer-Spiel mit sich bringt, ist, dass Party-Mitglieder, die in einem gemeinsamen Akt im selben Gebiet kämpfen einen Erfahrungsbonus von 35% erhalten. Blizzard will damit den kooperativen Aspekt des Spiels noch weiter hervorheben und das taktische Zusammenspiel fördern. Die zweite Änderung ist die, dass gefundenes Gold automatisch zwischen den Party-Mitgliedern aufgeteilt wird. Aber nun zu den Multiplayer-Taktik-Tipps.

Multiplayer-Taktiken

Wie Diablo II können Sie auch in *Herr der Zerstörung* wieder zahlreiche weitläufige Gebiete erkunden. Im ersten Teil der Diablo-Serie, in der man ausschließlich dunkle Keller und Gewölbe durchstreifte, war in den engen Gängen oftmals gerade genug Platz für einen Charakter. Im Multiplayer-Spiel geriet man schnell in arge Platznot. Ein wichtiger Aspekt, der im Expansion Set geändert wurde, ist die Kollisionsabfrage zwischen dem Spieler und seinen Untergebenen bzw. herbeigerufenen Tierchen. Die konnte in Diablo II ganz schön nerven. Nicht selten kam man als Totenbeschwörer aus einer Sackgasse nicht mehr heraus, weil die eigenen Skelette den Weg versperrten und - ganz treues Gefolge - nicht kehrtmachten. In *Herr der Zerstörung* gibt es diese Kollisionsabfrage nicht mehr. Sie können also auch in den engsten Gängen ganz bequem an Ihren Helfern vorbeilaufen.

Damit die Kameraden bei Laune und das Inventar voll bleibt, sollten Sie die Länder in *Herr der Zerstörung* in relativ kleinen Gruppen oder jeder einzeln durchwandern. Damit gefundene Gegenstände gerecht verteilt werden, sollte man sich auf einen zentralen Punkt einigen, an dem man Gefundenes ablegt. Besonders wichtig ist, dass alle beisammen oder zumindest so weit voneinander entfernt bleiben, dass in Notsituationen schnell geholfen werden kann. Es muss nicht immer ein ganzer Wegpunkt sein, der sie voneinander trennt. Ein, zwei Bildschirme weiter warten genügend Monster darauf eins auf die Mütze zu kriegen, und sie sind immer noch nah genug, um Ihren Kameraden zu Hilfe zu eilen.

Tipps von den Profis

Exklusiv für dieses Buch haben wir den Jungs bei Blizzard auf die Finger geschaut und den einen oder anderen Trick abgeguckt. Hier also die Taktik-Tipps von den Meistern persönlich:

 TIP ....

Zahlreiche weitere und nicht minder wichtige Tipps finden Sie bei den Beschreibungen der Fertigkeiten am Anfang des Buches.

Ed Kang/Jason Hutchins

Nutzen Sie auf jeden Fall die neuen Funktionstasten in *Herr der Zerstörung*. Eine der wichtigsten Eigenschaften der neuen Charakterklassen ist, dass sie mehrere Fertigkeiten hintereinander gebrauchen und deren Effekt addieren können. Denken Sie nur an die Aufladefertigkeiten und Finishing Moves der Assassine. Um diese Möglichkeiten wirksam zum Einsatz zu bringen, müssen Sie allerdings Hotkeys definieren, um schnell zwischen den einzelnen Fertigkeiten umschalten zu können. Wir haben die Tasten q, w, e, r für die Fertigkeiten der rechten Maustaste und die Tasten a, s, d, f für die Fertigkeiten der linken Maustaste definiert. Für das Mini-Panel verwenden wir zudem die Tasten y, x, c, v, b. Denken Sie daran, dass Sie in Herr der Zerstörung 16 Hotkeys belegen können statt der 8 in Diablo II.

Jason Hutchins

- **Waffen wechseln:** Ein gutes Beispiel für einen Charakter, der von dieser neuen Funktion wirklich profitiert, ist die Amazone. Eine Speer-Amazone könnte zum Beispiel im ersten Waffenabteil schnelle Wurfspieße, im zweiten Waffenabteil einen langsameren aber stärkeren Speer tragen. Für jede Ausrüstung können eigene Funktionstasten definiert werden.
- **Der Druide:** Sobald Ihr Druide Level 30 erreicht hat, kann er Dornengeist lernen. Der Effekt dieser Fertigkeit ähnelt dem der Dornen-Aura des Paladins und wirkt auf alle Untergebenen und Party-Mitglieder gleichermaßen. Selbst die tödlichsten Monster im fünften Akt sind mithilfe des Dornengeistes einfacher zu besiegen.

Roger Eberhart

- **Die Assassine:** Die Assassine hat keine Fertigkeit, die den anderen Mitgliedern der Party wirklich hilft. Natürlich sind da der *Schattenkrieger* oder der *Schattenmeister*, die Sie herbeirufen kann und welche den anderen Mitgliedern der Party indirekt im Kampf beistehen. Sie ähnelt deshalb in vieler Hinsicht der Amazone, nur dass sie auf den Nahkampf und nicht auf den Fernkampf spezialisiert ist. Ihre Stärken richtig ausspielen wird die Assassine aber erst im Kampf Spieler-gegen-Spieler, besonders im Hinblick auf ihre Fallen. Der Trick besteht darin, die Leute dorthin zu locken, wo die Fallen stehen. Eine wirklich fiese Taktik ist, seine Fallen direkt vor den Toren der Stadt auszulegen, dann zu warten bis jemand des Weges kommt und kurz bevor derjenige in die erste Falle stolpert auf »feindlich« zu schalten. Eine nette kleine Überraschung.
- **Der Druide:** Der Druide steht dem Paladin in seinem Wert für die Party in nichts nach. Andere Party-Mitglieder profitieren von den Geistern und Ranken, die er herbeirufen kann. Mit den Tieren, die er zu seinem Schutz beschwört, lenkt er Monster ab, so dass die anderen Party-Mitglieder einfacher angreifen können. Nicht so gut verträgt sich der Druide allerdings mit Charakteren, deren Fertigkeiten teilweise auf der Nutzung herumliegender Leichen beruht. Barbaren zum Beispiel finden in den Leichen Heiltränke und Gegenstände, die sie dringend zum Überleben brauchen und Totenbeschwörer rufen mithilfe der Leichen Skelette herbei oder zaubern *Kadaver-Explosion*. Die Frage, wer welche und wie viele Leichen abbekommt, könnte in Partys genannter Zusammenstellung zum Streitpunkt werden.

Robert Foote

- **Cloak 'em and Smoke 'em:** Eine der besten Fertigkeitskombinationen der Assassine sind *Schattenmantel* und alle Arten von Fallen. Wenn Sie auf eine Gruppe Monster stoßen, zaubern Sie erst einmal *Schattenmantel*, um deren Sicht einzuschränken. Dann, wenn die Monster nur noch dumm herumstehen, werfen Sie Ihre Fallen aus. Die meisten Monster werden schon tot sein, bevor der Rest überhaupt bemerkt, was geschieht.

Michael Backus

Quests zurückhalten: Sie sollten Belohnungen für Quests so lange wie möglich nicht abholen. Ein gutes Beispiel ist die Belohnung von Charsi am Ende des ersten Aktes. Wenn Sie ein paar Level weiterspielen und warten, bis Sie einen besseren Gegenstand gefunden haben, wird Charsi einen viel besseren daraus schmieden. Sie haben alle Zeit der Welt. Die Belohnung kann Ihnen niemand wegnehmen.

Dave Fried

Der Paladin: Sicherlich einer der wertvollsten Charaktere in einer Party. All seine Auras wirken auch auf alle anderen Party-Mitglieder, die sich in seinem Umkreis und im Wirkungsradius der Aura befinden. Eine Gruppe, die aus mehreren Paladinen besteht kann sehr effektiv vorgehen, wenn sich jeder Paladin auf eine bestimmte Aura spezialisiert. Mit dem *Heiligen Blitz* kann der Paladin zudem andere Party-Mitglieder heilen, indem er den Blitz auf sie abschießt.

- **Die Zauberin**: Flächenwirksame Zaubersprüche sollten bei der Zauberin Vorrang haben. Schon oft hat eine *Frost-Nova* zum richtigen Zeitpunkt das Kampfesglück zugunsten der Party verschoben.
- **Der Barbar**: Die mächtigen Kriegsschreie des Barbaren werden im Vergleich zu seinen Kampfesfertigkeiten oftmals vernachlässigt. Beim Kampf im Multiplayer-Spiel kommt es allerdings weniger darauf an, dass jeder so fest zuhauen kann wie möglich, vielmehr ist Teamwork zwischen den einzelnen Mitgliedern gefragt. Und da tragen Kriegsschreie einen nicht unbedeutenden Teil dazu bei. Zum Beispiel kann der Barbar die Verteidigungswerte seiner Kameraden erhöhen.

❖ **Die Amazone:** Beim Spiel als Amazone, sollten Sie daran denken, dass ihre Spezialität der Fernkampf ist. Es empfiehlt sich also, sich als Amazone aus dem direkten Kampfgeschehen herauszuhalten und lieber gezielte Schüsse in die Menge abzugeben. Kein Geschoss, das sie als Amazone abschießen, wird jemals einen Ihrer Kameraden verwunden, auch wenn Sie direkt auf ihn zielen.

Josh Kurtz

❖ Einer der besten Sprüche der Zauberin ist *Frost-Nova*. Laufen Sie in eine Gruppe von Monstern, sprechen Sie die Frost-Nova und ziehen Sie sich zurück. Den Rest überlassen Sie ihren Kameraden, die mit ein paar Hieben Monster-Eiswürfelchen hacken.

❖ Die Bedeutung der Stadtportal-Schriftrolle kann nicht oft genug betont werden. In Ihrer Party sollten immer mehrere Mitspieler ausreichend Schriftrollen bei sich tragen. So ist sichergestellt, dass immer eine Fluchtmöglichkeit offen bleibt, auch wenn die Hälfte der Mannschaft tot am Boden liegt. In der Stadt können sich dann alle erholen und mit frischen Tränken eindecken. Reservieren Sie stets einen Hotkey für den Stadtportal-Spruch.

Conner Brandt

Golems, *Verstärkter Schaden* und *Kadaver-Explosion* bilden eine wirksame Kombination im Kampf gegen große Monsterhorden. Totenbeschwörer, die gemeinsam in einer Party kämpfen, sind mit diesen Fertigkeiten nahezu unbesiegbar.

Pete Underwood

❖ Paladine und Totenbeschwörer, die mit der Aura *Eifer* und dem Fluch *Verstärkter Schaden* arbeiten, sind eine starke Streitmacht. Eine Aura wie *Dornen* in Verbindung mit den Skeletten und Golems eines Totenbeschwörers sind eine mindestens ebenso schlagkräftige Kombination.

❖ Ein Paladin mit den Fertigkeiten *Heiliges Feuer* oder *Heiliger Schock* kann die Aufmerksamkeit der Monster auf sich ziehen, ohne ihnen dabei zu nahe zu kommen. Andere Mitspieler können die Monster dann mit Fernwaffen angreifen.

John Lagrave

❖ Barbaren, die als Gruppe zusammen kämpfen, sollten sich auf verschiedene Waffenklassen spezialisieren (der eine Schwert-Beherrschung, der nächste Axt-Beherrschung, usw.). Auf diese Weise vermeidet man mögliche Streitereien um wertvolles Beutegut.

❖ Die Zauberin darf eigentlich in keiner Party fehlen. Ihr *Statikfeld* schwächt selbst die stärksten Gegner innerhalb von Sekunden, was den Nahkämpfern die Gelegenheit gibt schnell mit dem Rest aufzuräumen. Solche Fertigkeiten spielen besonders in großen Multiplayer-Spielen eine große Rolle, denn die Schergen Diablos, Mephistos und Baals sind hier umso stärker. Nicht vergessen darf man auch die Söldner oder eventuelle Skelette oder Tiere, die der eine oder anderen Charakter zu Gruppe beisteuern kann. Sie können im Kampf als wertvolle Ablenkung dienen.

❖ Der Schwierigkeitsgrad im Multiplayer-Spiel hängt davon ab, wie viele Spieler daran teilnehmen. Ein Spiel mit einer Party aus sechs Mitgliedern wird viel schwieriger sein, die Monster werden viel stärker sein, als bei einem Spiel mit nur zwei Teilnehmern. Auf diese Weise stellt Blizzard sicher, dass auch bei vielen Teilnehmern die Spiel-Balance stimmt, und die Drei Übel nicht allzu einfach zu besiegen sind.

Derek Simmons

Immer zusammenbleiben. Je mehr Spieler an einem Multiplayer-Spiel beteiligt sind, desto schwieriger wird der Kampf, egal, ob man auf eigene Faust oder gemeinsam durch die Länder von Diablo II streift. Die Devise heißt also: zusammenbleiben. Die Schergen Diablos sind weit einfacher zu besiegen, wenn mehrere Auras, Zaubersprüche und Skelette sich am Kampf beteiligen.

Carlos Guerrero

Gas-Tränke sind eine sehr effektive Waffe im Kampf gegen große Monsterhorden. Einfach warten, bis die Monster Ihnen dicht gedrängt hinterherlaufen oder sich an einem Punkt sammeln, und dann die Gasflasche mitten in die Menge werfen. Viele Monster werden starken Schaden nehmen, wenn nicht gleich vernichtet, und das Erfahrungskonto Ihrer Party steigt mit einem Schlag an.

Die Listen

Hier finden Sie die Informationen, die Sie ansonsten nur durch langes Ausprobieren oder durch sehr ausdauerndes Spiel herausfinden können. Im einzelnen haben wir für Sie Rezepte für den Horadrim-Würfel, die Runen und einige Runenwörter, Unique-Gegenstände, Set-Gegenstände und die Edelsteine, die Sie im Spiel finden können zusammengetragen.

Die Champions im Expansion Set

Die schon aus Diablo II bekannten Champions sind im Spiel anhand ihres blauen Namens erkennbar. Im Expansion Set wurden den Champions zusätzliche Fähigkeiten verliehen. Je nachdem welche Bezeichnung sie vor ihrem Namen tragen, haben Champions andere Kräfte. Hier nun ein Überblick über die Bezeichnungen und die damit verbundenen Boni.

Fanatisch	Schnellere Geschwindigkeit, -30% auf Rüstungsklasse.
Berserker	Schaden x4, Trefferchance x4, Trefferpunkte x1,5.
Geisterhaft	Halbe Geschwindigkeit, Ungefähr 1/5 Chance auf Kälte-Schaden, Schadenswiderstand 77%.
Besessen	Trefferpunkte x12, Kann nicht verflucht werden.
Champion	Min. Schaden x2, Max. Schaden x2, Trefferchance x2, Angriff +120%, Trefferpunkte x6, Level +4, Erfahrung x3.

Unique-Monster und ihre Kräfte

Die Unique-Monster im Spiel sind mit besonderen Kräften ausgestattet, die stets unter ihrem Namen aufgelistet werden. Damit Sie in Zukunft wissen, mit welchen Besonderheiten beim Kampf gegen so ein Monster zu rechnen ist, haben wir die Eigenschaften eine kleiner Übersicht zusammengestellt.

Attribut	Effekt
EXTRA STARK	Min. Schaden x3, Max. Schaden x3, Trefferchance +25%.
EXTRA SCHNELL	Unique & Horde ist schneller, Angriff x2 (nur Unique).
MAGISCHER WIDERSTAND	Widerstand gegen Alles 75% (Feuer, Kälte, & Blitz),
FLUCH	50% Chance auf den Fluch *Verstärkter Schaden* (MLvl/4) gegen Angreifer.
FEUER-VERZAUBERT	Min. Feuer-Schaden + (Min. Schaden), Max. Feuer-Schaden + (Max. Schaden), Trefferchance x2, Feuer-Widerstand 75%.
KÄLTE-VERZAUBERT	Min. Kälte-Schaden + (Min. Schaden), Max. Kälte-Schaden +(Max. Schaden), Kälte-Dauer +20, Trefferchance x2, Kälte-Widerstand 75%.
BLITZ-VERZAUBERT	Min. Blitz-Schaden + (Min. Schaden), Max. Blitz-Schaden + (Max. Schaden), Trefferchance x2, Blitz-Widerstand 75%.
MANA-ABSAUGUNG	Min. Mana-Schaden + (Min. Schaden x4), Max. Mana-Schaden + (Max. Schaden x4), Trefferchance x2, Magie-Widerstand 75%.
SPEKTRALER TREFFER	Feuer-, Blitz-, und Kälte-Widerstand 20%; Trefferchance x2 (zufällig Feuer-, Kälte-, Blitz-, Magie- oder Gift-Schaden) + (Min. Schaden) + (Max. Schaden).
STEINHAUT	Schadenswiderstand +80%, Rüstungsklasse x3

Attribut	Effekt
MEHRFACHSCHUSS	2 zusätzliche Geschosse desselben Typs werden verschossen.
TELEPORTIEREN	(Leben <33%) oder (Fernkampf-Monster und jemand befindet sich in seiner Nähe); Teleportiert wenn (Leben <33%), +25% der Max. Trefferpunkte als Lebens-Bonus.
AURA-VERZAUBERT	*Macht* (bei Monster-Level 4), *Heiliges Feuer* (bei MLvl 2), *Dornen* (bei MLvl 4), *Heiliger Frost* (bei MLvl 2), *Heiliger Schock* (bei MLvl 2), *Überzeugung* (bei MLvl 4), *Fanatismus* (bei MLvl 4).
DIEBSTAHL	Monster stiehlt Tränke aus dem Gürtel
GIFT-TREFFER	Ein Treffer vergiftet das Ziel.
GIFT-WOLKE	Schaden und Gift-Wirkung wie beim *Gift-Wurfspieß* der Amazone.
FEUERPFEIL	Schaden wie beim *Feuerpfeil* der Amazone.

Die Horadrim-Rezepte

Mit dem Horadrim-Würfel können Sie mehrere Gegenstände in einen Gegenstand mit besonderen Kräften umwandeln. Nachfolgend einige Rezepte.

Zutaten	Ergebnis
6 perf. Schädel 1 seltener Gegenstand	Seltener Gegenstand des gleichen Typs, niedrige Qualität
1 perf. Schädel 1 seltener Gegenstand 1 Stein von Jordan	Seltener Gegenstand des gleichen Typs, hohe Qualität
3 perf. Schädel 1 seltener Gegenstand 1 Stein von Jordan	Seltener Gegenstand wird gesockelt
4 Heiltränke 1 Rubin 1 magisches Schwert	Langschwert des Blutegels
1 Diamant 1 Stab 1 Kris 1 Gürtel	Wilden-Dolch
1 mag. Kleines Schild, 1 Dornenkeule, 2 Schädel	Kleines Dornenschild
3 gleiche perfekte Edelsteine 1 magischer Gegenstand	Zufälliger mag. Gegenstand
3 beliebige Edelsteine 1 Schwert	Gesockeltes Schwert

Zutaten	Ergebnis
Wirts Bein Stadtportal-Buch	Portal zum Kuh-Level
3 gleiche Edelsteine	1 Juwel höherer Qualität
1 perfekter Edelstein jeden Typs 1 Amulett	Prismen-Amulett (18-24% Widerstand gegen Alles)
1 Ring 2 Topaz	Korallen-Ring (21-30% Blitz-Widerstand)
1 Ring 1 Saphir 1 Auftau-Trank	Kobalt-Ring (21-30% Kälte-Widerstand)
1 Ring 1 Rubin 1 Explosions-Trank	Granat-Ring (21-30% Feuer-Widerstand)
1 Ring 1 Smaragd 1 Gegengift-Trank	Viridian-Ring (21-30% Gift-Widerstand)
3 Ringe	1 Amulett, zufällige Eigenschaften
3 Amulette	1 Ring
3 beliebige Heiltränke	1 großer Regenerationstrank 3 beliebige Manatränke 1 beliebiger Edelstein
3 beliebige Heiltränke	1 kleiner Regenerationstrank 3 beliebige Manatränke
1 beliebiger Heiltrank 1 Würgegas-Trank	1 Gegengift-Trank
1 Speer, 1 Köcher mit Pfeilen	1 Bündel Wurfspeere
2 Köcher mit Pfeilen	1 Köcher mit Bolzen
2 Köcher mit Bolzen	1 Köcher mit Pfeilen
1 Axt 2 Dolche	1 Stapel Wurfäxte, zufällige Eigenschaften

Runen und Runenwörter

Die Runen sind eine ganz besondere Neuerung in *Herr der Zerstörung*. Runen können in gesockelte Gegenstände eingesetzt werden, an die sie ihre magischen Kräfte weitergeben. Ihre ganze Macht aber entfalten sie erst, wenn mehrere Runen zu einem Wort zusammengesetzt und in den richtigen Gegenstand (Klasse) mit der richtigen Anzahl Sockel eingesetzt werden. Nachfolgend eine Übersicht über die Wirkung der einzelnen Runen, danach eine Liste mit Runenwörtern.

Rune	Gegenstand	Auswirkung
EL (Levl. 11)	Waffe:	+50 Angriff
		+1% Lichtradius
	Schild:	+15 Verteidigung
		+1% Lichtradius
	Helm/Rüstung:	+15 Verteidigung
		+1% Lichtradius
ELD (Levl. 11)	Waffe:	+50 Angriff gegen Untote
		+175% Schaden gegen Untote
	Schild:	+7% Chance zu Blocken
	Helm/Rüstung:	-15% Ausdauer-Verlust
TIR (Levl. 13)	Waffe:	+2 Mana für jeden Kill
	Schild:	+2 Mana für jeden Kill
	Helm/Rüstung:	+2 Mana für jeden Kill
NEF (Levl. 13)	Waffe:	Wegstoßung
	Schild:	+30 Verteidigung gegen Geschosse
	Helm/Rüstung:	+30 Verteidigung gegen Geschosse
ETH (Levl. 15)	Waffe:	-25% auf Verteidigung des Gegners
	Schild:	+15% auf Mana-Regeneration
	Helm/Rüstung:	+15% auf Mana-Regeneration
ITH (Levl. 15)	Waffe:	+9 Max. Schaden
	Schild:	15 erlitt. Schaden geht zu Lasten von Mana
	Helm/Rüstung:	15 erlitt. Schaden geht zu Lasten von Mana
TAL (Levl. 17)	Waffe:	+19 Gift-Schaden für 2 Sek.
	Schild:	+35% Gift-Widerstand
	Helm/Rüstung:	+35% Gift-Widerstand
RAL (Levl. 19)	Waffe:	5 - 30 Feuer-Schaden
	Schild:	+30% Feuer-Widerstand
	Helm/Rüstung:	+30% Feuer-Widerstand
ORT (Levl. 21)	Waffe:	1 - 50 Blitz-Schaden
	Schild:	+30% Blitz-Widerstand
	Helm/Rüstung:	+30% Blitz-Widerstand
THUL (Levl. 23)	Waffe:	3-14 Kälte-Schaden
	Schild:	+30% Kälte-Widerstand
	Helm/Rüstung:	+30% Kälte-Widerstand
AMN (Levl. 25)	Waffe:	7% Leben-Absaugung pro Treffer
	Schild:	Angreifer erleidet 14 Schaden
	Helm/Rüstung:	Angreifer erleidet 14 Schaden
SOL (Levl. 27)	Waffe:	+9 Min. Schaden
	Schild:	Schaden durch Angreifer um 7 reduziert
	Helm/Rüstung:	Schaden durch Angreifer um 7 reduziert
SHAE / SHAEL (Levl. 29)	Waffe:	Erhöhte Angriffsgeschwindigkeit
	Schild:	Schnellere Blockgeschwindigkeit
	Helm/Rüstung:	Schnellere Erholung nach Treffer

Rune	Gegenstand	Auswirkung
DOL (Levl. 31)	Waffe:	32% Chance, dass Monster flüchtet
	Schild:	+7 auf Regeneration
	Helm/Rüstung:	+7 auf Regeneration
HEL (Levl. 33)	Waffe:	-20% auf Anforderungen
	Schild:	-15% auf Anforderungen
	Helm/Rüstung:	-15% auf Anforderungen
PO / IO (Levl. 35)	Waffe:	+10 Vitalität
	Schild:	+10 Vitalität
	Helm/Rüstung:	+10 Vitalität
LUM (Levl. 37)	Waffe:	+10 Energie
	Schild:	+10 Energie
	Helm/Rüstung:	+10 Energie
KO (Levl. 39)	Waffe:	+10 Geschicklichkeit
	Schild:	+10 Geschicklichkeit
	Helm/Rüstung:	+10 Geschicklichkeit
FAL (Levl. 41)	Waffe:	+10 Stärke
	Schild:	+10 Stärke
	Helm/Rüstung:	+10 Stärke
LEM (Levl. 43)	Waffe:	+75% Gold von getöteten Monstern
	Schild:	+50% Gold von getöteten Monstern
	Helm/Rüstung:	+50% Gold von getöteten Monstern
PUL (Levl. 45)	Waffe:	+100 auf Angriff gegen Dämonen, 175% Schaden gegen Dämonen
	Schild:	+30% Verteidigung
	Helm/Rüstung:	+30% Verteidigung
UM (Levl. 47)	Waffe:	25% Chance auf offene Wunden
	Schild:	+20% auf alle Widerstandswerte
	Helm/Rüstung:	+10% auf alle Widerstandswerte +20% auf alle Widerstandswerte
MAL (Levl. 49)	Waffe:	Verhindert Heilung bei Monstern
	Schild:	Magie-Schaden um 7 reduziert
	Helm/Rüstung:	Magie-Schaden um 7 reduziert
IST (Levl. 51)	Waffe:	+30% Magische Gegenstände
	Schild:	+25% Magische Gegenstände
	Helm/Rüstung:	+25% Magische Gegenstände
GUL (Levl. 53)	Waffe:	+20% Angriff
	Schild:	+3% auf max. Gift-Widerstand
	Helm/Rüstung:	+3% auf max. Gift-Widerstand
VEX (Levl. 55)	Waffe:	7% abgesaugtes Mana pro Treffer
	Schild:	+3% auf max. Feuer-Widerstand
	Helm/Rüstung:	+3% auf max. Feuer-Widerstand

Rune	Gegenstand	Auswirkung
OHM (Levl. 57)	Waffe:	+50% Schaden
	Schild:	+3% auf max. Kälte-Widerstand
	Helm/Rüstung:	+3% auf max. Kälte-Widerstand
LO (Levl. 59)	Waffe:	20% Chance auf tödlichen Hieb
	Schild:	+3% auf max. Blitz-Widerstand
	Helm/Rüstung:	+3% auf max. Blitz-Widerstand
SUR (Levl. 61)	Waffe:	Treffer lässt Ziel erblinden
	Schild:	+50 auf Mana
	Helm/Rüstung:	+5% max. Mana
BER (Levl. 63)	Waffe:	20% Chance auf vernichtenden Schlag
	Schild:	-8% Schaden
	Helm/Rüstung:	-8% Schaden
JO / CHO (Levl. 65)	Waffe:	Verlangsamt Gegner um 25%
	Schild:	+50 auf Leben
	Helm/Rüstung:	+5% auf max. Leben
CHAM (Levl. 67)	Waffe:	Friert Gegner ein
	Schild:	Kann nicht eingefroren werden
	Helm/Rüstung:	Kann nicht eingefroren werden
ZOD (Levl. 69)	Waffe:	unzerstörbar
	Schild:	unzerstörbar
	Helm/Rüstung:	unzerstörbar

Hier eine Liste mit mächtigen Runenwörtern:

 TIP...

Bitte beachten Sie, dass die Runenwörter in diesem Buch bereits auf dem ersten Patch zum Expansion Set basieren und sich deshalb stark von den Runenwörtern in der Gold-Master-Version 1.07 unterscheiden. Damit auch Sie in den Genuss der hier vorgestellten Runenwörter kommen, laden Sie bitte den Patch direkt von Battle.net und aktualisieren Sie Ihre Version von *Diablo II – Herr der Zerstörung*.

Name	# Runen	Gegenstände	Runenwort	Effekt 1
Schwur der Urahnen	3	Schilder	Ral+ Ort+ Tal	Kälte-Widerstand +43
Schwarz	3	Keule, Hammer, Streitkolben	Thul+ Io/ Po+ Nef	Vernichtenden Schlag +4
Wut	3	Nahkampf-Waffen	Cho+ Gul+ Eth	Schaden +209%
Heiliger Donner	4	Szepter	Eth+ Ral+ Ort+ Tal	Schaden +60%
Ehre	5	Nahkampf-Waffen	Amn+ El+ Ith+ Tir+ Sol	Schaden +160%
Königswürde	3	Schwert, Szepter	Amn+ Ral+ Thul	Schaden +100%
Blatt	2	Stab	Tir+ Ral	+3 Feuer-Fertigkeiten
Löwenherz	3	Rüstung	Hel+ Lum+ Fal	Stärke +15
Weisheit	2	Helme	Ort+ Sol	Energie +10
Bosheit	3	Nahkampf-Waffen	Ith+ El+ Eth	Offene Wunden +100
Melodie	3	Bogen	Shael/ Shae+ Ko+ Nef	Schaden +50%
Erinnerung	4	Stab	Lum+ Io+ Sol+ Eth	Mana +20%
Nadir	2	Helme	Nef+ Tir	Verteidigung +50%
Glanz	3	Helme	Nef+ Sol+ Ith	Lichtradius +5
Reim	2	Schilder	Shael/ Shae+ Eth	Schneller Blocken +20
Stille	6	Waffen	Dol+ Eld+ Hel+ Ist+ Tir+ Vex	+4% Mana-Absaugung
Rauch	2	Rüstung	Nef+ Lum	Verteidigung gegen Geschosse +250
Heimlichkeit	2	Rüstung	Tal+ Eth	Magie-Schaden reduziert um 3
Stahl	2	Schwert, Axt, Streitkolben	Tir+ El	Erhöhte Angriffsge- schwindigkeit +25
Stärke	2	Nahkampf-Waffen	Amn+ Tir	Stärke +20
Gift	3	Waffen	Tal+ Dol+ Mal	Gift-Schaden +312

Effekt 2	Effekt 3	Effekt 4	Effekt 5	Effekt 6
Widerstand gegen Alles	+13	+50% Verteidigung	10 Schaden geht auf Mana	
+120% Schaden	Erhöhte Angriffsge-schwindigkeit +15	Magie-Schaden reduziert um 2	Angriff +200	Kadaver-Explosion +4- 12
Erhöhte Angriffsge-schwindigkeit +40	Verhindert Monster-Heilung +1	Offene Wunden +66	Lebens-Ab-saugung +6	tödlich +33
Blitz-Schaden	Maximum Scha-den +10	Blitz-Wider stand +60	Max. Blitz-Widerstand +5	Heiliger Schock +3 +20- 60
Leben auffüllen +10	alle Fertigkeiten +1	Angriff +200	tödlich +25	Stärke +10
Angriff +150	+100% Schaden gegen Dämonen	+50% Schaden gegen Untote	Angriff gegen Dämonen +100	Angriff gegen Untote +100
Verteidigung / Level 16	Kälte-Widerstand +33	Inferno +3	Feuerblitz +3	Wärme +3
Vitalität +20	Geschicklichkeit +15	+20% Schaden	Life +50	Widerstand gegen Alles +30
alle Fertigkeiten +1	Lichtradius +2	+2 Mana pro Kill		
Senkt Verteidigung des Ziels um –100	Verhindert Mons-ter-Heilung +1	+33% Schaden	Lichtradius –1	Leben auffüllen -5
Bogen- u. Armbrust-Fertigkeiten +3	Kritischer Treffer +3	Dodge +3	Geschosse verlangsamen +3	Schaden gegen Untote +300
Magie-Schaden	+50% Verteidigung reduziert um 7	Schnellere Zauber-geschwindigkeit +33	Zauberin-Fertig-keiten +3	Energieschild +3
Verteidigung +10	Lichtradius –3	Schattenmantel 9- 13	+33% Mehr Gold	Stärke +5
Energie +10	Vitalität +10	Magie-Schaden reduziert um 3	Mana +33	+75% Verteidigung
Alle Widerstände +25	Kann nicht einge-froren werden +1	+50% Mehr Gold	+25% mag. Gegenstand finden	
Ziel erblindet bei Treffer +33	+200% Schaden	Erhöhte Angriffsge-schwindigkeit +20	Widerstand gegen Alles +75	Alle Fertigkeiten +2
Verteidigung +75	Alle Widerstände +50	Schnellere Erholung nach Treffer +20	Lichtradius –1	Schwächen +6-18
Geschicklichkeit +6	Ausdauer +15	Schneller Gehen/ Rennen +25	Schneller Zaubern +25	Schnellere Erholung nach Treffer +25
Minimum Schaden +3	Maximum Schaden +3	Offene Wunden +50	+20% Schaden	
+35% Schaden	Vitalität +10	Vernichtenden Schlag +25		
Ignoriert Verteidi-gung des Ziels +1	Gift-Explosion +15-27	Gift-Nova +11-13	+7% Mana-Absaugung	

Name	# Runen	Gegenstände	Runenwort	Effekt 1
Wohlstand	3	Rüstung	Lem+ Ko+ Tir	250% Mehr Gold
Weiß	2	Zauberstäbe	Dol+ Io/ Po	Gift- und Knochen-Zauber +3
Zephir	2	Bogen	Ort+ Eth	Schneller Gehen/ Rennen +25

*Folgende Runenwörter haben zusätzlich einen 7. Effekt: **Wut** – Raserei +5, **Heiliger Donner** – Kettenblitz +7-60,*

Geschmiedete Gegenstände

Wenn Sie die richtigen Zutaten haben, können Sie mit dem Horadrim-Würfel eigene Gegenstände schmieden. Hier eine Liste mit machtvollen Rezepten.

Zutaten

Mag. Waffe + Beliebiges Juwel + Ort-Rune + Bel. Saphir: Schlagkraft-Waffe

Mag. Leichte Plattenstiefel + Beliebiges Juwel + Eld-Rune + Bel. Rubin: Blut-Stiefel

Mag. Schwere Handschuhe + Beliebiges Juwel + Tir-Rune + Bel. Rubin: Blut-Handschuhe

Mag. Gürtel + Beliebiges Juwel + Nef-Rune + Bel. Rubin: Blut-Gürtel

Mag. Stiefel + Beliebiges Juwel + Eld-Rune + Bel. Amethyst: Zauberer-Stiefel

Mag. Kettenhandschuhe + Beliebiges Juwel + Tir-Rune + Bel. Amethyst: Zauberer-Handschuhe

Mag. Plattenrüstung + Beliebiges Juwel + Ith-Rune + Bel. Amethyst: Zauberer-Rüstung

Mag. Brustpanzer + Beliebiges Juwel + Ith-Rune + Bel. Smaragd: Sicherheits-Rüstung

Mag. Waffe + Beliebiges Juwel + Ort-Rune + Bel. Smaragd: Sicherheits-Waffe

Mag. Vampirzahn-Gürtel + Beliebiges Juwel + Dol-Rune + Bel. Saphir: Schlagkraft-Gürtel

Mag. Waffe + Beliebiges Juwel + Fal-Rune + Bel. Saphir: Schlagkraft-Waffe

Mag. Verspiegelte Stiefel + Beliebiges Juwel + Sol-Rune + Bel. Rubin: Blut-Stiefel

Mag. Vampirknochen-Handschuhe + Beliebiges Juwel + Shae/ Shael-Rune + Bel. Rubin: Blut-Handschuhe

Mag. Mithril-Rollen-Gürtel + Beliebiges Juwel + Dol-Rune + Bel. Rubin: Blut-Gürtel

Mag. Aegis-Schild + Beliebiges Juwel + Hel-Rune + Bel. Rubin: Blut-Schild

Mag. Krakenschale + Beliebiges Juwel + Io/ Po-Rune + Bel. Rubin: Blut-Rüstung

Effekt 2	Effekt 3	Effekt 4	Effekt 5	Effekt 6
+100% mag. Gegenstand finden				
Magie-Schaden reduziert um 4	Schneller Zaubern +20	Mana +13	Knochenrüstung +3	Knochenspeer +2
Erhöhte Angriffsgeschwindigkeit +25	+33% Schaden	Angriff +66	Twister bei Treffer +1-7	Verteidigung +25

Erinnerung – Statikfeld +2, **Stille** – Schnellere Erholung nach Treffer +20, **Weiß** – Skelettbeherrschung +4.

Effekt 1	Effekt 2	Effekt 3	Effekt 4
5% Chance, Level 8 Frost-Nova zu zaubern	Angreifer nimmt Schaden (5- 10)	(34- 67)% Schaden	
(1-4)% Leben-Absaugung	Leben auffüllen +(5-10)	+(10-20) Leben	
(1-4)% Leben-Absaugung	(5- 10)% Vernichtender Schlag	+(10-20) Leben	
(1-4)% Leben-Absaugung	(5-10)% Offene Wunden	+(10- 20) Leben	
Mana regenerieren (4-12)%	+(10-20) Mana	Erhöht max. Mana (5- 10)%	
Mana regenerieren (4-12)%	+(10-20) Mana	+(1-3) Mana pro Kill	
Mana regenerieren (4-12)%	+(10-20) Mana	+(1-3) Mana pro Kill	
Schaden reduziert um (3-9)	Mag. Schaden reduziert um (2-5)	Halbe Einfrierdauer	(10-33)% Verteidigung
Schaden reduziert um (3-9)	Mag. Schaden reduziert um (2-5)	+(34- 67)% Schaden	
7% Chance, Level 12 Frost-Nova zu zaubern	Angreifer nimmt Schaden (8- 20)	(20-35%) Schaden geht auf Mana	
7% Chance, Level 12 Frost-Nova zu zaubern	Angreifer nimmt Schaden (8- 20)	+(40- 80)% Schaden	
(2- 6%) Leben-Absaugung	+(15-25) Leben	Leben auffüllen+(8- 15)	
(2- 6%) Leben-Absaugung	+(15- 25) Leben	(8-15)% Vernichtender Schlag	
(2- 6%) Leben-Absaugung	+(15-25) Leben	(8-15)% Offene Wunden	
(2- 6%) Leben-Absaugung	+(15- 25) Leben	Angreifer nimmt Schaden of (8-15)	
(2- 6%) Leben-Absaugung	+(15-25) Leben	+(1-3) Leben pro Dämonen-Kill	

Zutaten

Mag. Amulett + Beliebiges Juwel + Lum-Rune + Bel. Rubin: Blut-Amulett

Mag. Ring + Beliebiges Juwel + Ko-Rune + Bel. Rubin: Blut-Ring

Mag. Waffe + Beliebiges Juwel + Fal-Rune + Bel. Rubin: Blut-Waffe

Mag. Wyrmleder-Stiefel + Beliebiges Juwel + Sol-Rune + Bel. Amethyst: Zauberer-Stiefel

Mag. Vampirschienen + Beliebiges Juwel + Shae/ Shael-Rune + Amethyst: Zauberer-Handschuhe

Mag. Troll-Gürtel + Beliebiges Juwel + Dol-Rune + Bel. Amethyst: Zauberer-Gürtel

Mag. Luna-Schild + Beliebiges Juwel + Hel-Rune + Bel. Amethyst: Zauberer-Schild

Mag. Höllenschmieden-Plattenrüstung + Beliebiges Juwel + Io/ Po-Rune + Bel. Amethyst: Zauberer-Rüstung

Mag. Amulett + Beliebiges Juwel + Lum-Rune + Bel. Amethyst: Zauberer-Amulett

Mag. Ring + Beliebiges Juwel + Ko-Rune + Bel. Amethyst: Zauberer-Ring

Mag. Waffe + Beliebiges Juwel + Fal-Rune + Bel. Amethyst: Zauberer-Waffe

Mag. Große Halsberge + Beliebiges Juwel + Io/ Po-Rune + Bel. Smaragd: Sicherheits-Rüstung

Bel. Waffe + Beliebiges Juwel + Fal-Rune + Bel. Smaragd: Sicherheits-Waffe

Unique-Gegenstände

Wie schon in Diablo II kann der ausdauernde Spieler auch in *Herr der Zerstörung* zahlreiche einzigartige Gegenstände – so genannte Unique Items – finden.

Hier eine Liste der Uniques im Spiel aufgeteilt nach Rüstungs- und Waffenklassen.

Das Auge

Wirbelnder Kristall	3% Chance, Level 10
Expansion	Teleportieren nach Treffer zu
Level 42	sprechen
	+# auf Mana (auf CLvl. basierend)
	Verlangsamt Ziel um 20%
	+2 auf Mana pro Kill
	+2 auf Zauberin-Fertigkeiten
	Plus 10-20 Blitz-Schaden
	+55 auf Leben

Herold von Zakarum

Schild	+# auf Angriff geg. Untote (auf
Expansion	CLvl. basierend)
Level 42	#% Schaden geg. Untote (auf CLvl.
	basierend)
	Verhindert einfrieren
	Am schnellsten Blocken
	Bessere Chance zu Blocken
	+2 auf Paladin-Fertigkeiten
	+50% Verteidigung
	+26% Schaden
	+37 auf Angriff
	+1 auf offensive Auras (nur Paladin)

Effekt 1	Effekt 2	Effekt 3	Effekt 4
(2-6%) Leben-Absaugung	+(15-25) Leben	Schnell Rennen/Gehen	
(2-6%) Leben-Absaugung	+(15-25) Leben	+(8-15) Stärke	
(2-6%) Leben-Absaugung	+(15-25) Leben	+(40-80)% Schaden	
Mana regenerieren (7-21)%	+(15-25) Mana	Erhöht max. Mana (8- 15)%	
Mana regenerieren (7- 21)%	+(15- 25) Mana	+(2-5) Mana pro Kill	
Mana regenerieren (7-21)%	+(15-25) Mana	Schnell zaubern	
Mana regenerieren (7-21)%	+(15-25) Mana	Erhöhte Chance zu Blocken (8-15)	
Mana regenerieren (7-21)%	+(15-25) Mana	+(2-5) Mana pro Kill	
Mana regenerieren (7-21)%	+(15-25) Mana	Schnell zaubern	
Mana regenerieren (7-21)%	+(15-25) Mana	+(8-15) Energie	
Mana regenerieren (7-21)%	+(15-25) Mana	+(40-80%) Schaden	
Schaden reduziert um (6-15)	Mag. Schaden halbiert	Einfrierdauer +(20- 50)%	Verteidigung (3- 10)
Schaden reduziert um (6-15)	Mag. Schaden reduziert um +(40-80%)	Schaden (3- 10)	

Bartucs Chop Chop

Große Klingenklauen	25% Tödlicher Schlag
Expansion	-35% Verteidigung des Ziels
Level 42	Treffer lässt Ziel erblinden
	+2 auf Assassinen-Fertigkeiten
	+35% Schaden
	+25 auf Mana
	+10 auf Geschicklichkeit
	Stark erhöhte Angriffs- geschwindigkeit
	+1 auf Schatten-Disziplinen (nur Assassine)

Jalals Mähne

Traumgeist	25% Chance auf vernichtenden
Expansion	Schlag
Level 42	Treffer lässt Monster fliehen 93%
	Schnellere Erholung nach Treffer
	+2 auf alle Druiden-Fertigkeiten
	Ausdauer-Regeneration +20%
	+50 auf Leben
	Wegstoßung
	+1 auf Gestalt wandeln (nur Druide)

Biggins Haube

Kappe	30% Schaden
Level 3	+30 auf Angriff
	+15 auf Mana
	+15 auf Leben
	+14 Verteidigung

Tarnhelm

Schädelkappe	+1 auf alle Fertigkeiten
Level 15	25-50% Bessere Chance mag. Gegenstand zu finden
	75% Extra-Gold von Monstern

Glorienkappe

Helm	Angreifer erleidet 4 Blitz-Schaden
Level 14	Treffer lässt Ziel erblinden
	Blitz-Widerstand 15%
	+25 Verteidigung geg. Geschosse
	+10 Verteidigung

Dämmertief

Vollhelm	-2 auf Lichtradius
Level 17	Schaden reduziert um 3
	Alle Widerstände +5
	+8 auf max. Schaden
	+10 Verteidigung

Heulhauer

Großer Helm Level 25	35% Schaden geht zu Lasten von Mana
	+80% Verteidigung
	Magie-Schaden reduziert um 2
	Angreifer erleidet Schaden von 3

Untote Krone Krone Level 29	Halbe Einfrierdauer
	4% Abgesaugtes Leben pro Treffer
	Gift-Widerstand 50%
	+40 Verteidigung

Das Gesicht des Horrors

Maske Level 20	150% Schaden gegen Untote
	Treffer lässt Monster fliehen 50%
	Alle Widerstände +5
	+20 auf Stärke
	+25 Verteidigung

Wurmschädel

Knochenhelm Level 21	+1 auf Totenbeschwörer-Fertigkeiten
	5% Abgesaugtes Leben pro Treffer
	Gift-Widerstand 25%
	+10 auf Mana

Bauernkrone

Kriegskappe Expansion Level 28	+1 auf alle Fertigkeiten
	Leben auffüllen +12
	+100% auf Verteidigung
	+20 auf Energie
	+20 auf Vitalität

Felsstopper

Expansion Level 31	Schnellste Erholung nach Treffer
	+110% Verteidigung
	Blitz-Widerstand 37%
	+23 auf Leben
	+15 auf Energie
	+13 auf Geschicklichkeit

Raubschädel

Expansion Level 35	+# auf Mana (auf CLvl. basierend)
	Schneller Zaubern
	Schnellere Erholung nach Treffer
	5% Abgesaugtes Leben pro Treffer
	5% Abgesaugtes Mana pro Treffer
	+35 Verteidigung

Dunkelsichthelm

Expansion Level 38	2% Chance, Level 5 Schwache Sicht bei Treffer zu sprechen
	+# Verteidigung (auf CLvl. basierend)
	Verhindert einfrieren
	-4 auf Lichtradius
	5% Abgesaugtes Mana pro Treffer

Walkürenflügel

Geflügelter Helm Expansion Level 44	Am schnellsten zaubern
	Schnellste Erholung nach Treffer
	Am schnellsten Rennen/Gehen
	+35 Verteidigung
	Stark erhöhte Angriffs-geschwindigkeit

Krone der Diebe

Große Krone Expansion Level 49	8% Abgesaugtes Leben pro Treffer
	+175% Verteidigung
	Feuer-Widerstand 33%
	+35 auf Mana
	+50 auf Leben
	+25 auf Geschicklichkeit

Schwarzhorns Gesicht

Totenmaske Expansion Level 41	Verlangsamt Ziel um 20%
	Angreifer erleidet Blitz-Schaden of 25
	Verhindert Monster-Heilung
	+20 Blitz-Absorption
	Blitz-Widerstand 15%
	+200% Verteidigung

Vampirblick

Helm Expansion Level 41	15% Verlangsamter Ausdauer-Verlust
	8% Abgesaugtes Leben pro Treffer
	8% Abgesaugtes Mana pro Treffer
	+100% Verteidigung
	Schaden reduziert um 25%
	Magie-Schaden reduziert um 15

Harlekinskrone

Expansion Level 62	Unzerstörbar
	+2 auf alle Fertigkeiten
	+100% Verteidigung
	Erhöht max. Leben um 40%
	50% Bessere Chance mag. Gegenstand zu finden

Schleier aus Stahl

Spitzhelm	Unzerstörbar
Expansion	+4 auf Lichtradius
Level 73	+150% Verteidigung
	Alle Widerstände +35
	+30 Verteidigung
	+15 auf Stärke

Grauform

Gefütterte Rüstung	5% Abgesaugtes Leben pro Treffer
Level 7	Magie-Schaden reduziert um 3
	Kälte-Widerstand 20%
	Feuer-Widerstand 20%
	+10 auf Geschicklichkeit
	+20 Verteidigung

Blinkers Form

Lederrüstung	Schnell Gehen/Rennen
Level 12	Plus 3-6 Feuer-Schaden
	+16 Verteidigung geg. Geschosse
	+25 Verteidigung

Der Zenturio

Harte Lederrüstung	Leben auffüllen +3
Level 14	Schaden reduziert um 2
	+30 Verteidigung
	+25 auf Angriff
	+15 auf Mana
	+15 auf max. Ausdauer
	+15 auf Leben

Zuckzappel

Beschlagenes Leder	Bessere Chance zu Blocken
Level 16	+25 Verteidigung
	+10 auf Geschicklichkeit
	+10 auf Stärke
	Leicht erhöhte Angriffs-geschwindigkeit

Dunkelglüh

Ringpanzer	+3 auf Lichtradius
Level 14	5% auf max. Gift-Widerstand
	5% auf max. Kälte-Widerstand
	5% auf max. Blitz-Widerstand
	5% auf max.Feuer-Widerstand
	Alle Widerstände +10
	+25 Verteidigung gegen Nahkampf
	+20 auf Angriff
	+30 Verteidigung

Falkenhemd

Schuppenpanzer	Verhindert einfrieren
Level 15	15% auf max. Kälte-Widerstand
	Kälte-Widerstand 15%
	+46 Verteidigung

Funkenhemd

Kettenpanzer	Angreifer erleidet Blitz-Schaden of
Level 17	1-10 Plus 1-10 Blitz-Schaden
	+60 Verteidigung
	+50% Verteidigung

Giftschutz

Brustpanzer	+2 auf Lichtradius
Level 20	Plus 10-20 Blitz-Schaden
	15% auf max. Gift-Widerstand
	Gift-Widerstand 15%
	Plus 7-9 Gift-Schaden über 3 Sekunden
	+40 Verteidigung

Eisblinker

Bänderrüstung	Friert Ziel ein
Level 22	+4 auf Lichtradius
	Magie-Schaden reduziert um 1
	Kälte-Widerstand +30%
	+55 Verteidigung

Knochenfleisch

Plattenharnisch	5% Abgesaugtes Leben pro Treffer
Level 26	+100 Verteidigung
	+35 auf Angriff

Felsenfell

Feldharnisch	Anforderungen -10%
Level 28	Schaden reduziert um 3
	Gift-Widerstand 50%
	+125 Verteidigung
	+5 auf Stärke

Klapperkäfig

Prunkharnisch	25% Chance auf vernichtenden Schlag
Level 29	Treffer lässt Monster fliehen 39%
	+200 Verteidigung
	+45 auf Angriff

Goldhaut

Voller Harnisch	+2 auf Lichtradius
Level 28	Alle Widerstände +30
	+150 Verteidigung
	Angreifer erleidet Schaden von 1-10

Seide des Siegers

Alte Rüstung	+2 auf Lichtradius
Level 28	+1 auf alle Fertigkeiten
	5% Abgesaugtes Mana pro Treffer
	+60 Verteidigung

Himmlisches Gewand

Leichte Platten-	+100% Verteidigung
rüstung	Mana-Regenerierung 25%
Level 29	Alle Widerstände +10

Der Geisterschleier

Geisterrüstung	Verhindert einfrieren
Expansion	+1 auf alle Fertigkeiten
Level 2	+150% Verteidigung
	Leben auffüllen +10
	Magie-Schaden reduziert um 10

Haut des Vipernmagiers

Schlangenhaut-	Am schnellsten zaubern
Rüstung	+170% Verteidigung
Expansion	Magie-Schaden reduziert um 15
Level 29	Alle Widerstände +35

Haut des Geschundenen

Dämonenleder-	Repariert 1 Haltbarkeit in
Rüstung	20 Sekunden
Expansion	5% Abgesaugtes Leben pro Treffer
Level 31	175% Verteidigung
	Leben auffüllen +10
	Erhöht max. Haltbarkeit 100%
	Angreifer erleidet Schaden von 15

Eisenpelz

Bänderrüstung	+100% Verteidigung
Expansion	Magie-Schaden reduziert um 13
Level 33	+27 auf Leben
	+13 auf Geschicklichkeit

Geisterschmiede

Verbundkettenhemd	+# auf Leben (auf CLvl. basierend)
Expansion	+4 auf Lichtradius
Level 35	+120% Verteidigung
	Feuer-Widerstand 5%
	Plus 5-10 Feuer-Schaden
	+15 auf Stärke
	(2) Juwelen-Sockel

Krähenkrächzen

Komplettpanzerhemd	35% Chance auf Offene Wunden
Expansion	Schnelle Erholung nach Treffer
Level 37	+165% Verteidigung
	+15 auf Geschicklichkeit
	Erhöhte Angriffsgeschwindigkeit

Schaftstopper

Kettenrüstung	+200% Verteidigung
Expansion	Schaden reduziert um 30%
Level 38	+100 Verteidigung geg. Geschosse
	+60 auf Leben

Duriels Schale

Harnisch	+# auf Leben (auf CLvl. basierend)
Expansion	+# Verteidigung (auf CLvl.
Level 41	basierend)
	+160% Verteidigung
	Alle Widerstände +20
	+15 auf Stärke

Der Fluch des Gladiators

Drahtvlies	Unzerstörbar
Expansion	Verhindert einfrieren
Level 85	Gift-Dauer reduziert um 40%
	Schnellste Erholung nach Treffer
	+150% Verteidigung
	Schaden reduziert um 25
	Magie-Schaden reduziert um 20
	+50 Verteidigung
	Angreifer erleidet Schaden von 20

Skullders Zorn

Eisenrüstung	Repariert 1 Haltbarkeit pro Sekunde
Expansion	#% Extra-Gold von Monstern (auf
Level 42	Lvl. basierend)
	+1 auf alle Fertigkeiten
	+200% Verteidigung
	Magie-Schaden reduziert um 25
	+30 auf Vitalität

Schutzengel

Templer-Mantel	+100 auf Angriff geg. Dämonen
Expansion	+4 auf Lichtradius
Level 45	+1 auf Paladin-Fertigkeiten
	+75% Verteidigung
	15% auf max. Gift-Widerstand
	15% auf max. Kälte-Widerstand
	15% auf max. Blitz-Widerstand
	15% auf max. Feuer-Widerstand

Zahnreihe

Haizahnrüstung	40% Chance auf Offene Wunden
Expansion	+200% Verteidigung
Level 48	Feuer-Widerstand 15%
	+100 Verteidigung
	+10 auf Stärke
	Angreifer erleidet Schaden von 20

Atmas Wehklagen

Gravierte Platten-	+# Verteidigung (auf CLvl.
rüstung	basierend)
Expansion	Schnellste Erholung nach Treffer
Level 51	Leben auffüllen +10
	Erhöht max. Mana 15%
	+15 auf Geschicklichkeit
	+120% Verteidigung

Schwarzer Hades

Chaosrüstung	+150 auf Angriff geg. Dämonen
Expansion	Halbe Einfrierdauer
Level 53	-2 Lichtradius
	+140% Verteidigung
	Angreifer erleidet Schaden von 15
	(1) Juwelen-Sockel

Leichentrauer

Verzierte Platten-	3% Chance, Level 2 Eiserne
rüstung	Jungfrau nach Treffer zu sprechen
Expansion	+170% Verteidigung
Level 55	Magie-Schaden reduziert um 15
	Kälte-Widerstand +35%
	+8 auf Stärke

Que-Hegan's Weisheit

Magier-Plattenrüstung	+3 auf Mana Pro Kill
Expansion	Am schnellsten zaubern
Level 51	Schnelle Erholung nach Treffer
	+150% Verteidigung
	Magie-Schaden reduziert um 10
	+20 auf Energie

Arkaines Heldenmut

Balrog-Haut	+# auf Vitalität (auf CLvl.
Expansion	basierend)
Level 85	+# auf Leben (auf CLvl. basierend)
Schnellere	Unzerstörbar
Erholung nach	+2 auf alle Fertigkeiten
Treffer	+200% Verteidigung
	Feuer-Widerstand 50%

Pelta Lunata

Beschützer	+10 auf Mana
Level 2	+10 auf Leben
	+2 auf Stärke
	+40 Verteidigung

Schattenscheibe

Kleines Schild	Treffer lässt Ziel erblinden
Level 9	-2 auf Lichtradius
	50% Verteidigung
	+40 Verteidigung
	20 auf Leben
	+10 auf Geschicklichkeit

Sturmgilde

Großes Schild	Magie-Schaden reduziert um 1
Level 13	Blitz-Widerstand 25%
	Plus 1-6 Blitz-Schaden
	+30 Verteidigung

Stahlklang

Eckiger Schild	Bessere Chance zu Blocken
Level 17	+3 auf Lichtradius
	+1 auf Paladin-Fertigkeiten
	Schaden reduziert um 3

Bverrit-Turm

Turm-Schild	Magie-Schaden reduziert um 4
Level 19	Feuer-Widerstand 25%
	+30 Verteidigung
	+5 auf Stärke

Der Wächter

Prunk-Schild	Bessere Chance zu Blocken
Level 26	Magie-Schaden reduziert um 2
	+40 Verteidigung
	+10 auf Stärke

Wand der Augenlosen

Knochenschild	+5 auf Mana Pro Kill
Level 2	Am schnellsten zaubern
	3% Abgesaugtes Mana pro Treffer
	Gift-Widerstand 20%
	0 +30 Verteidigung

Schwerthalter

Dornenschild	50% Chance auf Offene Wunden
Level 15	Bessere Chance zu Blocken
	Angreifer erleidet Schaden von 3/4/5
	+20 Verteidigung

Mosars gesegneter Kreis

Rundschild	Bessere Chance zu Blocken
Expansion	+200% Verteidigung
Level 31	Alle Widerstände +25
	(2) Juwelen-Sockel

Sturmjäger

Scutum	Halbe Einfrierdauer
Expansion	Bessere Chance zu Blocken
Level 35	+60% Verteidigung
	Blitz-Widerstand 35%
	+150 auf Angriff
	+35 auf max. Schaden

Eingeweidebeißer

Verteidiger	Am schnellsten Blocken
Expansion	Bessere Chance zu Blocken
Level 28	+2 auf Totenbeschwörer-Fertigkeiten
	+80% Verteidigung
	+80 auf Leben

Tiamats Rüge

Drachenschild	Bessere Chance zu Blocken
Expansion	Plus 14-28 Gift-Schaden über
Level 38	4 Sekunden
	Plus 5-10 Kälte-Schaden
	Plus 8-16 Blitz-Schaden
	Alle Widerstände +28
	Plus 10-25 Feuer-Schaden
	Plus 10-20 Schaden

Gerkes Zuflucht

Pavese	+# auf Vitalität (Auf CLvl.
Expansion	basierend)
Level 44	Bessere Chance zu Blocken
	+125% Verteidigung
	Leben auffüllen +15
	Schaden reduziert um 15
	Magie-Schaden reduziert um 15

Radaments Kugel

Altes Schild	4% Chance, Level 4 Gift-Nova nach
Expansion	Treffer zu sprechen
Level 50	Bessere Chance zu Blocken
	+85% Verteidigung
	Gift-Widerstand 20%
	Plus 13-23 Gift-Schaden über 3
	Sekunden

Lidlose Wand

Schild des Grauens	Am schnellsten Blocken
Expansion	+4 auf Lichtradius
Level 41	+80% Verteidigung
	+5 auf Energie
	+5 auf Vitalität
	+5 auf Geschicklichkeit
	+5 auf Stärke

Lanzenwache

Dornenschild	15% Schaden geht zu Lasten von Mana
Expansion	Schnellste Erholung nach Treffer
Level 35	+60% Verteidigung
	Erhöht max. Mana 35%
	+50 auf Leben
	Angreifer erleidet Schaden von 25

Schwarzeichenschild

Luna	Unzerstörbar
Expansion	4% Chance, Level 5 Schwächen
Level 61	nach Treffer zu sprechen
	+# Kälte-Absorption (auf CLvl.
	basierend)
	Verteidigung (auf CLvl. basierend)
	Halbe Einfrierdauer
	Am schnellsten Blocken
	+100 auf Leben
	+30 auf Geschicklichkeit

Sturmschild

Aegis	Unzerstörbar
Expansion	+# auf Verteidigung (auf CLvl.
Level 73	basierend)
	Am schnellsten Blocken
	Bessere Chance zu Blocken
	Schaden reduziert um 35%
	Kälte-Widerstand +60%
	Blitz-Widerstand 25%
	+30 auf Stärke

Die Hand von Broc

Handschuhe	3% Abgesaugtes Leben pro Treffer
Level 5	3% Abgesaugtes Mana pro Treffer
	Gift-Widerstand 10%
	+10 Verteidigung
	+20 auf Mana

Blutfaust

Schwere Handschuhe	Schnellste Erholung nach Treffer
Level 9	+10 Verteidigung
	+40 auf Leben
	+5 auf min. Schaden

Wächtertreu

Kettenhandschuhe	+2 auf Lichtradius
Level 15	+15 Verteidigung
	+25 auf Angriff
	24% Bessere Chance mag.
	Gegenstand zu finden
	200% Extra-Gold von Monstern

Magierfaust

Leichte Handschuhe	+1 auf Feuer-Fertigkeiten
Level 23	Am schnellsten zaubern
	Mana-Regenerierung 25%
	Plus 1-5 Feuer-Schaden
	+10 Verteidigung

Frostbrand

Handschuhe	+5% Verteidigung
Level 29	Erhöht max. Mana 40%
	Plus 1-6 Kälte-Schaden
	+30 Verteidigung

Giftgriff

Dämonenleder-Handschuhe	5% Chance auf vernichtenden Schlag
Expansion	5% Abgesaugtes Leben pro Treffer
Level 29	+40% Verteidigung
	+5% auf max. Gift-Widerstand
	Gift-Widerstand 30%
	Plus 23-47 Gift-Schaden über 3
	Sekunden

Grab-Palme

Haihauthandschuhe	+162 Angriff geg. Untote
Expansion	300% Schaden gegen Untote
Level 32	+60% Verteidigung
	+10 auf Energie
	+5 auf Stärke

Ghul-Leder

Schwere Handschuhe	+# auf Angriff geg. Untote (auf CLvl. basierend)
Expansion	+#% Schaden gegen Untote (auf CLvl. basierend)
Level 36	5% Abgesaugtes Leben pro Treffer
	+20% Verteidigung
	+20 auf Leben

Lavagicht

Kampf-Panzerhandschuhe	2% Chance, Level 10 Verzaubern bei Angriff zu sprechen
Expansion	Halbe Einfrierdauer
Level 42	Feuer-Widerstand 24%
	Plus 10-20 Feuer-Schaden
	+50 Verteidigung
	Erhöhte Angriffsgeschwindigkeit

Höllenschlund

Kriegs-Panzerhandschuhe	5% Chance, Level 1 Meteor bei Angriff zu sprechen
Expansion	Verhindert einfrieren
Level 47	+150% Verteidigung
	Feuer-Widerstand 20%
	Plus 15-40 Feuer-Schaden
	Angreifer erleidet Schaden von 10

Heißsporn

Lederstiefel	15% auf max. Feuer-Widerstand
Level 5	Feuer-Widerstand 15%
	Plus 3-6 Feuer-Schaden
	+10 Verteidigung
	+15 auf Leben

Schmutzfuß

Schwere Stiefel	Schneller Rennen/Gehen
Level 9	2% Abgesaugtes Mana pro Treffer
	+12 Verteidigung
	Angreifer erleidet Schaden von 2

Spuren von Cthon

Ketten-Stiefel	50% Verlangsamter Ausdauer-Verlust
Level 15	Am schnellsten Rennen/Gehen
	+50 Verteidigung geg. Geschosse
	+10 auf Leben

Goblin-Zeh

Leichte Plattenstiefel	25% Chance auf vernichtenden Schlag
Level 22	-1 auf Lichtradius
	Schaden reduziert um 1
	Magie-Schaden reduziert um 1
	+15 Verteidigung

Tränenkeule

Plattenstiefel	Schneller Rennen/Gehen
Level 29	Alle Widerstände +10
	+35 Verteidigung
	+5 auf Geschicklichkeit
	+5 auf Stärke

Infernosprung

Dämonenleder-Stiefel	Am schnellsten Rennen/Gehen
Expansion	+2 auf Lichtradius
Level 29	+120% Verteidigung
	15% auf max. Feuer-Widerstand
	Feuer-Widerstand +20%
	Plus 10-35 Feuer-Schaden
	65% Extra-Gold von Monstern

Wasserwanderung

Haihaut-Stiefel	Schneller Rennen/Gehen
Expansion	+200% Verteidigung
Level 32	+100 Verteidigung geg. Geschosse
	+40 Auf max. Ausdauer
	+65 auf Leben
	+15 auf Geschicklichkeit

Seidenweberei

Kettenstiefel	+5 auf Mana Pro Kill
Expansion	Schneller Rennen/Gehen
Level 36	+180% Verteidigung
	Erhöht max. Mana 10%
	+50 Verteidigung geg. Geschosse

Warzenbrüter

Kampfstiefel	Schneller Rennen/Gehen
Expansion	+110% Verteidigung
Level 42	Erhöht max. Haltbarkeit 100%
	+10 auf Geschicklichkeit
	45% Bessere Chance mag. Gegenstand zu finden
	100% Extra-Gold von Monstern

Blutreiter

Kriegsstiefel	15% Tödlicher Schlag
Expansion	Am schnellsten Rennen/Gehen
Level 47	Anforderungen -25%
	+65% Verteidigung
	+10 auf max. Schaden

Lenymo

Schärpe	+1 auf Lichtradius
Level 7	Mana-Regenerierung 30%
	Alle Widerstände +5
	+15 auf Mana

Schlangenband

Leichter Gürtel	Leben auffüllen +5
Level 12	Gift-Widerstand 25%
	Plus 4-6/7/8 Gift-Schaden über 3
	Sekunden
	+11 Verteidigung

Nachtrauch

Gürtel	50% Schaden geht zu Lasten v. Mana
Level 20	Schaden reduziert um 2
	Alle Widerstände +10
	+15 Verteidigung
	+20 auf Mana

Goldträger

Schwerer Gürtel	+2 auf Lichtradius
Level 27	+40 Verteidigung
	Leicht erhöhte Angriffsgeschwin-
	digkeit
	30% Bessere Chance mag.
	Gegenstand zu finden

Klingengurt

Plattengürtel	Schaden reduziert um 3
Level 29	+40 Verteidigung
	+10 auf Geschicklichkeit
	+5 auf Stärke
	Angreifer erleidet Schaden von 8

Ohrenkette

Dämonenleder-	8% Abgesaugtes Leben pro Treffer
Schärpe	+170% Verteidigung
Expansion	Schaden reduziert um 15%
Level 29	Magie-Schaden reduziert um 15

Klingenschweif

Haihaut-Gürtel	Angreifer erleidet Schaden von #
Expansion	(auf CLvl. basierend)
Level 32	Durchbohren-Angriff
	+25 Verteidigung
	+5 auf Stärke

Düsterfalle

Kettengürtel	-3 auf Lichtradius
Expansion	5% Abgesaugtes Mana pro Treffer
Level 36	+100% Verteidigung
	Erhöht max. Mana 15%
	+30 auf Vitalität

Schneeklopfer

Kriegsgürtel	5% Chance, Level 10 Blizzard nach
Expansion	Treffer zu sprechen
Level 42	+70% Verteidigung
	+5 Kälte-Absorption
	15% auf max. Kälte-Widerstand
	Plus 5-15 Kälte-Schaden

Donnergotts Gedeihen

Kriegsgürtel	3% Chance, Level 2 Himmelsfaust
Expansion	nach Treffer zu sprechen
Level 47	+110% Verteidigung
	10% auf max. Blitz-Widerstand
	Blitz-Widerstand 10%
	Plus 5-15 Blitz-Schaden
	+15 auf Mana

Der Knirscher

Hand-Axt	20% Chance auf vernichtenden Schlag
Level 5	50% Chance auf Offene Wunden
	+65% Schaden
	+30 auf Angriff

Todesspaten

Axt	+2 Punkte Mana Pro Kill
Level 9	15% Bonus auf Angriff
	Treffer lässt Ziel erblinden
	+70% Schaden
	+8 auf min. Schaden

Klingenknochen

Doppelaxt	+40 auf Angriff Geg. Untote
Level 15	200% Schaden gegen Untote
	Plus 8-12 Feuer-Schaden
	+20 Verteidigung
	Erhöhte Angriffsgeschwindigkeit

Schädelspalter

Militärpicke	Treffer lässt Ziel erblinden
Level 21	+65% Schaden
	Mana-Regenerierung 20%
	Plus 1-12 Blitz-Schaden
	+50 auf Angriff

Teufelsnarbe

Kriegsaxt	+64% Schaden
Level 27	Gift-Widerstand 50%
	Plus 19-28 Gift-Schaden über 3
	Sekunden
	+50 auf Angriff

Axt von Fechmar

Große Axt	Friert Ziel ein
Level 8	+2 auf Lichtradius
	+80% Schaden
	Kälte-Widerstand 30%

Müllschaufel

Breitaxt	60% Chance auf Offene Wunden
Level 14	+47% Schaden
	+25 auf Stärke
	Stark erhöhte Angriffs-geschwindigkeit

Der Häuptling

Kriegsaxt	+100% Schaden
Level 19	Gift-Widerstand 30%
	Kälte-Widerstand 10%
	Blitz-Widerstand 10%
	Feuer-Widerstand 10%
	Leicht erhöhte Angriffs-geschwindigkeit

Hirnhacke

Große Axt	+4 auf Lichtradius
Level 25	10% Abgesaugtes Mana pro Treffer
	+60% Schaden
	+25 auf Mana
	+14 auf min. Schaden

Riese

Riesenaxt	33% Chance auf vernichtenden
Level 29	Schlag
	Anforderungen 20%
	+87% Schaden
	Plus 8-15 Schaden
	+10 auf Stärke

Kältetod

Kriegsbeil	8% Chance, Level 5 Frost-Nova
Expansion	nach Treffer zu sprechen
Level 36	8% Chance, Level 3 Arktiswind bei
	Angriff zu sprechen
	+180% Schaden
	15% auf max. Kälte-Widerstand
	Kälte-Widerstand 15%
	+40 Kälte-Schaden
	Stark erhöhte Angriffsgeschwindigkeit

Schlachtergeselle

Spaltaxt	Unzerstörbar
Expansion	35% Tödlicher Schlag
Level 39	25% Chance auf Offene Wunden
	+150% Schaden
	Plus 30-50 Schaden
	Stark erhöhte Angriffsgeschwindigkeit

Inselschlag

Zwillingsaxt	25% Chance auf vernichtenden
Expansion	Schlag
Level 43	+2 auf alle Druiden-Fertigkeiten
	+190% Schaden
	+50 Verteidigung geg. Geschosse
	+10 auf Energie
	+10 Vitalität
	+10 auf Geschicklichkeit
	+10 auf Stärke

Pompes Zorn

Bogenpicke	4% Chance, Level 8 Vulkan bei
Expansion	Angriff zu sprechen
Level 45	Verlangsamt Ziel um 50%
	+140% Schaden
	Plus 35-50 Feuer-Schaden
	Wegstoßung

Wächter-Dao

Dao	5% Chance, Level 8 Gift-Nova bei
Expansion	Angriff zu sprechen
Level 48	+150% Schaden
	Gift-Widerstand 30%
	Plus 29-44 Gift-Schaden über 6
	Sekunden
	Angreifer erleidet Schaden von 15

Glaube des Kriegsherrn

Militäraxt	Repariert 1 Haltbarkeit pro Sekunde
Expansion	+# auf Vitalität (auf CLvl.
Level 35	basierend)
	Leben auffüllen +20
	+175% Schaden
	Alle Widerstände +10
	+75 Verteidigung

Zauberstern

Schlagaxt	Schnell zaubern
Expansion	Anforderungen -60%
Level 39	Magie-Schaden reduziert um 20
	+165% Schaden
	+100 auf Mana

Sturmreiter

Tabar	5% Chance, Level 31 Geladener
Expansion	Schlag bei Angriff zu sprechen
Level 41	4% Chance, Level 10 Kettenblitz bei
	Angriff zu sprechen
	+100% Schaden
	Plus 35-75 Blitz-Schaden
	Plus 35-75 Schaden

Knochenschlächterklinge

Prunkaxt	+# auf Angriff Geg. Untote (auf Lvl.
Expansion	basierend)
Level 42	#% Schaden gegen Untote (auf
	CLvl. basierend)
	+200% Schaden
	35% Bonus auf Angriff
	+8 auf Stärke
	Erhöhte Angriffsgeschwindigkeit

Der Minotaurus

Alte Axt	Verlangsamt Ziel um 50%
Expansion	30% Chance auf vernichtenden Schlag
Level 45	Treffer lässt Ziel erblinden
	Halbe Einfrierdauer
	+140% Schaden
	Plus 45-90 Schaden
	+15 auf Stärke

Höllenschlächter

Enthaupter	Unzerstörbar
Expansion	10% Chance, Level 3 Feuerball bei
Level 67	Treffer zu sprechen
	+# auf Vitalität (auf CLvl. basierend)
	#% Verbesserter max. Schaden (auf
	Lvl. basierend)
	+150% Schaden
	+60 auf Mana
	+35 auf Stärke

Messerschmidts Räuber

Helden-Axt	Unzerstörbar
Expansion	+200% Schaden
Level 65	Plus 30-70 Feuer-Schaden
	+15 auf Energie
	+15 auf Vitalität
	+15 auf Geschicklichkeit
	+15 auf Stärke

Fackel von Iro

Stab	+1 auf Totenbeschwörer-Fertigkeiten
Level 5	6% Abgesaugtes Leben pro Treffer
	Plus 5-9 Feuer-Schaden
	150% Schaden gegen Untote

Mahlstrom

Eibenstab	Blitz-Widerstand +40%
Level 14	Plus 1-9 Blitz-Schaden
	150% Schaden gegen Untote

Grabknochen

Knochenstab	5% Abgesaugtes Mana pro Treffer
Level 20	+10 auf Stärke
	Plus 4-8 Kälte-Schaden
	+10 auf Geschicklichkeit

Umes Trauer

Schlagstab	Treffer lässt Monster fliehen 50%
Level 28	Am schnellsten zaubern
	+2 auf Totenbeschwörer-
	Fertigkeiten
	+40 auf Mana
	+150% Schaden gegen Untote

Selbstmord-Zweig

Verbrannter Stab	Am schnellsten zaubern
Expansion	Erhöht max. Mana 10%
Level 33	Alle Widerstände +10
	+40 auf Leben
	Angreifer erleidet Schaden von 25

Monolithensplitter

Versteinerter Stab	+# auf Mana (auf CLvl. basierend)
Expansion	+# auf Leben (auf CLvl. basierend)
Level 35	Schneller Zaubern
	Schnellste Erholung nach Treffer
	Leben auffüllen +5

Arm von König Leoric

Gruft-Stab	5% Chance, Level 2 Knochen-
Expansion	gefängnis nach Treffer zu sprechen
Level 36	2% Chance, Level 5 Knochengeist
	nach Treffer zu sprechen
	+# auf Mana (auf CLvl. basierend)
	Schnell zaubern
	+2 auf Herbeirufung (nur
	Totenbeschwörer)

Schwarzhandschlüssel

| Grabstab | 20% Schaden geht zu Lasten von |
| | Mana |

Expansion

Am schnellsten	+2 auf Lichtradius
zaubern	Feuer-Widerstand 27%
Level 41	+50 auf Leben
	150% Schaden gegen Untote
	+3 auf Flüche (nur Toten-
	beschwörer)

Falleiche

Keule	+70% Schaden
Level 3	Blitz-Widerstand +60%
	Feuer-Widerstand +20%
	Plus 6-8 Feuer-Schaden
	Wegstoßung

Totenglöckner

Szepter	25% Chance auf vernichtenden
Level 5	Schlag
	+78% Schaden
	Gift-Widerstand 20%
	Feuer-Widerstand 20%
	+35 auf Angriff
	+15 auf Mana

Rostgriff

Großes Szepter	+1 auf Paladin-Fertigkeiten
Level 17	8% Abgesaugtes Leben pro Treffer
	Magie-Schaden reduziert um 1
	+53% Schaden
	Plus 3-7 Schaden
	150% Schaden gegen Untote

Sturmauge

Kriegsszepter	Leben auffüllen +10
Level 23	+88% Schaden
	Plus 3-5 Kälte-Schaden
	Plus 1-6 Blitz-Schaden

Festnagel

Dornenkeule	Magie-Schaden reduziert um 2
Level 5	+100% Schaden
	+15 auf Leben
	Angreifer erleidet Schaden von 1-10

Malmknüppel

Knüppel	+2 auf Lichtradius
Level 9	+56% Schaden
	Feuer-Widerstand 50%
	+15 auf Stärke
	Wegstoßung
	150% Schaden gegen Untote

Blutrausch

Morgenstern	50% Bonus auf Angriff
Level 15	+2 auf Lichtradius
	+120% Schaden
	Leicht erhöhte Angriffs-geschwindigkeit

Das Tan Do Li Ga des Generals

Flegel	Verlangsamt Ziel um 50%
Level 21	5% Abgesaugtes Mana pro Treffer
	+54% Schaden
	+25 Verteidigung
	Plus 1-20 Schaden

Eisenstein

Kriegshammer	+60% Schaden
Level 27	Plus 1-10 Blitz-Schaden
	+80 auf Angriff
	-5 auf Geschicklichkeit

Knochenbrecher

Hammer	40% Chance auf vernichtenden
Level 24	Schlag
	+200% Schaden
	Kälte-Widerstand 30%
	Feuer-Widerstand 30%

Stahlschläger

Großer Hammer	Anforderungen -50%
Level 29	+32% Schaden
	Ausdauer-Regeneration +25%
	Stark erhöhte Angriffs-geschwindigkeit
	150% Schaden gegen Untote

Zerschmetterer des Dunkel-Clans

Knüttel	+200 auf Angriff geg. Dämonen
Expansion	300% Schaden geg. Dämonen
Level 34	+1 auf Barbaren-Fertigkeiten
	+195% Schaden
	150% Schaden gegen Untote

Zakarums Hand

Runen-Szepter	3% Chance, Level 5 Blizzard bei
Expansion	Angriff zu sprechen
Level 37	300% Bonus auf Angriff
	8% Abgesaugtes Mana pro Treffer
	+200% Schaden
	Mana-Regenerierung 10%
	Ausdauer-Regeneration +15%
	Stark erhöhte Angriffs-geschwindigkeit

Der Stinksprinkler

Weihwasserstab	3% Chance, Level 2 Verwirren bei
Expansion	Angriff zu sprechen
Level 38	3% Chance, Level 10 Altern bei
	Angriff zu sprechen
	+2 auf Paladin-Fertigkeiten
	+180% Schaden
	Plus 29-39 Gift-Schaden über 2 Sekunden

Hand des gesegneten Lichtes

Göttliches Szepter	100% Bonus auf Angriff
Expansion	+4 auf Lichtradius
Level 42	150% Schaden
	Mana-Regenerierung 15%
	+50 Verteidigung
	Plus 30-75 Schaden
	+3 auf Holy Bolt (nur Paladin)

Fleischwolf

Dornenkeule	20% Tödlicher Schlag
Expansion	20% Chance auf vernichtenden
Level 38	Schlag
	15% Chance auf Offene Wunden
	Verhindert Monster-Heilung
	+130% Schaden
	Plus 35-50 Schaden

Schrill-Frost

Kriegsknüppel	Verhindert einfrieren
Expansion	+175% Schaden
Level 39	Plus 15-60 Kälte-Schaden

Mondfall

Zackenstern	3% Chance, Level 6 Meteor bei
Expansion	Angriff zu sprechen
Level 42	Magie-Schaden reduziert um 15
	+120% Schaden
	Plus 45-90 Feuer-Schaden

Baezilss Wirbel

Knute	5% Chance, Level 8 Nova bei
Expansion	Angriff zu sprechen
Level 45	+200% Schaden
	Blitz-Widerstand +25%
	Plus 20-50 Blitz-Schaden
	+100 auf Mana

Erderschütterer

Kriegshammer	3% Chance, Level 7 Riss bei Angriff
Expansion	zu sprechen
Level 43	Treffer lässt Ziel erblinden
	+180% Schaden
	Stark erhöhte Angriffs-
	geschwindigkeit
	Wegstoßung

Blutbaumstumpf

Kriegskeule	50% Chance auf vernichtenden Schlag
Expansion	+185% Schaden
Level 48	Alle Widerstände +20
	+10 auf Stärke

Der Hammer der Schmerzen

Eisenhammer	Unzerstörbar
Expansion	3% Chance, Level 5 Eiserne
Level 45	Jungfrau nach Treffer zu sprechen
	3% Chance, Level 5 Verstärkter
	Schaden bei Angriff zu sprechen
	Anforderungen -50%
	150% Schaden
	Plus 25-60 Schaden
	Angreifer erleidet Schaden von 20

Baranars Stern

Teufelsstern	Unzerstörbar
Expansion	10% Chance, Level 5 Meteor bei
Level 65	Angriff zu sprechen
	+# auf Vitalität (auf CLvl.
	basierend)
	200% Bonus auf Angriff
	+200% Schaden
	+15 auf Geschicklichkeit
	Stark erhöhte Angriffs-
	geschwindigkeit

Schaefers Hammer

Legendärer	Unzerstörbar
Hammer	5% Chance, Level 5 Statikfeld bei
Expansion	Angriff zu sprechen
Level 79	+# auf Angriff (auf CLvl. basierend)
	+# auf max. Schaden (auf CLvl.
	basierend)
	+75% Schaden
	Blitz-Widerstand +50%
	+50 auf Leben
	Erhöhte Angriffsgeschwindigkeit

Der Schädelhauer

Donner-Hammer	Unzerstörbar
Expansion	4% Chance, Level 4 Verstärkter
Level 87	Schaden bei Angriff zu sprechen
	60% Chance auf vernichtenden
	Schlag
	+180% Schaden
	Alle Widerstände +45
	Plus 50-80 Schaden
	+25 Stärke
	Erhöhte Angriffsgeschwindigkeit

Rixots Auge

Kurzschwert	25% Chance auf vernichtenden Schlag
Level 2	20% Bonus auf Angriff
	+2 auf Lichtradius
	+100% Schaden
	+25 Verteidigung
	+5 auf min. Schaden

Blutmond

Krummsäbel	+4 auf Lichtradius
Level 7	+ 60% Schaden
	Alle Widerstände +15
	+15 auf Leben

Spieß von Krintis

Säbel	Ignoriert Ziel-Verteidigung
Level 10	3% Abgesaugtes Mana pro Treffer
	+50% Schaden
	+10 auf Geschicklichkeit
	+10 auf Stärke

Sichelglanz

Krummschwert	+3 auf Lichtradius
Level 13	+65% Schaden
	+20 Verteidigung
	+30 auf Mana
	Erhöhte Angriffsgeschwindigkeit

Blauzorn

Kristallschwert	30% Tödlicher Schlag
Level 13	+100% Schaden
	Plus 3-6 Kälte-Schaden
	10% bessere Chance mag. Gegenstand zu finden

Griswolds Schneide

Breitschwert	Plus 8/9/10 bis 12/13/14/15/16 Feuer-Schaden
Level 17	+76% Schaden
	+40 auf Angriff
	Leicht erhöhte Angriffs-geschwindigkeit
	Wegstoßung

Höllenpest

Langschwert	5% Abgesaugtes Leben pro Treffer
Level 22	5% Abgesaugtes Mana pro Treffer
	+70% Schaden
	Plus 28-56 Gift-Schaden über 6 Sekunden

Culwens Spitze

Kriegsschwert	Gift-Dauer reduziert um 50%
Level 29	Schnellere Erholung nach Treffer
	+1 auf alle Fertigkeiten
	+74% Schaden
	+60 auf Angriff
	Erhöhte Angriffsgeschwindigkeit

Schattenzahn

Zweihand-Schwert	-2 auf Lichtradius
Level 12	5% Abgesaugtes Mana pro Treffer
	+56% Schaden
	Kälte-Widerstand 20%
	Plus 5-10 Kälte-Schaden

Seelenschindert

Schotten-Schwert	4% Abgesaugtes Leben pro Treffer
Level 19	4-10% Abgesaugtes Mana pro Treffer
	+70% Schaden
	Alle Widerstände +5

Kinemils Ahle

Riesenschwert	+95% Schaden
Level 23	Plus 6-12 Feuer-Schaden
	+45 auf Angriff
	+20 auf Mana

Schwarzzunge

Bastard-Schwert	Verhindert Monster-Heilung
Level 26	+54% Schaden
	Gift-Widerstand 50%
	Plus 14-19 Gift-Schaden über 3 Sek.
	-10 auf Leben

Sägezahn

Flamberg	60% Chance auf Offene Wunden
Level 26	6% Abgesaugtes Mana pro Treffer
	+83% Schaden
	+15 auf max. Schaden

Der Patriarch

Großschwert	Treffer lässt Ziel erblinden
Level 29	Schaden reduziert um 3
	Magie-Schaden reduziert um 3
	+60% Schaden
	100% Extra-Gold von Monstern

Blutvergießer

Gladius	10% Verlangsamter Ausdauer-Verlust
Expansion	8% Abgesaugtes Leben pro Treffer
Level 30	+190% Schaden
	+90 auf Angriff
	Plus 20-45 Schaden
	Erhöhte Angriffsgeschwindigkeit

Kälteraub-Auge

Hacksäbel	Verlangsamt Ziel um 30%
Expansion	50% Chance auf vernichtenden Schlag
Level 31	Treffer lässt Ziel erblinden
	+200% Schaden
	Erhöht max. Haltbarkeit 70%

Hexenfeuer

Schamschir	3% Chance, Level 4 Hydra bei
Expansion	Angriff zu sprechen
Level 33	Ignoriert Ziel-Verteidigung
	+160% Schaden
	10% auf max.Feuer-Widerstand
	Feuer-Widerstand 25%
	Plus 35-40 Schaden

Klinge des Ali Baba

Tulwar (9fc)	#% Extra-Gold von Monstern (auf
Expansion	Lvl. basierend)
Level 35	+120% Schaden
	+15 auf Mana
	+15 auf Geschicklichkeit
	35% Bessere Chance mag.
	Gegenstand zu finden
	Gesockelt (2)

Ginthers Riss

Dimensionsklinge	Magie-Schaden reduziert um 20
Expansion	+200% Schaden
Level 37	Stark erhöhte Angriffs-
	geschwindigkeit
	Erhöht max. Haltbarkeit 100%
	Plus 25-50 Schaden

Kopfhauer

Kriegsschwert	#% Tödlicher Schlag (auf CLvl.
Expansion	basierend)
Level 39	+# auf max. Schaden (auf CLvl.
	basierend)
	Verhindert Monster-Heilung
	+150% Schaden
	+15 auf Stärke

Pestbringer

Runenschwert	3% Chance, Level 4 Gift-Nova bei
Expansion	Angriff zu sprechen
Level 41	+150% Schaden
	Gift-Widerstand +45%
	Plus 47-94 Gift-Schaden über 4
	Sekunden
	Plus 10-45 Schaden

Der Atlantide

Altes Schwert	+2 auf Paladin-Fertigkeiten
Expansion	+190% Schaden
Level 42	+75 Verteidigung
	+10 auf Vitalität
	+8 auf Geschicklichkeit
	+16 auf Stärke

Crainte Vomir

Espadon	Verlangsamt Ziel um 35%
Expansion	-70 auf Monster-Verteidigung pro
Level 42	Treffer
	Schneller Rennen/Gehen
	Schaden reduziert um 10%
	+175% Schaden
	Stark erhöhte Angriffs-
	geschwindigkeit

Bing Sz Wang

Dakische Sichel	5% Chance, Level 1 Frost-Sphäre
Expansion	bei Angriff zu sprechen
Level 43	Friert Ziel ein
	Anforderungen -30%
	+130% Schaden
	Plus 20-40 Kälte-Schaden
	+20 auf Stärke

Die böse Schale

Stoßschwert	5% Chance, Level 2 Verstärkter
Expansion	Schaden bei Angriff zu sprechen
Level 44	#% Schaden gegen Untote (steigt
	mit CLvl.)
	+200% Schaden
	Gift-Widerstand +50%
	Plus 47-94 Gift-Schaden über 4
	Sekunden

Wolkenbrecher

Prunkschwert	5% Chance, Level 2 Himmelsfaust
Expansion	bei Angriff zu sprechen
Level 45	Angreifer erleidet Blitz-Schaden of 15
	+2 auf Lichtradius
	+150% Schaden
	+10% auf max. Blitz-Widerstand
	Plus 30-60 Blitz-Schaden
	+30 Verteidigung

Todesfallen-Flamme

Zweihänder (9fb)	2% Chance, Level 8 Verzaubern bei
Expansion	Schlag zu sprechen
Level 46	5% Chance, Level 4 Feuerblitz bei
	Schlag zu sprechen
	+120% Schaden
	+10 Feuer-Absorption
	Feuer-Widerstand 40%
	Plus 50-100 Feuer-Schaden

Schwertwache

Henkerschwert	+# Verteidigung (steigt mit CLvl.)
Expansion	30% Schaden geht zu Lasten v. Mana
Level 48	Anforderungen -50%
	+175% Schaden
	Alle Widerstände +10
	+100 Verteidigung geg. Geschosse

Lichtsäbel

Elegante Klinge	Unzerstörbar
Expansion	5% Chance, Level 16 Kettenblitz bei
Level 61	Angriff zu sprechen
	Ignoriert Ziel-Verteidigung
	+7 auf Lichtradius
	+200% Schaden
	Blitz-Absorption 30%
	+100 Verteidigung geg. Geschosse
	Stark erhöhte Angriffs-
	geschwindigkeit

Todbringer

Helden-Schwert	Unzerstörbar
Expansion	5% Chance, Level 3 Schwächen bei
Level 71	Angriff zu sprechen
	40% Bonus auf Angriff
	+200% Schaden
	Erhöht max. Leben um 25%
	Plus 30-100 Schaden

Der Großvater

Kolossklinge	Unzerstörbar
Expansion	+# auf max. Schaden (auf CLvl.
Level 81	basierend)
	150% Bonus auf Angriff
	+150% Schaden
	Erhöht max. Mana 25%
	Erhöht max. Leben um 25%
	+175 auf Leben
	+20 auf Geschicklichkeit
	+20 auf Stärke

Möwe

Dolch	-5 auf Mana
Level 4	Plus 1-15 Schaden
	50% bessere Chance mag.
	Gegenstand zu finden

Der Gräber

Dolchmesser	+50% Schaden
Level 11	Kälte-Widerstand 25%
	Feuer-Widerstand 25%
	+10 auf Geschicklichkeit
	Stark erhöhte Angriffs-
	geschwindigkeit

Das Jade Tan Do

Kriss	Verhindert einfrieren
Level 19	Plus 7-14 Gift-Schaden über 3
	Sekunden
	+75 auf Angriff

Geisterscherbe

Klinge	Am schnellsten zaubern
Level 25	Alle Widerstände +10
	+55 auf Angriff
	+50 auf Mana

Rückenbrecher

Poignard	Verhindert Monster-Heilung
Expansion	Ignoriert Ziel-Verteidigung
Level 32	8% Abgesaugtes Leben pro Treffer
	+200% Schaden
	+10 auf Geschicklichkeit
	Stark erhöhte Angriffsgeschwindigkeit

Herzausreißer

Langdolch	35% Tödlicher Schlag
Expansion	150% Bonus auf Angriff
Level 36	Ignoriert Ziel-Verteidigung
	+200% Schaden
	Plus 15-35 Schaden

Blackbogs Spitze

Cinquedea	Verlangsamt Ziel um 50%
Expansion	+50 Verteidigung
Level 38	Plus 15-45 Schaden
	Stark erhöhte Angriffsgeschwindigkeit

Sturmdorn

Stilett	25% Chance, Level 3 Geladener
Expansion	Schlag nach Treffer zu sprechen
Level 41	Blitz-Widerstand #% (auf CLvl.
	basierend)
	Angreifer erleidet Blitz-Schaden of 20
	+150% Schaden
	Plus 30-60 Blitz-Schaden

Zauberdorn

Knochenmesser	Unzerstörbar
Expansion	+# auf Mana (auf CLvl. basierend)
Level 61	Am schnellsten zaubern
	Erhöht max. Mana 15%
	Mana-Regenerierung 15%
	Alle Widerstände +95

Der Dragon-Chang

Speer	200% Schaden gegen Untote
Level 8	+2 auf Lichtradius
	+35 auf Angriff
	+10 auf min. Schaden

Blitzklinge

Dreizack	Verlangsamt Ziel um 25%
Level 12	50% Verteidigung des Ziels
	+8 auf Geschicklichkeit
	+15 auf Stärke
	Stark erhöhte Angriffsgeschwindigkeit

Blutdieb

Forke	35% Chance auf Offene Wunden
Level 17	8% Abgesaugtes Leben pro Treffer
	+26 auf Leben
	+10 auf Stärke

Lanze von Yagai

Spetum	Plus 1-40 Blitz-Schaden
Level 22	Alle Widerstände +15
	Angreifer erleidet Schaden von 8

Tanners Blutstab

Picke	+3 auf Lichtradius
Level 27	15% auf max.Feuer-Widerstand
	Feuer-Widerstand 15%
	Plus 12-18 Feuer-Schaden
	+60 auf Angriff
	+30 auf Leben

Der Aufspießer

Kriegsspeer	40% Chance auf Offene Wunden
Expansion	Verhindert Monster-Heilung
Level 31	Ignoriert Ziel-Verteidigung
	+150% Schaden
	+150 auf Angriff
	Erhöhte Angriffsgeschwindigkeit

Kelpie-Falle

Kampfdreizack	+# auf Leben (auf CLvl. basierend)
Expansion	Verlangsamt Ziel um 100%
Level 33	+150% Schaden
	Feuer-Widerstand +50%
	Plus 30-50 Schaden
	+10 auf Stärke

Seelen-Ernter

Kriegsforke	20% Verlangsamter Ausdauer-Verlust
Expansion	Anforderungen -20%
Level 35	7% Abgesaugtes Leben pro Treffer
	7% Abgesaugtes Mana pro Treffer
	175% Schaden

Hone Sundan

Yari	Repariert 1 Haltbarkeit in 10 Sek.
Expansion	45% Chance auf vernichtenden Schlag
Level 37	+180% Schaden
	Plus 20-70 Schaden
	Gesockelt (1)

Spitze der Ehre

Lanze	#% Schaden geg. Dämonen (steigt
Level 39	Expansionit CLvl.)
	Schnelle Erholung nach Treffer
	+5 auf Lichtradius
	5% Abgesaugtes Leben pro Treffer
	Leben auffüllen +10
	145% Schaden
	Plus 50-85 Schaden

Dummeiches Haudrauf

Bardike	+100% Schaden
Level 8	-8 Verteidigung
	+15 auf Geschicklichkeit
	Erhöhte Angriffsgeschwindigkeit

Stahlsucher

Landsknechts-	30% Tödlicher Schlag
spieß	Treffer lässt Monster fliehen 75%
Level 14	Alle Widerstände +5
	+30 auf Angriff

Seelenernte

Sense	30% Chance auf Offene Wunden
Level 19	Plus 16-23 Gift-Schaden über 5
	Sekunden
	Alle Widerstände +20
	+45 auf Angriff

Der Kampfast

Schwengel	7% Abgesaugtes Leben pro Treffer
Level 25	+50% Schaden
	+40 auf Angriff
	+10 auf Geschicklichkeit
	Stark erhöhte Angriffs-
	geschwindigkeit

Elendsstab

Hellebarde	Verlangsamt Ziel um 50%
Level 28	+2 auf Lichtradius
	15% auf max. Gift-Widerstand
	Gift-Widerstand 15%
	Plus 7-28 Gift-Schaden über 3
	Sekunden
	-

Gevatter Tod

Kriegssense	50% Tödlicher Schlag
Level 29	Verhindert Monsterheilung
	5% Abgesaugtes Mana pro Treffer
	-20 auf Leben

Der Beinschaber

Lochaber-Axt	Angreifer erleidet Blitz-Schaden of 20
Expansion	6% Abgesaugtes Leben pro Treffer
Level 41	+100% Schaden
	Erhöhte Angriffsgeschwindigkeit
	25% Bessere Chance mag.
	Gegenstand zu finden

Schwarzegelklinge

Pinne	3% Chance, Level 5 Schwächen bei
Expansion	Angriff zu sprechen
Level 42	+# auf max. Schaden (auf CLvl.
	basierend)
	Anforderungen -25%
	-2 auf Lichtradius
	8% Abgesaugtes Leben pro Treffer
	+100% Schaden

Athenes Zorn

Kriegssichel	+# auf max. Schaden (auf CLvl.
Expansion	basierend)
Level 42	+2 auf Barbaren-Fertigkeiten
	+180% Schaden
	+100 auf Leben
	+15 auf Geschicklichkeit
	Stark erhöhte Angriffs-
	geschwindigkeit

Pierre Tombale Couant

Partisane	55% Tödlicher Schlag
Expansion	Schnellste Erholung nach Treffer
Level 43	Anforderungen -50%
	+2 auf Totenbeschwörer-Fertigkeiten
	8% Abgesaugtes Mana pro Treffer
	+160% Schaden
	Plus 15-35 Schaden

Husoldal Evo

Helmbarte	Verhindert Monster-Heilung
Expansion	Leben auffüllen +20
Level 44	+160% Schaden
	+200 auf Angriff
	Plus 40-65 Schaden

Grims Brennender Tod

Schlachtensense	190% Schaden
Expansion	Feuer-Widerstand 15%
Level 45	Plus 20-50 Feuer-Schaden
	+10 auf Stärke
	Angreifer erleidet Schaden von 8

Giftasche

Kurzstab	+51% Schaden
Level 5	Feuer-Widerstand 50%
	Plus 4-6 Feuer-Schaden
	+30 auf Mana
	Erhöhte Angriffsgeschwindigkeit

Natternfürst

Langstab	-1 auf Lichtradius
Level 9	+36% Schaden
	Gift-Widerstand 50%
	Plus 2-38 Gift-Schaden über 3
	Sekunden
	+10 auf Mana

Spitze von Lazarus

Knorrenstab	Magie-Schaden reduziert um 3
Level 18	+60% Schaden
	Alle Widerstände +30
	Plus 7-12 Feuer-Schaden
	+20 auf Mana
	+9 auf Stärke
	Erhöhte Angriffsgeschwindigkeit

Der Salamander

Kriegsstab	+2 auf Feuer-Fertigkeiten
Level 21	+51% Schaden
	Feuer-Widerstand 20%
	Plus 1-10 Feuer-Schaden
	+50 auf Angriff

Der Eisen-Jang Bong

Schlachtenstab	50% Bonus auf Angriff
Level 28	Am schnellsten zaubern
	+1 auf Zauberin-Fertigkeiten
	+34% Schaden
	Plus 1-25 Blitz-Schaden
	+25 Verteidigung

Klingenreißer

Schlagstab	Am schnellsten zaubern
Expansion	Magie-Schaden reduziert um 15
Level 28	Alle Widerstände +50
	+175 auf Mana
	+80 auf Leben
	Angreifer erleidet Schaden von 15

Rippenbrecher

Kampfstab	Schneller Zaubern
Expansion	Leben auffüllen +15
Level 31	Mana-Regenerierung 20%
	+100 Verteidigung
	+15 auf Geschicklichkeit
	150% Schaden gegen Untote

Wallender Zorn

Zedernstab	Angreifer erleidet Blitz-Schaden of 20
Expansion	Schnell zaubern
Level 35	+3 auf Zauberin-Fertigkeiten
	Erhöht max. Leben um 50%
	Alle Widerstände +25
	Angreifer erleidet Schaden von 15

Warpspeer

Prunkstab	100% Bonus auf Angriff
Expansion	+2 auf Zauberin-Fertigkeiten
Level 39	+100 Verteidigung geg. Geschosse
	Plus 14-45
	+2 to Telekinesis (nur Zauberin)
	+3 to Teleport (nur Zauberin)

Schädelsammler

Runenstab	+10 auf Mana Pro Kill
Expansion	Treffer lässt Monster fliehen 46%
Level 41	Schneller Zaubern
	Erhöht max. Mana 30%
	+50 auf Leben
	+150% Schaden gegen Untote
	+3 to Static Field (nur Zauberin)

Sturmspitze

Archonstab	Unzerstörbar
Expansion	2% Chance, Level 31 Geladener
Level 70	Schlag nach Treffer zu sprechen
	5% Chance, Level 5 Kettenblitz
	nach Treffer zu sprechen
	Am schnellsten Zaubern
	Erhöht max. Mana 30%
	Mana-Regenerierung 20%
	Blitz-Widerstand 40%
	+10 auf Stärke

Reißauge

Kurzbogen	+2 auf Lichtradius
Level 7	3% Abgesaugtes Mana pro Treffer
	+100% Schaden
	+28 auf Angriff
	+10 auf Leben

Todesband

Jagdbogen	Feuert mag. Pfeile
Level 13	+46% Schaden
	+50 auf Angriff
	Plus 1-3 Schaden
	Stark erhöhte Angriffsgeschwindigkeit

Rabenklaue

Langbogen	Feuert Explosionspfeile
Level 15	50% Bonus auf Angriff
	+65% Schaden
	+3 auf Geschicklichkeit
	+3 auf Stärke

Jägerbogen

Kompositbogen	30% Tödlicher Schlag
Level 20	200% Schaden gegen Untote
	+41% Schaden
	Alle Widerstände +10
	+60 auf Angriff

Sturmschlag

Kurzer Kampfbogen	Durchbohren-Angriff
Level 25	+79% Schaden
	Blitz-Widerstand 25%
	Plus 1-10 Blitz-Schaden
	+28 auf Angriff
	+8 auf Stärke

Runzelrübe

Langer Kampfbogen	Feuert mag. Pfeile
Level 26	+76% Schaden
	Kälte-Widerstand 26%
	+36 auf Angriff
	+30 auf Mana
	Erhöhte Angriffsgeschwindigkeit

Höllenknall

Kurzer Kriegsbogen	+75% Schaden
Level 27	Feuer-Widerstand +40%
	Plus 6-9 Feuer-Schaden
	+20 auf Angriff
	+12 auf Geschicklichkeit
	Leicht erhöhte Angriffs-geschwindigkeit

Knalleiche

Langer Kriegsbogen	+1 auf Amazonen-Fertigkeiten
Level 28	3% Abgesaugtes Mana pro Treffer
	+70% Schaden
	+5 auf Stärke

Himmelsschlag

Schneidebogen	+175% Schaden
Expansion	Plus 35-55 Blitz-Schaden
Level 28	+100 auf Angriff
	+10 auf Energie
	Stark erhöhte Angriffsgeschwindigkeit

Reißhaken

Klingenbogen	Verlangsamt Ziel um 30%
Expansion	30% Chance auf Offene Wunden
Level 31	Am schnellsten zaubern
	+200% Schaden
	+35 auf Mana

Kuko Shakaku

Zedernbogen	2% Chance, Level 10 Feuerblitz bei
Expansion	Schlag zu sprechen
Level 33	Durchbohren-Angriff
	+180% Schaden
	Feuer-Widerstand +40%
	+3 to Feuerbrandpfeil (nur Amazone)

Endloshagel

Doppelbogen	+200% Schaden
Expansion	Kälte-Widerstand 35%
Level 36	+50 Verteidigung geg. Geschosse
	+40 auf Mana
	+2 to Mehrfachschuss (nur Amazone)

Wilde Kette

Kurzer Belage-rungsbogen	2% Chance, Level 5 Verstärkter Schaden bei Angriff zu sprechen
Expansion	#% Tödlicher Schlag (auf CLvl.
Level 39	basierend)
	+160% Schaden
	Alle Widerstände +40

Klippentöter

Großer Kriegs-bogen	+2 auf Amazonen-Fertigkeiten
Expansion	+200% Schaden
Level 41	+80 Verteidigung geg. Geschosse
	+50 auf Leben
	Wegstoßung

Magierzorn

Runenbogen	150% Bonus auf Angriff
Expansion	Treffer lässt Ziel erblinden
Level 43	15% Abgesaugtes Mana pro Treffer
	Magie-Schaden reduziert um 30
	+150% Schaden
	Plus 35-75 Schaden
	+10 auf Geschicklichkeit
	+3 to Gelenkter Pfeil (nur Amazone)

Goldschlag-Bogen

Prunkbogen	5% Chance, Level 2 Himmelsfaust
Expansion	bei Angriff zu sprechen
Level 46	233% Schaden geg. Dämonen
	150% Bonus auf Angriff
	+200% Schaden
	+65 Verteidigung geg. Geschosse
	Stark erhöhte Angriffsgeschwindigkeit

Adlerhorn

Kreuzritterbogen	+# auf Angriff (auf CLvl. basierend)
Expansion	Verbesserter max. Schaden (auf Lvl.
Level 70	basierend)
	Ignoriert Ziel-Verteidigung
	+200% Schaden
	Plus 45-75 Blitz-Schaden
	Plus 20-40 Schaden

Windmacht

Hydrabogen	+# auf max. Schaden (auf Lvl.
Expansion	basierend)
Level 74	8% Abgesaugtes Mana pro Treffer
	+250% Schaden
	Ausdauer-Regeneration +30%
	+35 auf Geschicklichkeit
	Erhöhte Angriffsgeschwindigkeit
	Wegstoßung

Bleikrähe

Leichte Armbrust	25% Tödlicher Schlag
Level 9	+70% Schaden
	Gift-Widerstand 30%
	+40 auf Angriff
	+10 auf Leben
	+10 auf Geschicklichkeit

Säurebrand

Armbrust	Durchbohren-Angriff
Level 18	+50% Schaden
	Plus 7-9 Gift-Schaden über 3 Sekunden
	+50 auf Angriff
	+20 auf Geschicklichkeit

Höllenherz

Schwere Armbrust	Feuert Explosions-Bolzen
Level 27	+74% Schaden
	15% auf max. Feuer-Widerstand
	Feuer-Widerstand 15%
	+70 auf Angriff
	Erhöhte Angriffsgeschwindigkeit

Verdammnisbringer

Repetierarmbrust	Durchbohren-Angriff
Level 28	+1 auf Amazonen-Fertigkeiten
	+43% Schaden
	+15 auf Leben
	Stark erhöhte Angriffsgeschwindigkeit

Langer Briser

Arbaleste	1% Chance, Level 3 Tornado bei
Expansion	Angriff zu sprechen
Level 32	+170% Schaden
	+30 auf Leben
	Wegstoßung
	45% Bessere Chance mag.
	Gegenstand zu finden

Eiterspeier

Belagerungs-	3% Chance, Level 3 Gift-Nova bei
armbrust	Angriff zu sprechen
Expansion	Anforderungen -100%
Level 36	+2 auf Totenbeschwörer-Fertigkeiten
	+190% Schaden
	+10% auf max. Gift-Widerstand
	Gift-Widerstand 25%
	Plus 28-47 Gift-Schaden über 2
	Sekunden
	Leicht erhöhte Angriffs-
	geschwindigkeit

Buriza-Do Kyanon

Baliste	+# auf max. Schaden (auf Lvl.
Expansion	basierend)
Level 41	Durchbohren-Angriff
	+120% Schaden
	+75 Verteidigung
	+35 auf Geschicklichkeit
	Stark erhöhte Angriffs-
	geschwindigkeit

Dämonenmaschine

Chu-Ko-Nu	Feuert Explosions-Bolzen
Expansion	Durchbohren-Angriff
Level 49	+150% Schaden
	Erhöht max. Mana 50%
	+65 Verteidigung
	Plus 35-75 Schaden

Hammer der Höllenschmiede

Feuer-Widerstand	Plus 5-20 Feuer-Schaden
40%	+35 Verteidigung
	150% Schaden gegen Untote

Stab der Horadrim

Gift-Widerstand	Kälte-Widerstand 10%
35%	Blitz-Widerstand 10%
	Feuer-Widerstand 10%
	+10 auf Mana
	+10 auf Leben
	Stark erhöhte Angriffs-
	geschwindigkeit
	150% Schaden gegen Untote

Königsstab

Alle Widerstände	Stark erhöhte Angriffs
+10	geschwindigkeit
	150% Schaden gegen Untote

Khalims Flegel

Plus 1-20	+40 auf Angriff
Blitz-Schaden	Stark erhöhte Angriffsgeschwindigkeit
	150% Schaden gegen Untote

Khalims Wille

6% Abgesaugtes	6% Abgesaugtes Mana pro Treffer
Mana pro Treffer	Plus 1-40 Blitz-Schaden
	+40 auf Angriff
	Stark erhöhte Angriffs-
	geschwindigkeit
	150% Schaden gegen Untote

Nokozan-Relikt

Amulett	+3 auf Lichtradius 10% auf
	max.Feuer-Widerstand
	Feuer-Widerstand 10%
	Level 10 Plus 3-6 Feuer-Schaden

Das Auge von Ettlich

Amulett	+1 to 5 auf Lichtradius
Level 15	+1 auf alle Fertigkeiten
	3-7% Abgesaugtes Leben pro Treffer
	Plus 1/2 to 3/4/5 Kälte-Schaden
	+10 to 40 Verteidigung geg.
	Geschosse

Das Mahim-Eiche-Kurio

Amulett	+10 Verteidigung
Level 25	+40 auf Angriff
	+20 auf Mana
	+20 auf Leben
	+5 auf Geschicklichkeit
	+5 auf Stärke

Vipern-Amulett

	Gift-Widerstand 25%
	+10 auf Mana
	+10 auf Leben

Das Katzenauge

Amulett	Am schnellsten Gehen/Rennen
Expansion	+45 Verteidigung geg. Geschosse
Level 50	+75 Verteidigung
	+20 auf max. Ausdauer
	Erhöhte Angriffsgeschwindigkeit

Die aufgehende Sonne

Amulett	2% Chance, Level 10 Meteor nach
Expansion	Treffer zu sprechen
Level 65	+# Feuer-Absorption (auf CLvl. basierend)
	+4 auf Lichtradius
	Plus 24-48 Feuer-Schaden

Mondsichel

Amulett	10% Schaden geht zu Lasten v. Mana
Expansion	-2 auf Lichtradius
Level 50	15% Abgesaugtes Mana pro Treffer
	Magie-Schaden reduziert um 10
	+45 auf Mana

Maras Kaleidoskop	+1 auf alle Fertigkeiten
Amulett	Alle Widerstände +20
Expansion	+5 auf Energie
Level 67	5 auf Vitalität
	+5 auf Geschicklichkeit
	+5 auf Stärke

Atmas Skarabäus	2% Chance, Level 4 Verstärkter
Amulett	Schaden bei Angriff zu sprechen
Expansion	+3 auf Lichtradius
Level 60	Gift-Widerstand 75%
	Plus 29-39 Gift-Schaden über 4 Sek.
	Angreifer erleidet Schaden von 4

Zorn des hohen Fürsten

Amulett	Am schnellsten Gehen/Rennen
Expansion	+1 auf alle Fertigkeiten
Level 65	Blitz-Widerstand 35%
	Plus 5-20 Blitz-Schaden

Sarazenenglück

Amulett	2% Chance, Level 5 Eiserne
Expansion	Jungfrau nach Treffer zu sprechen
Level 47	3% Chance, Level 5 Verstärkter
	Schaden bei Angriff zu sprechen
	Alle Widerstände +15
	+10 auf Geschicklichkeit
	+10 auf Stärke

Der Stein von Jordan

Ring	+1 auf alle Fertigkeiten
Level 30	Erhöht max. Mana 25%
	Plus 1-12 Blitz-Schaden
	+20 auf Mana

Nagelring

Ring	Magie-Schaden reduziert um 2
Level 7	+18 auf Angriff
	Angreifer erleidet Schaden von 3
	15% Bessere Chance mag. Gegenstand zu finden

Manald-Heilung

Ring	4% Abgesaugtes Mana pro Treffer
Level 15	Leben auffüllen +5
	+20 auf Leben

Bul Kathos Hochzeitsring

Ring	+1 auf alle Fertigkeiten
Expansion	4% Abgesaugtes Leben pro Treffer
Level 58	+50 auf max. Ausdauer
	+20 auf Leben

Zwergenstern

Ring	Magie-Schaden reduziert um 15
Expansion	Ausdauer-Regeneration +15%
Level 45	+25 auf max. Ausdauer
	+40 auf Leben
	70% Extra-Gold von Monstern

Rabenfrost

Ring	4% Chance, Level 5 Frost-Nova
Expansion	nach Treffer zu sprechen
Level 45	Verhindert einfrieren
	Kälte-Widerstand +35%
	Plus 15-25 Kälte-Schaden

Arreats Anlitz

Schlächter-Schutz	+# auf max. Schaden (auf Lvl.
Expansion	basierend)
Level 42	15% Verteidigung des Ziels
	+2 auf Barbaren-Fertigkeiten
	+25% Verteidigung
	+30 auf Leben
	+1 auf Kampffertigkeiten (nur Barbar)

Homunkulus

Heirofant-Trophäe	+# auf Mana (auf CLvl. basierend)
Expansion	25% Schaden geht zu Lasten v. Mana
Level 42	Bessere Chance zu Blocken
	+2 auf Totenbeschwörer-Fertigkeiten
	Mana-Regenerierung 8%
	Plus 25-50 Gift-Schaden über 4 Sek.
	+1 auf Flüche (nur Totenbeschwörer)

Titans Rache

Zeremonial-Wurfspieß	Füllt sich wieder auf
Expansion	+2 auf Amazonen-Fertigkeiten
Level 42	+60% Schaden
	Plus 20-30 Blitz-Schaden
	+30 auf Leben
	+15 auf Stärke
	Wegstoßung
	+1 auf Speer- und Wurfspieß-Fertigkeiten (nur Amazone)

Lycanders Ziel		Lycanders Flanke	
Zeremonial-Bogen	Schnellste Erholung nach Treffer	Zeremonial-Pike	Expansion
Expansion	+2 auf Amazonen-Fertigkeiten	Level 42	#% Tödlicher Schlag (auf CLvl. basierend)
Level 42	+80% Schaden		+2 auf Amazonen-Fertigkeiten
	Alle Widerstände +40		+150% Schaden
	+15 auf Geschicklichkeit		+100 Verteidigung geg. Geschosse
	Erhöhte Angriffsgeschwindigkeit		Stark erhöhte Angriffsgeschwindigkeit
	+2 auf Bogen- und Armbrust- Fertigkeiten (nur Amazone)		Wegstoßung
			+1 auf Speer- und Wurfspieß- Fertigkeiten (nur Amazone)

Set-Gegenstände

Die Set-Gegenstände sind noch weitaus seltener als Unique-Gegenstände. In Kombination getragen verleihen die Set-Einzelteile ihrem Träger ganz besondere Kräfte und ein komplettes Set verleiht gar noch einmal zusätzliche Boni. Bis Sie aber ein Set zusammen haben, müssen Sie sehr lange spielen.

Aldurs Wachturm

Bonus 2	+100 Angriffswert
Bonus 3	+50% Chance für magischen Gegenstand
Bonus komplett	+3 zu allen Fertigkeiten
	10% abgesaugtes Mana pro Treffer
	+50 alle Widerstandsarten
	+150 Verteidigung
	+150 zu Mana

Name	Klasse	Einschränkung	Eigenschaften
Aldurs Steinblick	Jäger-Verkleidung	Nur Druide	Unzerstörbar
		Benötigte Stärke: 56	Schnellste Erholung nach Treffer
		Benötigter Level: 36	+5 zu Lichtradius
			17% Mana regenerieren
			+25% Kälte-Widerstand
			+90 Verteidigung
Aldurs Rhythmus	Zackenstern	Benötigte Stärke: 74	Unzerstörbar
	sehr schnelle Angriffs- geschwindigkeit	Benötigter Level: 42	300% Schaden an Dämonen
			10% Abgesaugtes Leben pro Treffer
			5% Abgesaugtes Mana pro Treffer
			+200% Erhöhter Schaden
			+50–75 Blitz-Schaden
			Stark erhöhte Angriffs- geschwindigkeit
			150% Schaden an Untoten

Name	Klasse	Einschränkung	Eigenschaften
Aldurs Vormarsch	Kampfstiefel	Benötigte Stärke: 95 Benötigter Level: 25	Unzerstörbar 10% Erlittener Schaden geht auf Mana Am schnellsten rennen/gehen +32% Ausdauer-Heilung +180 max. Ausdauer +50 Leben
Aldurs Täuschung	Schatten-Plattenrüstung	Benötigte Stärke: 115 Benötigter Level: 78	Unzerstörbar −50% Anforderungen +30% Blitz-Widerstand +300 Verteidigung +15 Geschicklichkeit +20 Stärke +1 zu Elementar-Fertigkeiten (nur Druide) +1 zu Gestaltwandler-Fertigkeiten (nur Druide)

Arcannas Tricks

Bonus 2	+25 zu Mana
Bonus 3	–
Bonus komplett	Schnellste Zauberrate 5% abgesaugtes Mana pro Treffer +50 zu Mana

Name	Klasse	Einschränkung	Eigenschaften
Arcannas Fleisch	Leichte Plattenrüstung	Benötigte Stärke: 41 Benötigter Level: 18	Unzerstörbar +2 zu Lichtradius −3 Schaden
Arcannas Kopf	Eisenhut	Benötigte Stärke: 15 Benötigter Level: 9	Unzerstörbar +4 Leben wieder auffüllen 2 Schaden gegen Angreifer
ArcannasTodesstab	Schlachtenstab	Benötigter Level: 19	Unzerstörbar 25% Todesschlag +1 zu Fertigkeiten-Level der Zauberin
Arcannas Zeichen	Amulett	Benötigter Level: 11	15% Schaden an Untoten 20% Mana regenerieren +15 zu Mana

Arktis-Ausrüstung

Bonus 2   +5 Stärke
Bonus 3   +50 Leben
Bonus komplett   Einfrieren nicht möglich
                     + 6–14 Kälte-Schaden

Name	Klasse	Einschränkung	Eigenschaften
Arktische Handschuhe	Leichte Panzerhandschuhe	Benötigte Stärke: 45 Benötigter Level: 13	Unzerstörbar +20 Leben Leicht erhöhte Angriffsgeschwindigkeit
Arktische Bindung	Zackenstern sehr schnelle Angriffsgeschwindigkeit	Benötigte Stärke: 74 Benötigter Level: 42	Unzerstörbar 300% Schaden an Dämonen 10% Abgesaugtes Leben pro Treffer 5% Abgesaugtes Mana pro Treffer +200% Erhöhter Schaden +50–75 Blitz-Schaden Stark erhöhte Angriffsgeschwindigkeit 150% Schaden an Untoten
Arktische Pelze	Kampfstiefel	Benötigte Stärke: 95 Benötigter Level: 25	Unzerstörbar 10% Erlittener Schaden geht auf Mana Am schnellsten rennen/gehen +32% Ausdauer-Heilung +180 max. Ausdauer +50 Leben
Arktisches Horn	Kurzer Kriegsbogen schnelle Angriffsgeschwindigkeit	Benötigte Geschicklichkeit: 55 Benötigte Stärke: 35 Benötigter Level: 15	+20% Angriffswert +50% Erhöhter Schaden

Berserkers-Arsenal

Bonus 2   +50 Leben
Bonus komplett   −75% Giftstärke
                     4–9 Gift-Schaden um 3 Sekunden
                     +75 Verteidigung

Name	Klasse	Einschränkung	Eigenschaften
Berserkers Kriegsbeil	Doppelaxt	Benötigte Stärke: 43 Benötigter Level: 13	Unzerstörbar +30% Angriffswert 5% Abgesaugtes Mana pro Treffer

Name	Klasse	Einschränkung	Eigenschaften
Berserkers Halsberge		Benötigte Stärke: 51 Benötigter Level: 16	Unzerstörbar +1 zu Fertigkeiten des Barbaren −2 Magie-Schaden
Berserkers Kopf-schmuck	Helm	Benötigte Stärke: 26 Benötigter Level: 14	Unzerstörbar +25% Feuer-Widerstand +15% Verteidigung

Brüder des Himmels

Bonus 2	+50% Ausdauer-Heilung
Bonus 3	+20% Leben auffüllen
Bonus komplett	Einfrieren nicht möglich
	+5 Lichtradius
	+2 zu allen Fertigkeiten-Level(s)
	+50 Alle Widerstandsarten

Name	Klasse	Einschränkung	Eigenschaften
Ondals Allmacht	Spitzhelm	Benötigte Stärke: 116 Benötigter Level: 70	Unzerstörbar 10% Chance Level 3 *Schwächen auf Angriff* zu zaubern Schnellste Erholung nach Treffer −40% Anforderungen +50 Verteidigung +15 Geschicklichkeit +10 Stärke
Haemosus Willens-kraft	Harnisch	Benötigte Stärke: 52 Benötigter Level: 44	Unzerstörbar −20% Anforderungen +40 Verteidigung gegen Nahkampf +35 Verteidigung gegen Geschoss +500 Verteidigung +75 Leben
Taebaeks Ruhm	Schild	Benötigte Stärke: 185 Benötigter Level: 81	Unzerstörbar Schnellste Abblockrate Erhöhte Chancen beim Blocken +30% Blitz-Widerstand +50 Verteidigung +100 Mana Angreifer erleidet Schaden von 30

Name	Klasse	Einschränkung	Eigenschaften
Dangoons Lehre	Verstärkter Streit-kolben Knüppel-Klasse Unzerstörbar	Benötigte Stärke: 93 Benötigter Level: 68	10% Chance Level 3 *Frost-Nova* zu zaubern +X auf max. Schaden (auf Charakter-Level basierend) +20–30 Feuer-Schaden Stark erhöhte Angriffs-geschwindigkeit 150% Schaden an Untoten

Bul Kathos' Kinder

Bonus komplett

+20 Feuerschaden

+2 auf alle Fertigkeiten

+200 zu Angriffswert

+25 zu Verteidigung

+200% Schaden gegen Untote

+200% Schaden gegen Dämonen

Name	Klasse	Einschränkung	Eigenschaften
Bul Kathos' Stammeswächter	Mythisches Schwert	Benötigte Geschick-lichkeit: 126 Benötigte Stärke: 172 Benötigter Level: 72	Unzerstörbar +200% Schaden +49 Gift-Schaden für 2 Sekunden +50% Feuer-Widerstand +20 Stärke Erhöhte Angriffsgeschwindigkeit
Bul Kathos' Heiliger Ansturm	Kolossklinge	Benötigte Geschick-lichkeit: 152 Benötigte Stärke: 224 Benötigter Level: 76	Unzerstörbar 35% Chance auf vernichtenden Schlag +200% Erhöhter Schaden +20 Alle Widerstandsarten Erhöhte Angriffsgeschwindigkeit Wegstoßung

Cathans Fallen

Bonus 2	+15–20 Feuer-Schaden
Bonus 3	+25% Blitz-Widerstand
Bonus 4	–
Bonus komplett	Schnelle Zauberrate
	–3 Magie-Schaden
	+25% Gift-Widerstand
	+25% Kälte-Widerstand
	+50% Blitz-Widerstand
	+25% Feuer-Widerstand
	+60 zu Angriffswert
	+20 zu Mana

Name	Klasse	Einschränkung	Eigenschaften
Cathans Siegel	Ring	Benötigter Level: 14	6% Abgesaugtes Leben pro Treffer –2 Schaden
Cathans Siegelring	Amulett	Benötigter Level: 14	5 Blitz-Schaden gegen Angreifer Schnelle Erholung nach Treffer
Cathans Fratze	Maske	Benötigte Stärke: 23 Benötigter Level: 16	Unzerstörbar +25% Kälte-Widerstand +20 Mana
Cathans Ketten-rüstung	Kettenpanzer	Benötigte Stärke: 24 Benötigter Level: 13	Unzerstörbar –50% alle Anforderungen +15 Verteidigung
Cathans Herrschaft	Kriegsstab	Benötigter Level: 20	Unzerstörbar +1 zu Feuer-Fertigkeiten +10 zu max. Schaden +150% Schaden an Untoten

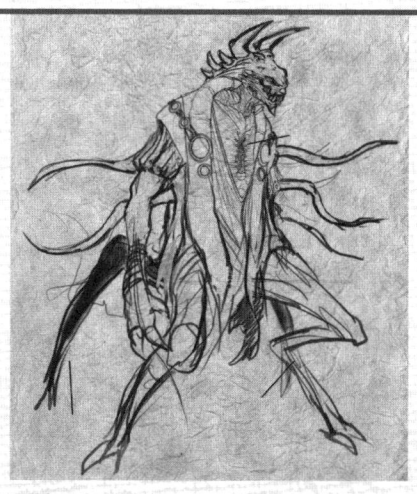

Civerbs Trachten

Bonus 2   +10% Feuer-Widerstand
Bonus komplett   300% Schaden an Untoten
                 +25% Blitz-Schaden
                 +15% Feuer-Widerstand
                 +15 zu Stärke

Name	Klasse	Einschränkung	Eigenschaften
Civerbs Knüttel	Großes Szepter	Benötigte Stärke: 37 Benötigter Level: 15	Unzerstörbar +X zu max. Schaden (auf Charakter-Level basierend) +76 zu Angriffswert +19 zu max. Schaden 150% Schaden an Untoten
Civerbs Symbol	Amulett	Benötigter Level: 14	+4 Leben auffüllen 40% Mana regenerieren
Civerbs Schutz	Großer Schild	Benötigte Stärke: 34 Benötigter Level: 9	Unzerstörbar Erhöhte Chance beim Blocken +15 Verteidigung

Cleglaws Armschmuck

Bonus 2   +50 Verteidigung
Bonus komplett   35% Chance auf vernichtenden Schlag
                 6% abgesaugtes Mana pro Treffer
                 +100 Verteidigung
                 Erhöhte Angriffsgeschwindigkeit

Name	Klasse	Einschränkung	Eigenschaften
Cleglaws Kneifer	Kettenhandschuhe	Benötigte Stärke: 25 Benötigter Level: 14	Unzerstörbar 25% Ziel-Verlangsamung Wegstoßung
Cleglaws Kralle	Kleiner Schild	Benötigte Stärke: 22 Benötigter Level: 9	Unzerstörbar −75% Giftstärke +17 Verteidigung
Cleglaws Zahn	Langschwert	Benötigte Geschick-lichkeit: 39 Benötigte Stärke: 55 Benötigter Level: 11	Unzerstörbar 50% Todesschlag +30% Angriffswert

Der Schüler

Bonus 2	+150 Verteidigung
Bonus 3	+21 Gift-Schaden über 3 Sekunden
Bonus 4	+10 Stärke
Bonus komplett	+2 zu allen Fertigkeiten-Level(s)
	+50 Alle Widerstandsarten
	+100 Mana

Name	Klasse	Einschränkung	Eigenschaften
Credendum	Mithril-Rolle (Gürtel)	Benötigte Stärke: 106 Benötigter Level: 65	Unzerstörbar +15 alle Widerstandsarten +50 Verteidigung +10 zu Geschicklichkeit +10 zu Stärke
Dunkler Anhänger	Amulett	Benötigte Stärke: 77 Benötigter Level: 58	Unzerstörbar 25% Chance bei einem Treffer Level 3 *Nova* zu zaubern +24–34 Gift-Schaden für 2 Sekunden +24% Feuer-Widerstand +373 Verteidigung
Initiationsritus	Dämonenleder-Stiefel	Benötigte Stärke: 20 Benötigter Level: 29	Unzerstörbar Halbierte Dauer der Erstarrung Am schnellsten Rennen/Gehen +25 Verteidigung +24 max. Ausdauer
Hände auflegen	Amulett	Benötigte Stärke: 50 Benötigter Level: 59	Unzerstörbar 10% Chance Level 3 *Heiliger Blitz* bei Angriff zu zaubern 450% Schaden an Dämonen 50% Feuer-Absorption +25 Verteidigung Erhöhte Angriffsgeschwindigkeit
Perlenorakel	Dornen-Handschuhe	Benötigter Level: 30	+1 zu allen Fertigkeiten-Level(s) +46% Gift-Widerstand +18% Kälte-Widerstand 9 Schaden gegen Angreifer

Griswolds Erbe (nur Paladin)

Bonus 2   +20 Stärke
Bonus 3   +30 Geschicklichkeit
Bonus komplett   +X auf Leben (auf Charakter-Level basierend)
                     +3 zu allen Fertigkeiten-Level(s)
                     +50 auf alle Widerstandsarten
                     +200 Angriff

Name	Klasse	Einschränkung	Eigenschaften
Griswolds Ehre	Wirbel-Schild	Nur Paladin Benötigte Stärke: 148 Benötigter Level: 68	Unzerstörbar Schnellste Abblockrate +34% erhöhter Schaden +108 Verteidigung +69 Angriffswert
Griswolds Erlösung	Schlangenstab Knüppel-Klasse	Benötigte Stärke: 115 Benötigter Level: 69	Unzerstörbar 350% Schaden an Untoten Anforderungen –20% +175% erhöhter Schaden stark erhöhte Angriffs- geschwindigkeit
Griswolds Herz	Plattenrüstung	Benötigte Stärke: 102 Benötigter Level: 45	Unzerstörbar –40% Anforderungen +500 Verteidigung +20 Stärke +2 zu defensiven Aura-Arten (nur Paladin)
Griswolds Helden-mut	Korona	Benötigte Stärke: 105 Benötigter Level: 73	Unzerstörbar –40% Anforderungen +60% Verbesserte Verteidigung +5 alle Widerstandsarten 24% bessere Chance, magischen Gegenstand zu erhalten

Himmlische Hüllen

Bonus 2   +10 Geschicklichkeit
Bonus 3   +50 Mana
Bonus komplett   Halbierte Dauer der Erstarrung

8% Mana regenerieren

+25 auf alle Widerstandsarten

40% bessere Chance, einen magischen Gegenstand zu erhalten

Name	Klasse	Einschränkung	Eigenschaften
Himmlische Flügel	Amulett	Benötigter Level: 12	20% erlittener Schaden geht auf Mana +3 zu Lichtradius
Himmlischer Heiligenschein	Ring	Benötigter Level: 18	+6 Leben auffüllen +20 zu Leben
Himmlischer Überwurf	Ringpanzer	Benötigte Stärke: 36 Benötigter Level: 12	Unzerstörbar +40% Verteidigung −3 Schaden
Himmlische Sichel	Säbel Schwert-Klasse	Benötigte Stärke: 25 Benötigter Level: 13	Unzerstörbar 350% Schaden an Untoten +75 zu Angriffswert

Hsarus' Verteidigung

Bonus 2   Angreifer erleidet 5 Schaden
Bonus komplett   Einfrieren nicht möglich

+25% Blitz-Widerstand

+5 zu max. Schaden

Name	Klasse	Einschränkung	Eigenschaften
Hsarus' Eisenstütze	Gürtel	Benötigte Stärke: 25 Benötigter Level: 13	Unzerstörbar +20% Kälte-Widerstand +20 Leben
Hsarus' Eisenfaust	Beschützer	Benötigte Stärke: 12 Benötigter Level: 8	Unzerstörbar −2 Schaden +10 Stärke
Hsarus' Eisenferse	Kettenstiefel	Benötigte Stärke: 30 Benötigter Level: 10	Unzerstörbar Schneller Rennen/Gehen +25% Feuer-Widerstand

Hwanins Majestät

Bonus 2   +100 Verteidigung
Bonus 3   +300 Verteidigung
Bonus komplett   Am schnellsten Gehen/Rennen

+2 zu allen Fertigkeiten-Level(s)

20% abgesaugtes Leben pro Treffer

+30 auf alle Widerstandsarten

Name	Klasse	Einschränkung	Eigenschaften
Hwanins Gerechtigkeit	Pinne Stangen-Klasse	Benötigte Stärke: 95 Benötigter Level: 28	Unzerstörbar 10% Chance, bei einem Angriff einen Level 3 Eis-Stoß zu zaubern +200% Schaden +5–25 Blitz-Schaden +330 zu Angriffswert Stark erhöhte Angriffsgeschwindigkeit
Hwanins Segen	Gürtel	Benötigte Stärke: 25 Benötigter Level: 8	Unzerstörbar +X Verteidigung (auf Charakter-Level basierend) Monster-Heilung verhindern 12% erlittener Schaden geht auf Mana +3–33 Blitz-Schaden
Hwanins Zuflucht	Komplettpanzerhemd	Benötigte Stärke: 86 Benötigter Level: 30 zaubern	Unzerstörbar 10% Chance, bei einem Treffer ein Level 3 *Statikfeld* zu zaubern +27% Gift-Widerstand +200 Verteidigung +100 zu Leben
Hwanins Pracht	Große Krone	Benötigte Stärke: 103 Benötigter Level: 35	Unzerstörbar +100% Verteidigung +20 Leben auffüllen −10 Magie-Schaden +37% Kälte-Widerstand

Infernos Werkzeuge

Bonus 2   + 7 Gift-Schaden für 3 Sekunden
Bonus komplett   20% Chance auf offene Wunden

+20% auf Angriffswert

+1 zu Fertigkeiten-Level des Totenbeschwörers

6% abgesaugtes Mana pro Treffer

Name	Klasse	Einschränkung	Eigenschaften
Infernos Zeichen	Schwerer Gürtel		Unzerstörbar +25 Verteidigung +20 zu Leben
Infernos Fackel	Schlagstab Knüppel-Klasse	Benötigter Level: 16	Unzerstörbar +1 zu Fertigkeiten-Level des Totenbeschwörers +8 zu min. Schaden 150% Schaden an Untoten
Infernos Schädel	Kappe	Benötigter Level: 11	Unzerstörbar 20% Erlittener Schaden geht auf Mana +10 auf alle Widerstandsarten

Irathas Putzmacherei

Bonus 2   +50 Verteidigung
Bonus 3   Schneller Rennen/Gehen
Bonus komplett   +10% zu max. Gift-Widerstand

+10% zu max. Kälte-Widerstand

+10% zu max. Blitz-Widerstand

+10% zu max. Feuer-Widerstand

+20 auf alle Widerstandsarten

+15 zu Geschicklichkeit

Name	Klasse	Einschränkung	Eigenschaften
Irathas Band	Schwerer Gürtel	Benötigte Stärke: 45 Benötigter Level: 9	Unzerstörbar +25 Verteidigung +5 zu min. Schaden
Irathas Rolle	Krone	Benötigte Stärke: 55 Benötigter Level: 20	Unzerstörbar +30% Blitz-Widerstand +30% Feuer-Widerstand
Irathas Ärmel-aufschläge	Leichte Panzerhand-schuhe	Benötigte Stärke: 45 Benötigter Level: 9	Unzerstörbar Halbierte Dauer der Erstarrung +30% Kälte-Widerstand
Irathas Kragen	Amulett	Benötigter Level: 14	−75% Giftstärke +30% Gift-Widerstand

Isenharts Waffen

Bonus 2	+10 zu Stärke
Bonus 3	+10 zu Geschicklichkeit
Bonus komplett	35% Bonus zu Angriffswert
	Schneller Rennen/Gehen
	Erhöhte Chance beim Blocken
	5% abgesaugtes Leben pro Treffer
	+10 auf alle Widerstandsarten

Name	Klasse	Einschränkung	Eigenschaften
Isenharts Hörner	Vollhelm	Benötigte Stärke: 41 Benötigter Level: 15	Unzerstörbar –2 Schaden +6 zu Geschicklichkeit
Isenharts Kiste	Brustpanzer	Benötigte Stärke: 30 Benötigter Level: 16	Unzerstörbar –2 Magie-Schaden +40 Verteidigung
Isenharts Parade	Prunkschild	Benötigte Stärke: 60 Benötigter Level: 29	Unzerstörbar 4 Blitz-Schaden gegen Angreifer +40 Verteidigung
Isenharts Lichtbrand	Breitschwert Schwert-Klasse	Benötigte Stärke: 48 Benötigter Level: 9	Unzerstörbar +10 zu min. Schaden Erhöhte Angriffsgeschwindigkeit

Leder des Rinderkönigs

Bonus 2	+25 Gift-Widerstand
Bonus komplett	+100% Gold
	25% Chance Level 5 Statikfeld bei Treffer zu sprechen

Name	Klasse	Einschränkung	Eigenschaften
Hörner des Rinder-königs	Helm	Benötigter Level: 25	+75 Verteidigung Einfrierdauer wird halbiert
Haut des Rinder-königs	Rüstung	Benötigter Level: 18	+18% Widerstand gegen Alles +60 Verteidigung
Hufe des Rinder-königs	Stiefel	Benötigter Level: 13	+25-35 Verteidigung Am schnellsten Gehen/Rennen

M'Avinas Kriegsgesang (nur Amazone)

Bonus 2	+20 zu Stärke
Bonus 3	+30 zu Geschicklichkeit
Bonus 4	–
Bonus komplett	+3 zu allen Fertigkeiten-Level(s)
	+50 auf alle Widerstandsarten
	+100 Verteidigung
	+100 Angriffswert
	100% bessere Chance, einen magischen Gegenstand zu erhalten

Name	Klasse	Einschränkung	Eigenschaften
M'Avinas Besitzer	Großer Matronenbogen	Nur Amazone Benötigte Geschicklichkeit: 161 Benötigte Stärke: 134 Benötigter Level: 70	10% Chance bei einem Treffer Level 3 Nova zu zaubern +188% Schaden +50 Angriffswert Stark erhöhte Angriffsgeschwindigkeit +3 zu Bogen- und Armbrustfertigkeiten (nur Amazone)
M'Avinas Grundsatz	Haileder-Gürtel	Benötigte Stärke: 20 Benötigter Level: 26	Unzerstörbar Am schnellsten Rennen/Gehen +5 zu Lichtradius 11% abgesaugtes Mana pro Treffer +50 Verteidigung
M'Avinas Umklammerung	Kampf-Panzerhandschuhe	Benötigte Stärke: 88 Benötigter Level: 32	Unzerstörbar Halbierte Dauer der Erstarrung +6–18 Kälte-Schaden +47 Verteidigung +15 zu Geschicklichkeit +10 zu Stärke 56% Extragold von Monstern
M'Avinas Umarmung	Krakenschale	Benötigte Stärke: 122 Benötigter Level: 73	Unzerstörbar 10% Chance, bei einem Treffer eine Level 3 *Gletschernadel* zu zaubern +X Verteidigung (auf Charakter-Level basierend) –30% Anforderungen –9 Magie-Schaden +350 Verteidigung +2 zu passiven und magischen Fertigkeiten (nur Amazone)
M'Avinas Wahre Sicht	Diadem	Benötigter Level: 59	Unzerstörbar +10 Leben wieder auffüllen +150 Verteidigung +25 zu Mana Erhöhte Angriffsgeschwindigkeit

Milabregas Sonntagsstaat

Bonus 2 +75 zu Angriffswert
Bonus 3 +200 zu Angriffswert
Bonus komplett +2 zu Fertigkeiten-Level(s) des Paladins
8% abgesaugtes Leben pro Treffer
10% abgesaugtes Mana pro Treffer
+15% Gift-Widerstand

Name	Klasse	Einschränkung	Eigenschaften
Milabregas Robe	Alte Rüstung	Benötigte Stärke: 100 Benötigter Level: 35	Unzerstörbar –2 Schaden 3 Schaden gegen Angreifer
Milabregas Diadem	Krone	Benötigte Stärke: 55 Benötigter Level: 32	Unzerstörbar +15 zu Mana +15 zu Leben
Milabregas Stab	Kriegszepter Knüppel-Klasse	Benötigte Stärke: 55 Benötigter Level: 20	Unzerstörbar +2 zu Lichtradius +1 zu Fertigkeiten-Level(s) des Paladins +50% erhöhter Schaden 150% Schaden an Untoten
Milabregas Kugel	Eckiger Schild	Benötigte Stärke: 47 Benötigter Level: 18	Unzerstörbar +25 Verteidigung 20% bessere Chance, einen magischen Gegenstand zu erhalten

Nais Alte Spur

Bonus 2 +176 Verteidigung
Bonus komplett +1 zu allen Fertigkeiten-Level(s)
+10 Leben auffüllen
+50 auf alle Widerstandsarten
+100 zu Mana
+15 zu Geschicklichkeit
+20 zu Stärke

Name	Klasse	Einschränkung	Eigenschaften
Nais Reif	Reif	Benötigter Level: 82	Unzerstörbar 12% Chance, bei einem Treffer einen Level 5 *Kettenblitz* zu zaubern +5 zu Lichtradius +25–35 zu Feuer-Schaden +75 Verteidigung +15 zu Stärke

Name	Klasse	Einschränkung	Eigenschaften
Nais Leichte Rüstung	Höllenschmieden-Plattenrüstung	Benötigte Stärke: 79 Benötigter Level: 71	Unzerstörbar 46% erlittener Schaden geht auf Mana −60% Anforderungen +1 zu allen Fertigkeiten-Level(s) +25 auf alle Widerstandsarten +300 Verteidigung +65 zu Leben
Nais Rätsler	Ältestenstab Knüppel-Klasse	Benötigte Stärke: 50 Benötigter Level: 78	Unzerstörbar Schnellste Zauberrate +1 zu allen Fertigkeiten-Level(s) +150% Schaden +6–45 Blitz-Schaden +70 Mana +35 Energie Stark erhöhte Angriffs-geschwindigkeit 150% Schaden an Untoten

Natalyas Hass (nur Assassine)

Bonus 2	−15 Magie-Schaden
Bonus 3	+200 Verteidigung
Bonus komplett	+3 zu allen Fertigkeiten-Level(s)
	16% abgesaugtes Leben pro Treffer
	16% abgesaugtes Mana pro Treffer
	+50 auf alle Widerstandsarten
	+350 Verteidigung

Name	Klasse	Einschränkung	Eigenschaften
Natalyas Seele	Ringstiefel	Benötigte Stärke: 65 Benötigter Level: 25	+X% Ausdauer-Heilung (auf Charakter-Level basierend) Am schnellsten Rennen/Gehen +15% Kälte-Widerstand +15% Blitz-Widerstand +75 Verteidigung
Natalyas Schatten	Kürass-Panzerhemd	Benötigte Stärke: 149 Benötigter Level: 73	Unzerstörbar +X zu Leben (auf Charakter-Level basierend) −75% Giftstärke +25% Gift-Widerstand +150 Verteidigung +2 zu Schatten-Disziplinen (nur Assassine)

Name	Klasse	Einschränkung	Eigenschaften
Natalyas Mal	Scheren-Suwayyah Klauen-Klasse	Nur Assassine Benötigte Geschicklichkeit: 152 Benötigte Stärke: 152 Benötigter Level: 79	Unzerstörbar 300% Schaden an Untoten 300% Schaden an Dämonen Verteidigung des Ziels wird ignoriert +200% erhöhter Schaden +50 Kälte-Schaden +12–17 Feuer-Schaden Stark erhöhte Angriffsgeschwindigkeit
Natalyas Totem	Kampfhelm	Benötigte Stärke: 58 Benötigter Level: 39	Unzerstörbar −3 Magie-Schaden +10 auf alle Widerstandsarten +135 Verteidigung +25 Geschicklichkeit +10 Stärke

Sanders Dummheit

Bonus 2 +50 Verteidigung

Bonus 3 +75 zu Angriffswert

Bonus komplett +1 zu allen Fertigkeiten-Level(s)

4% abgesaugtes Leben pro Treffer

+50 zu Mana

50% bessere Chance, einen magischen Gegenstand zu erhalten

Name	Klasse	Einschränkung	Eigenschaften
Sanders Aberglaube	Knochenstab Knüppel-Klasse	–	Unzerstörbar Schnellste Zauberrate 8% abgesaugtes Mana pro Treffer +75% Schaden +25–75 Kälte-Schaden +25 zu Mana +150% Schaden an Untoten
Sanders Tabu	Schwere Handschuhe	Benötigter Level: 9	Unzerstörbar +8–10 Gift-Schaden für 3 Sekunden +20 Verteidigung +40 zu Leben erhöhte Angriffsgeschwindigkeit
Sanders Riprap	Schwere Stiefel	Benötigte Stärke: 18 Benötigter Level: 7	Unzerstörbar Am schnellsten Rennen/Gehen +100 zu Angriffswert +10 zu Geschicklichkeit +5 zu Stärke

Name	Klasse	Einschränkung	Eigenschaften
Sanders Vorbild	Kappe	Benötigter Level: 25	Unzerstörbar +X auf Verteidigung (auf Charakter-Level basierend) 5 Schaden gegen Angreifer 35% bessere Chance, einen magischen Gegenstand zu erhalten

Sazabis großer Tribut

Bonus 2   Am schnellsten Rennen/Gehen
Bonus komplett 15% abgesaugtes Leben pro Treffer
            +27% max. Leben
            +30 auf alle Widerstandsarten

Name	Klasse	Einschränkung	Eigenschaften
Sazabis Geisteshülle	Kesselhelm	Benötigte Stärke: 82 Benötigter Level: 43	Unzerstörbar +1 zu allen Fertigkeiten-Level(s) +15% Blitz-Widerstand +16% Feuer-Widerstand +100 Verteidigung
Sazabis Geister-Befreier	Balrogleder	Benötigte Stärke: 165 Benötigter Level: 69	Unzerstörbar +300 zu Angriffswert gegen Dämonen Schnellste Erholung nach Treffer +400 Verteidigung +58 zu Leben +25 Stärke
Sazabis Kobalt-Erlöser	Rätselhaftes Schwert Schwert-Klasse	Benötigte Geschicklichkeit: 114 Benötigte Stärke: 143 Benötigter Level: 69	Unzerstörbar 418% Schaden an Dämonen +150% Schaden +25–35 Kälte-Schaden +15 zu Geschicklichkeit +5 zu Stärke Stark erhöhte Angriffs-geschwindigkeit

Sigons Stahl Total

Bonus 2	10% abgesaugtes Leben pro Treffer
Bonus 3	+100 Verteidigung
Bonus 4	–
Bonus 5	–
Bonus komplett	–7 Schaden
	+12% Feuer-Widerstand
	+24 zu max. Feuer-Schaden
	+20 zu Mana
	Angreifer erleidet Schaden von 12

Name	Klasse	Einschränkung	Eigenschaften
Sigons Wächter	Hoher Schild	Benötigte Stärke: 75 Benötigter Level: 19	Unzerstörbar Erhöhte Chance beim Blocken +1 zu allen Fertigkeiten-Level(s)
Sigons Umhang	Plattengürtel	Benötigte Stärke: 60 Benötigter Level: 19	Unzerstörbar +20% Feuer-Widerstand +20 zu Leben
Sigons Schuh	Beinschienen	Benötigte Stärke: 70 Benötigter Level: 18	Unzerstörbar Schneller Rennen/Gehen +40% Kälte-Widerstand
Sigons Messgerät	Panzerhandschuhe	Benötigte Stärke: 60 Benötigter Level: 18	Unzerstörbar +20 zu Angriffswert +10 zu Stärke
Sigons Schutz	Prunkharnisch	Benötigte Stärke: 71 Benötigter Level: 24	Unzerstörbar +25% Verteidigung +30% Blitz-Widerstand
Sigons Visier	Großhelm	Benötigte Stärke: 63 Benötigter Level: 24	Unzerstörbar +25 Verteidigung +30 zu Mana

Tal Rashas Hüllen (nur Zauberin)

Bonus 2	+10 Leben auffüllen
Bonus 3	+65% Chance, einen magischen Gegenstand zu erhalten
Bonus 4	Schnellste Erholung nach Treffer
Bonus komplett	+X zu Leben (auf Charakter-Level basierend)
	+3 zu allen Fertigkeiten-Level(s)
	+50 auf alle Widerstandsarten
	+50 Verteidigung gegen Geschosse
	+150 Verteidigung

Name	Klasse	Einschränkung	Eigenschaften
Tal Rashas Horadrim-Wappen	Totenmaske	Benötigte Stärke: 55 Benötigter Level: 46	Unzerstörbar 10% abgesaugtes Leben pro Treffer 10% abgesaugtes Mana pro Treffer +15 auf alle Widerstandsarten +46 Verteidigung +30 zu Mana +60 zu Leben
Tal Rashas Obhut	Lackierte PlatteN-nrüstung	Benötigte Stärke: 84 Benötigter Level: 76	Unzerstörbar –60% Anforderungen +15 Magie-Absorption +40% Kälte-Widerstand +40% Blitz-Widerstand +40% Feuer-Widerstand +400 Verteidigung 88% bessere Chance, einen magischen Gegenstand zu erhalten
Tal Rashas Lidloses Auge	Wirbelnder Kristall Stab-Klasse	Nur Zauberin Benötigte Geschick-lichkeit: 50 Benötigte Stärke: 20 Benötigter Level: 50	Unzerstörbar Schnellste Zauberrate +77 zu Mana +92 zu Leben +10 zu Energie +1 zu Blitz-Beherrschung (nur Zauberin) +2 zu Feuer-Beherrschung (nur Zauberin) +1 zu Kälte-Beherrschung (nur Zauberin)
Tal Rashas Urteil	Amulett	Benötigter Level: 42	+2 zu Fertigkeiten-Level(s) der Zauberin +33% Blitz-Widerstand +3–32 Blitz-Schaden +42 zu Mana +50 zu Leben
Tal Rashas Feine Kleidung	Kettengürtel	Benötigte Stärke: 47 Benötigter Level: 33	Unzerstörbar 37% erlittener Schaden gehen auf Mana –20% Anforderungen +30 zu Mana +20 Geschicklichkeit 14% bessere Chance, einen magischen Gegenstand zu erhalten

Tankreds Kampfausrüstung

Bonus 2   +15 zu Blitz-Schaden
Bonus 3   5% abgesaugtes Mana pro Treffer
Bonus 4   –
Bonus komplett   35% Ziel-Verlangsamung

5% abgesaugtes Leben pro Treffer

+10 auf alle Widerstandsarten

+75% Extragold von Monstern

Name	Klasse	Einschränkung	Eigenschaften
Tankreds Schädel	Knochenhelm	Benötigte Stärke: 25 Benötigter Level: 18	Unzerstörbar +10% erhöhter Schaden +40 zu Angriffswert
Tankreds Bann	Amulett	Benötigter Level: 17	–2 Schaden –1 Magie-Schaden
Tankreds Schuhnägel	Stiefel	Benötigte Stärke: 2 Benötigter Level: 8	Unzerstörbar +25% Ausdauer-Heilung +10 zu Geschicklichkeit
Tankreds Stachel	Voller Harnisch	Benötigte Stärke: 80 Benötigter Level: 15	Unzerstörbar +40 zu Leben +15 zu Stärke
Tankreds Bogen-picke	Militärpicke Axt-Klasse	Benötigte Geschick-lichkeit: 33 Benötigte Stärke: 49 Benötigter Level: 16	Unzerstörbar +80% Erhöhter Schaden +75 zu Angriffswert

Tod und Teufel

Bonus 2   8% abgesaugtes Leben pro Treffer
Bonus komplett   +40% zu Angriffswert

+25 auf alle Widerstandsarten

+10 zu min. Schaden

Name	Klasse	Einschränkung	Eigenschaften
Berührung des Todes	Kriegsschwert	Benötigte Geschick-lichkeit: 45 Benötigte Stärke: 71 Benötigter Level: 20	Unzerstörbar 4% angesaugtes Leben pro Treffer +25% erhöhter Schaden
Wächter des Todes	Schärpe	Benötigter Level: 9	Unzerstörbar Einfrieren nicht möglich +20 Verteidigung
Hand des Todes	Lederhandschuhe	Benötigter Level: 5	Unzerstörbar –75% Giftstärke +50% Gift-Widerstand

Trang-Ouls Avatar (nur Totenbeschwörer)

Bonus 2	45% Mana regenerieren
Bonus 3	30% Mana regenerieren
Bonus 4	15% Mana regenerieren
Bonus komplett	+3 zu allen Fertigkeiten-Level(s)
	+5 Leben auffüllen
	60% Mana regenerieren
	+50 auf alle Widerstandsarten
	+200 Verteidigung
	+100 Mana

Name	Klasse	Einschränkung	Eigenschaften
Trang-Ouls Gurt	Troll-Gürtel	Benötigte Stärke: 91 Benötigter Level: 69	Unzerstörbar Einfrieren nicht möglich −40% Anforderungen +5 Leben auffüllen +78 Verteidigung +28 Mana +30 max. Ausdauer +66 zu Leben
Trang-Ouls Krallen	Schwere Armschienen	Benötigte Stärke: 58 Benötigter Level: 25	Unzerstörbar Schnellste Zauberrate +30% Kälte-Widerstand +30 Verteidigung +2 zu Flüchen (nur Totenbeschwörer)
Trang-Ouls Flügel	Kantor-Trophäe	Nur Totenbeschwörer Benötigte Stärke: 50 Benötigter Level: 54	Unzerstörbar Erhöhte Chance beim Blocken +40 Gift-Widerstand +12–28 Gift-Schaden 4 Sekunden lang +39% Feuer-Widerstand +125 Verteidigung +15 Geschicklichkeit +25 Stärke +2 zu Gift- und Knochen-Fertigkeiten (nur Totenbeschwörer)
Trang-Ouls Schuppen	Chaos-Rüstung	Benötigte Stärke: 84 Benötigter Level: 49	Unzerstörbar Am schnellsten Rennen/Gehen −40% Anforderungen +150% Verteidigung +40% Gift-Widerstand +100 Verteidigung gegen Geschósse +2 zu Herbeirufung-Fertigkeiten (nur Totenbeschwörer)

Name	Klasse	Einschränkung	Eigenschaften
Trang-Ouls Verkleidung	Knochenfratze	Benötigte Stärke: 106 Benötigter Level: 70	Unzerstörbar Schnellste Erholung nach Treffer +5 Leben auffüllen +92 Verteidigung +150 Mana 20 Schaden gegen Angreifer

Unsterblicher König (nur Barbar)

Bonus 2	+50 zu Angriffswert
Bonus 3	+125 zu Angriffswert
Bonus 4	+250 zu Angriffswert
Bonus 5	+450 zu Angriffswert
Bonus komplett	+3 zu allen Fertigkeiten-Level(s)
	−10 Magie-Schaden
	+50 auf alle Widerstandsarten
	+450 zu Angriffswert
	+150 zu Leben

Name	Klasse	Einschränkung	Eigenschaften
Steintrümmerer des unsterblichen Königs	Ogerhammer Knüppel-Klasse	Benötigte Stärke: 168 Benötigter Level: 76	Unzerstörbar 35% Chance auf vernichtenden Schlag 350% Schaden an Untoten 300% Schaden an Dämonen +200% Schaden Stark erhöhte Angriffs-geschwindigkeit
Säule des unsterblichen Königs	Kriegsstiefel	Benötigte Stärke: 125 Benötigter Level: 31	Unzerstörbar Am schnellsten Rennen/Gehen +75 Verteidigung +110 zu Angriffswert +44 zu Leben
Schmiede des unsterblichen Königs	Kriegs-Panzerhand-schuhe	Benötigte Stärke: 110 Benötigter Level: 30	Unzerstörbar 12% Chance, bei einem Treffer einen Level 4 *Combo-Blitz* zu zaubern +65 Verteidigung +20 Geschicklichkeit +20 Stärke
Trupp des unsterblichen Königs	Kriegsgürtel	Benötigte Stärke: 110 Benötigter Level: 29	Unzerstörbar +31% Blitz-Widerstand +28% Feuer-Widerstand +36 Verteidigung +25 zu Stärke

Name	Klasse	Einschränkung	Eigenschaften
Seelenkäfig des unsterblichen Königs	Heilige Rüstung	Benötigte Stärke: 232 Benötigter Level: 80	Unzerstörbar 5% Chance, bei einem Treffer einen Level 5 *Verzaubern* zu zaubern +50% Gift-Widerstand +400 Verteidigung +2 zu Kampf-Fertigkeiten (nur Barbar)
Wille des unsterblichen Königs Helm	Rächender Wächter	Nur Barbar Benötigte Stärke: 65 Benötigter Level: 27	Unzerstörbar +4 zu Lichtradius +125 Verteidigung 31% bessere Chance, einen magischen Gegenstand zu erhalten 37% Extragold von Monstern +2 zu Kriegsschreien (nur Barbar)

Vidalas Ausrüstung

Bonus 2   +75 zu Angriffswert
Bonus 3   +15 zu Geschicklichkeit
Bonus komplett   Stech-Angriff
         Lässt das Ziel erstarren
         +15–20 Kälte-Schaden
         +10 zu Stärke

Name	Klasse	Einschränkung	Eigenschaften
Vidalas Schlinge	Amulett	Benötigte Stärke: 16	+20% Kälte-Widerstand +15 zu Leben
Vidalas Hinterhalt	Lederrüstung	Benötigte Stärke: 15 Benötigter Level: 8	Unzerstörbar +50 zu Verteidigung +11 zu Geschicklichkeit
Vidalas Behang	Leichte Plattenstiefel	Benötigte Stärke: 50 Benötigter Level: 18	Unzerstörbar Am schnellsten Rennen/Gehen +150 max. Ausdauer
Vidalas Dorn	Langer Kampfbogen Bogen-Klasse	Benötigte Geschicklichkeit: 50 Benötigte Stärke: 40 Benötigter Level: 17	+1–20 Blitz-Schaden

Waisenruf

Bonus 2	+35 Leben
Bonus 3	Angreifer erleidet 5 Schaden
Bonus komplett	+15 auf alle Widerstandsarten
	+100 Verteidigung
	+85 zu Leben
	+10 zu Geschicklichkeit
	+20 zu Stärke
	80% bessere Chance, einen magischen Gegenstand zu erhalten

Name	Klasse	Einschränkung	Eigenschaften
Whitstans Wache	Rundschild	Benötigte Stärke: 53 Benötigter Level: 29	Unzerstörbar Halbierte Dauer des Erstarrens Schnellste Abblockrate Erhöhte Chance beim Blocken +5 zu Lichtradius +175% Verteidigung
Magnus' Haut	Haileder-Handschuhe	Benötigte Stärke: 20 Benötigter Level: 27	Unzerstörbar +3 zu Lichtradius +50% Verteidigung +15% Feuer-Widerstand +100 zu Angriffswert Erhöhte Angriffsgeschwindigkeit
Wilhelms Stolz	Kampfgürtel	Benötigte Stärke: 88 Benötigter Level: 26	Unzerstörbar 5% abgesaugtes Leben pro Treffer +75% Verteidigung +10% Kälte-Widerstand
Guillaumes Gesicht	Flügelhelm	Benötigte Stärke: 116 Benötigter Level: 34	Unzerstörbar 15% Todesschlag 35% Chance auf vernichtenden Schlag Schnellste Erholung nach Treffer +120% Verteidigung +15 zu Stärke

Edelsteine

Immer wieder findet man in Diablo II und *Herr der Zerstörung* mehr oder minder gute Edelsteine. Diese Edelsteine können in Sockelfassungen eingesetzt werden und verleihen dem betreffenden Gegenstand besondere Kräfte. Nachfolgend eine Liste mit den Edelsteinen und Schädeln, die Sie finden können.

Edelstein	Zustand	Waffen	Rüstung oder Helme	Schilde
Amethyst	Lädiert	+40 zu Angriffswert	+3 Stärke	+8 Verteidigung
	Fehlerhaft	+60 zu Angriffswert	+4 Stärke	+12 Verteidigung
	Normal	+80 zu Angriffswert	+6 Stärke	+18 Verteidigung
	Makellos	+100 zu Angriffswert	+8 Stärke	+24 Verteidigung
	Perfekt	+150 zu Angriffswert	+10 Stärke	+30 Verteidigung
Saphir	Lädiert	+1-3 Kälte-Schaden für 1 Sekunde	+10 Mana	+12% Kälte-Widerstand
	Fehlerhaft	+3-5 Kälte Schaden für 1,4 Sekunden	+17 Mana	+16% Kälte-Widerstand
	Normal	+4-7 Kälte-Schaden für 2 Sekunden	+24 Mana	+22% Kälte-Widerstand
	Makellos	+6-10 Kälte-Schaden für 2,4 Sekunden	+31 Mana	+28% Kälte-Widerstand
	Perfekt	+10-14 Kälte-Schaden für 2,4 Sekunden	+38 Mana	+40% Kälte-Widerstand
Smaragd	Lädiert	+6 Gift-Schaden über 1 Sekunde	+3 Geschicklichkeit	+12% Gift-Widerstand
	Fehlerhaft	+12 Gift-Schaden über 1 Sekunde	+4 Geschicklichkeit	+16% Gift-Widerstand
	Normal	+18 Gift-Schaden über 1 Sekunde	+6 Geschicklichkeit	+22% Gift-Widerstand
	Makellos	+24 Gift-Schaden über 1 Sekunde	+8 Geschicklichkeit	+28% Gift-Widerstand
	Perfekt	+30 Gift-Schaden über 1 Sekunde	+10 Geschicklichkeit	+40% Gift-Widerstand

Edelstein	Zustand	Waffen	Rüstung oder Helme	Schilde
Rubin	Lädiert	+3-4 Feuer-Schaden	+10 zu Leben	+12% Feuer-Widerstand
	Fehlerhaft	+5-8 Feuer-Schaden	+17 zu Leben	+16% Feuer-Widerstand
	Normal	+8-12 Feuer-Schaden	+24 zu Leben	+22% Feuer-Widerstand
	Makellos	+10-16 Feuer-Schaden	+31 zu Leben	+28% Feuer-Widerstand
	Perfekt	+15-20 Feuer-Schaden	+38 zu Leben	+40% Feuer-Widerstand
Diamant	Lädiert	+128% Schaden gegen Untote	+20 zu Angriffswert	+6% Widerstand gegen Alles
	Fehlerhaft	+134% Schaden gegen Untote	+40 zu Angriffswert	+8% Widerstand gegen Alles
	Normal	+144% Schaden gegen Untote	+60 zu Angriffswert	+11% Widerstand gegen Alles
	Makellos	+154% Schaden gegen Untote	+80 zu Angriffswert	+14% Widerstand gegen Alles
	Perfekt	+168% Schaden gegen Untote	+100 zu Angriffswert	+19% Widerstand gegen Alles
Topas	Lädiert	+1-8 Blitz-Schaden	+9% Chance magischen Gegenstand zu erhalten	+12% Blitz-Widerstand
	Fehlerhaft	+1-14 Blitz-Schaden	+13% Chance magischen Gegenstand zu erhalten	+16% Blitz-Widerstand
	Normal	+1-22 Blitz-Schaden	+16% Chance magischen Gegenstand zu erhalten	+22% Blitz-Widerstand
	Makellos	+1-30 Blitz-Schaden	+20% Chance magischen Gegenstand zu erhalten	+28% Blitz-Widerstand
	Perfekt	+1-40 Blitz-Schaden	+24% Chance magischen Gegenstand zu erhalten	+40% Blitz-Widerstand

Edelstein		Zustand	Waffen	Rüstung oder Helme	Schilde
Schädel		Lädiert	1% abgesaugtes Mana pro Treffer, 2% abgesaugtes Leben pro Treffer	Leben wieder auffüllen +2, Mana regenerieren +8%	Angreifer erleidet Schaden von 4
		Fehlerhaft	2% abgesaugtes Mana pro Treffer, 2% abgesaugtes Leben pro Treffer	Leben wieder auffüllen +3, Mana regenerieren +8%	Angreifer erleidet Schaden von 8
		Normal	2% abgesaugtes Mana pro Treffer, 3% abgesaugtes Leben pro Treffer	Leben wieder auffüllen +3, Mana regenerieren +12%	Angreifer erleidet Schaden von 12
		Makellos	3% abgesaugtes Mana pro Treffer, 3% abgesaugtes Leben pro Treffer	Leben wieder auffüllen +4, Mana regenerieren +12%	Angreifer erleidet Schaden von 16
		Perfekt	3% abgesaugtes Mana pro Treffer, 4% abgesaugtes Leben pro Treffer	Leben wieder auffüllen +5, Mana regenerieren +19%	Angreifer erleidet Schaden von 20

X GAMES

Starke Lösungen für starke Gegner

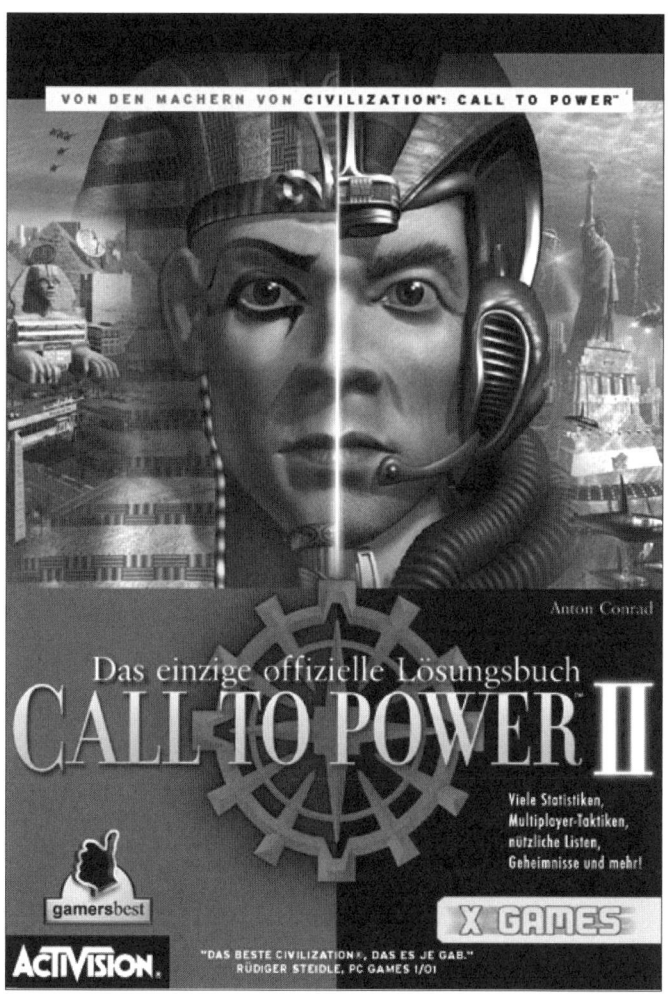

Call to Power 2

Jonny Lee Wilson/Terry Lee Coleman

192 Seiten

ISBN 3-827**2-9099**-6

DM 24,95/öS 182,–/sFr 23,–

X Games-Bücher erhalten Sie im Fachhandel, Buchhandel und Warenhaus.
Markt+Technik Buch- und Software-Verlag GmbH · Martin-Kollar-Straße 10–12 · 81829 München · Tel. (0 89) 4 60 03-222 · Fax (0 89) 4 60 03-100 · **www.mut.de**

X GAMES

Starke Lösungen für starke Gegner

**Black&White plus
die Siedler 4**

144 Seiten
ISBN 3-827**2-9106**-2
DM 24,95/öS 182,–/sFr 23,–/€ 12,76

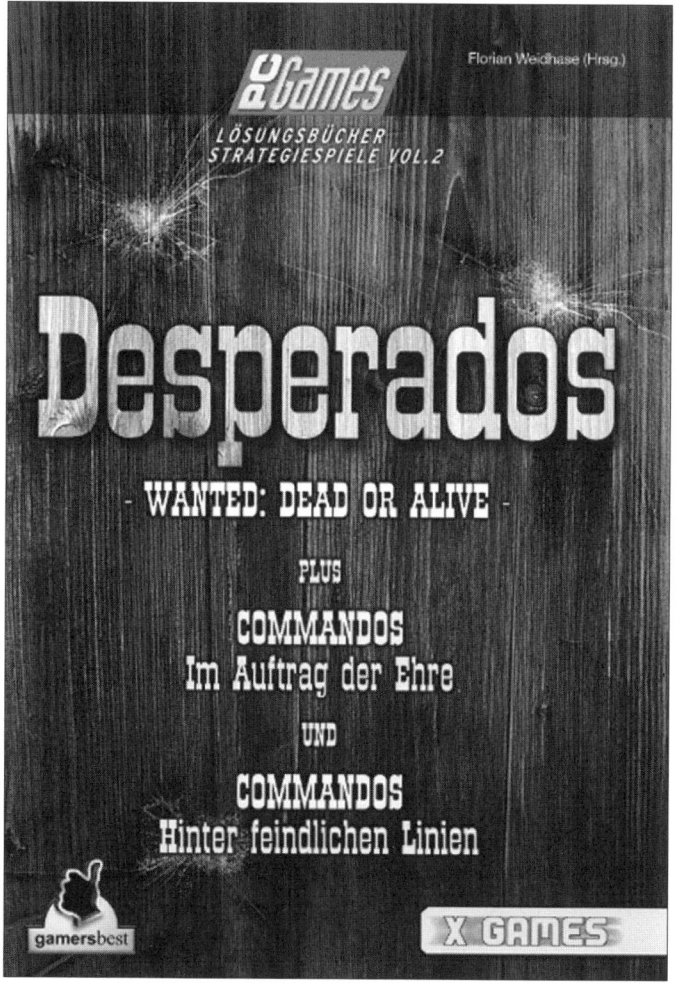